KB150382

# 요가<sub>란</sub> 무엇인가

요가의 진리

# 요가란 무엇인가

어니스트 우드 지음 | 박지명 옮김

하남출판사

# 글을 열면서

요가를 아주 간결하게 이론과 실기를 소개한다는 것은 그리 쉽지가 않을 것이다.

요가는 오랜 시간이 흐르면서 많은 수행자 체계와 고전적인 문헌들을 가지고 있다.

글을 읽는 이들은 많은 산스크리트(Sanskrit)를 접하게 될 것이며 이 단어들은 깊은 뜻과 특별한 수행적인 가치를 지니고 있을 것이다.

독자들은 이러한 단어들을 만난다 하더라도 보다 쉽게 접근하도록 쉬운 용어로 표현하였고 용어와 친숙하도록 책 뒤에 용어풀이를 준비하였다.

우리가 고전적인 배경을 주장하는 이유는 옛날 인도에서는 선택된 가문에서만 오직 종교와 수행과 철학에 전념하도록 사회적인 계급이 존재 하였으며 오늘날과 같은 현대적인 생활에서 겪는 혼란 없이 오직 연구와 수행만을 하도록 했기 때문이다.

이러한 계급들은 아주 과학적이고 사실적인 방법으로 수행함으로써 응용과 결과에 대한 실용적인 것으로 연구하였다.

그래서 요가는 응용종교로 자라고 자기 관찰을 행하며 사실적인 경험을 가지고 자신의 경험을 토대로 자신의 내면을 탐구하는 심리적인 과학이 되었던 것이다.

주로 현재의 요가 문헌들은 죽은 문자가 아니라 일상생활을 하면서 자신의 시간을 내는 사람들에 의해 사용되고 높이 평가되는 교과서들이다.

이 주제에 대한 고전적인 방식을 소개하면서 요가수행자들의 경험과 현재의 심리학적인 지식과도 연결하였다.

각 장마다 실천적인 방식으로 다루었으며 실제적인 유용성에 따라 명확하게 요약하고 설명하였다.

주제를 다루면서 가능한 모든 분야에 공평하고 적절한 관심을 쏟으려고 노력하였다 .

그러므로 독자들은 몸과 마음이 요가의 생활화에 의해서 얻어지길 바라는 마음이다. 더 높은 마음의 깨어남과 참나의 실현과 신의 발견을 목표로 삼아 전진하는 자세를 발견하길 바란다.

선(善)의 법칙이 내면의 풍요뿐만 아니라 물질적인 성취에도 효과가 있다는 것을 보여 줄 것이다.

요가는 우리의 모든 존재가 다른 이에게 봉사하고 건강하고 행복한 정신으로 이어져 물질적이거나 윤리적이며 정신적, 영적인 모든 분야에서 온전한 인간이 되는 전체적인 삶을 사는 것을 보여준다.

요가경전은 말하기를 '모든 이에게 포함되며 모든 이들을 위해서 있다'고 한다. 어린이와 성인이 아프거나 건강하거나 가난하거나 부자이든 어떠한 지위의 높고 낮음에 관계가 없음을 말한다. 그러나 분명한 조건은 자신이 직접 요가를 해야만 한다는 것이다.

에머슨이 표현하였듯이,

"배나무의 달콤함은 한 나무에서만 피어난다.
마치 과수원 전체가 꿀벌로 윙윙거리듯이."

# 옮긴이의 글

요가에 대한 여러 책이 있으나 요가의 이론과 철학과 사상에 대한 깊이 있는 책들은 많지가 않다.

요가에 대한 깊이 있는 책으로는 고전적인 요가의 경전이나 존 우드로프(John Woodroffe)경이 쓴 책들 그리고 스와미 비베카 난다(Swami Vivekananda)와 스리 오르빈도(Sri Aurobindo), 스와미 시바난다(Swami Sivananda)등이 요가를 전반적으로 다루었으며 요가를 한 권의 책으로 세밀하게 다룬 책들은 많지가 않다.

어니스트 우드(Ernest wood)는 서구인이지만 인도의 사상과 수행에 심취하여 이 책을 저술하게 되었는데 요가의 전반적인 이론과 실기를 여러 각도에서 잘 설명한 깊이 있는 요가 이론서이다.

이 책은 요가의 생소함과 요가에 심취한 이 조차도 읽기가 쉽지 않을 수가 있다.

그러나 반복적으로 보게되면 이 책이 가지고 있는 인도철학과 현대의 삶, 그리고 요가의 깊은 지혜를 발견하게 될 것이다.

이 책은 요가의 모든 면을 다루었다.

요가의 이론과 철학, 실질적인 수행법과 육체, 호흡, 마음, 깨달음 등을 포함하여 설명하였다. 인도인들이 마치 한편의 영화 안에 삶의 모든 면을 담듯이, 이 한권 안에 모든 것을 보여주려는 저자의 자상함을 엿볼 수 있다.

이번에 이 책이 나오게 되어 인도철학과 인도명상과 요가에 관심 있는 이들의 열망에 도움이 되었으면 하는 바이다.

저자가 말했듯이 이 책은 실용서와 참고서 양면의 역할을 하기를 바라는 마음에서 썼을 것이다.

이 책을 요가와 명상과 인도철학에 관심이 있는 이들에게 바친다.


무더운 봄날이 지나가는 2002년 5월


역 자 박 지 명

# 차 례

# 제1장
## 요가의 길과 방법

**왜?** 그렇게 많은 힌두교인들이 요가를 생활화하고 있는가! 주된 이유는 그들이 어려서부터 요가에 대해 들어왔고 요가를 통한 평정과 능력 그리고 힘을 얻었던 위대한 성인들과 현인들의 영웅에 대한 전설에 아주 익숙해 있기 때문이다. 적어도 그들 모두는 동시대의 사람들보다 확실히 뛰어났다. 그들은 아마도 요가에 관한 많은 강의를 들었거나 혹은 책을 읽었을 것이다. 무엇보다도 많은 사람들이 기원전 300년보다 더 오래전에 쓰여진 요가의 대가 파탄잘리(Patanjali)의 가르침을 조사 연구해 왔었다.

요가수트라에 의하면 인간의 불행은 마음의 가장 낮은 노예 상태에 자기 자신을 놓아둠으로써 연유된다고 말하고 있다.

그러나 힌두인들은 거기에서 그치지 않고 나아가 어떻게 사람이 이 상태를 극복하고 그들의 현실 속의 이상이나 성자와 같이 완전한 자유 세계나, 영적 세계로 건너갈 수 있는지에 대해 밝혀 놓았다. 그들이 도달한 그 곳에서는 그들이 명실상부한 삶의 주인이 된다. 즉 그들은 기독교에서 하나님 나라의 시민권을 얻게 되는 것과 같은 것이다.

그들의 신앙은 미래와 현재를 서로 모순되게 하지 않는다. 그들의 눈에는 요가가 신의 나라와 자유에 이르게 하는 기독교인과 똑같은 생활양식이 또한 이 세상에서 최상의 행복과 지복의 삶으로 이르게 하는 것으로 보인다. 건강, 미, 평화, 번영, 그리고 모든 복락들을 현생의 제한으로부터 자유로운 미래의 나라로 똑같이 이르게 하는 윤리, 정신적 계율등은 요가를 통한 노력들로부터 유래한다고 말한다.

만약 요가를 통하여 진실로 행복에 이르고자 하는 사람이 있다면, 효과적이고 기분 좋은 방법으로 바람직한 것은 증가시키고 그렇지 않은 면은 현저히 감소시켜서, 이 지상에서의 삶에 최대한 노력하도록 하는 것이라고 할 수 있겠다.

구도자는 현실적인 시각을 가지고 차례로 일을 수행함으로써 단계적으로 나아갈 수 있다. 그는 이상적인 사람인 마하트마(Mahatma)를 그의 목표로 삼고, 그곳으로 정진하기 위하여 노력할 때 비로소 영적인 스승인 구루(Guru)에게 다가갈 수 있다.

전설은 고귀한 예들로 가득 차 있으며 스승들은 역사시대에만
도 많았다. 구루란 그의 의식 속에서 신성의 자유를 체험하고
또 그것이 얻어질 수 있는 방법을 알고 있는 사람을 말한다.

서구의 세계에서는 자유 또는 독존이 '우주의식(Cosmic
consciousness)이라고 불려졌다. 이 말이 요가의 개념과 일치
하려면 우리는 우주라는 단어를 '모든 것을 포함하는' 의 의미가
아니고, 단지 앞에서 말했던 고통들에서 자유롭고 선천적인 즐
거움으로 가득한 성스러운 의식이 직접적인 지각과 경험을 의
미하는 것으로 사용되어야 한다.

아마도 구도자가 배우는 첫 번째 경험은 그의 미래가 풍부한
물질적 환경에 좌우되지는 않는다는 것일 게다. 그러나 구도자
에게 있어 물질은 충분히 있어야 한다. 이것은 논의되어야 하고
책들의 여러 부분에 다음과 같이 표현되어 있다.

'사람으로 태어난 것을 기뻐하라. 그리고 이제는 사람으로서
태어난 권리를 주장할 기회를 놓치지 않도록 하여라.'

이러한 이유로 요기들은 신체의 중요성과 복지에 주의한다.
자살은 틀림없이 아무 것도 얻지 못한다. 또한 몸을 돌보지 않
는 것은 전혀 이롭지 않다. 그러므로 요가는 적절한 중도(中道)
를 지키는 것이 가장 좋다. 또한 구도자는 뛰어난 근육의 힘이
나 운동의 기술 등 신체적 훌륭함이 전혀 도움이 되지 않는다는
것을 배우게 될 것이다.

육체의 힘에 대한 구호로써 '충분한 것이 충분한 것이다' 라고

말할 수도 있으나 분명히 해둘 것은 '충분한 것이 필요할 뿐이
다' 라고 말한다.

　질문자 또는 초심자에게 비록 힘이 센 몸이 꼭 요가에 필요한
것은 아니지만 강한 마음은 필요하다고 생각할 수 있다. 하지만
이것도 여러분들은 곧 그렇지 않다는 것을 발견한다. 다시 한
번 '충분한 것이 충분한 것이다' 와 '충분한 것이 필요할 뿐이
다' 라는 것을 강조한다. 거대한 정신적 능력이나 특별한 정신
적 재능과 천재성 또한 필요하지 않다. 반면에 어리석음과 혼
돈, 방탕함 역시 '충분함' 을 망쳐 버릴 수 있다.

　요가를 갈망하지 않는 사람은 어떠한가? 인도에서의 요가의
사상은 교육받지 못한 사람에게조차도 친숙함은 물론이거니와
요가를 보지 못한 사람도 거의 없다. 인도에서 요가를 찾지 않
는 보통 사람의 상태는 어떠한가? 이 무수한 사람들은 놀랍게도
어떤 걱정이나 자아 비난과 같은 것은 무척 평화롭게 받아들인
다. 그들은 말하기를 '나는 아직 요가를 할 준비가 안 되어 있어
요. 나는 정말 그것을 지금 원하지는 않아요.' 그들에게는 결코
'그것을 원해야만 한다' 라는 생각이 떠오르지 않는다. 그들은
자기 불만족이나 자아 비난과 같은 경우가 생긴다고 여기지 않
는다. 그들은 자기 자신들을 그들이 찾고 원하는 그 자체로써
받아들이며 먹고 이야기하고 성관계를 갖는 등의 즐거움을 좋
아한다.

　인도인의 경우 그들은 대부분 아주 온순하고, 그들이 언젠가

는 완전하게 될 것이라고 믿고 있다. 그러나 지금은 아니다.

이들에게는 실제와 이상간의 마음의 내적인 갈등이 전혀 없다.

우리는 진실로 서구의 초보자들이 요가를 또 하나의 욕구의 대상으로 만들지 않도록 다시 한번 경고하여야 한다.

그들은 그들을 괴롭힐 만한 '지금'에 대해 어떤 이론이나 강박관념도 없다. 왜냐하면 그들이 어려서 습득한 모국어나 시골의 생활양식처럼 자연스러운 것이며 그들의 신념은 필요를 느낄 때마다 기회를 그들에게 제공해 줄 것이라는 믿음을 갖기 때문이다. 그들은 미룸으로써 아무 것도 잃지 않는다. 이러한 모든 이유들로 인해 그들은 걱정에 사로잡히지 않는다는 '내생' 또는 영적인 세계가 있는 것이다.

요가의 수행자들은 명확히 세 부류로 구분된다.

1. 초발심자, 즉 오르기를 원하는 사람들.
2. 요가의 견해와 수행을 약간 받아들인 사람들.
3. 올라간 사람들.

올라간 사람들인 요가루다(Yogarudhas)에게 쓰이는 아루다(Arudha)는 말 위에 올라 탄 사람이라는 의미이다. 그러한 사람들은 요가의 과학과 기술에 정통해 있으며 초발심자라면 넘어갈 만한 수많은 유혹의 와중에서도 요가의 수행을 꿋꿋이 유지해 갈 수 있는 사람들이다.

초발심자란 그의 마음에 오르고자 하는 열망이 약간 생긴 사람들이다. 그것은 기독교 신비주의에서 말하는 '가치에 대한 깨어남' 과도 같다.

밝은 눈을 가진 평범한 두뇌의 인도인이라면 그것이 행복의 요소가 아니면 관심을 갖지 않는다. 물론 마음의 행복, 내적 행복을 의미한다. 만약 요가를 수행하는 도중에는 아무 즐거움도 없고, 다만 마지막에 이르러서 그때 비로소 즐거움이 있다고 생각한다면 구도자는 그의 앞에 험난한 길이 예상될 것이다.

마음에 맞지 않는 일을 시작하게 되면 구도자는 요가의 가치를 잊어버리고 계속 해서 넘어질 것이다. 그러나 처음부터 모든 부분의 기쁨이 계속된다면 그땐 정말로 진보가 있게 될 것이다. 행복과 진보는 행복이 앞서 함께 나아간다. 고통은 길을 잃었다는 표지로써 그 가치가 있으며 다시 행복의 길로 돌아가는데 방향을 제시해 준다.

구도자의 경우가 그렇듯이 갑자기 혹은 점진적으로 전에 보았지만 그 가치를 알지 못했던 것들에 주의하게 된다. 이 각성은 마치 사춘기가 되었을 때 젊은이들이 어린 시절의 친구들에게서 새로운 가치를 발견하게 되는 것과 마찬가지로 자연스럽다.

이 각성은 인도의 철학자들이 말하는 비베카(통찰력, Viveka)로서 요가의 길에서는 첫째 단계로 놓여질 수 있다. 이것은 종종 내적 자아의 발견이라고 불려진다. 왜냐하면 이 발견을 한 모든 사람은 자기를 겉쪽으로 보다는 안쪽으로 스스로를 평가하기 때문이다. 모든 사람은 자연히 자기 자신을 생각의 대상이

기보다는 생각하는 사람으로 인정한다.

예를 들어 어떤 낙타가 사람을 다른 어떤 것에 의해서 관찰되고 있는 낙타라고 생각한다면 얼마나 기분 나쁠까? 파탄잘리는 그의 책의 시작에서 종잡을 수 없는 마음의 충동을 조절하는 것이 첫째 단계라고 지적하고 있다.

마음은 성숙하여 몸을 도와 준다. 마음은 바램을 성취하는 데 도와주고, 어떤 바램이 도움이 될 것인가를 결정하는 것을 도와주고, 다음은 바램의 개선을 위하여 일하고, 마지막으로 삶의 내적 목표에 부응하여 삶을 더욱 효과적으로 끌어 올린다.

마지막 경우에 있어서 마음은 새로운 순종인 고요하고 신을 깨닫자는 것을 믿게된다.

이러한 순종이 없을 때 마음은 신체적 향락, 자존심 등의 욕구에 갈등을 일으켜 더욱더 그 자신에게 위험이 된다.

지금의 문명 국가들이 정신적 긴장에 의한 무질서에 오염되어 있다는 것은 잘 알려져 있다. 이 부분에 대하여 오늘날의 요기는 이렇게 말해준다. "당신들 대부분의 마음이 갇혀 있는 상태는 위험합니다. 나는 당신에게 진짜 고통이 오기 전에 무언가 해야 할 것을 말해 드립니다. 마음이란 당신을 끌어내릴 수도 끌어올릴 수도 있습니다. 신체적 향락과 자존심의 명령, 당신의 의지를 움직이는 것은 당신 자신이 아니고 마음이라는 미묘한 기계입니다."

"그러면 우리는 어떻게 해야 됩니까?" 하고 당신이 겁에 질려 묻는다면 파탄잘리는 이렇게 대답한다.

"당신은 당신 마음속 생각의 흐름을 제어해야 합니다. 그러면 당신 자신의 참된 주인이 될 수 있습니다. 그러나 그렇지 못하면 당신은 환경의 가련한 희생자가 될 것입니다."

그 후에 파탄잘리는 정신과 의사와 같은 심리학적인 첫 처방을 지어준다.

첫째, 올바른 지식
둘째, 그른 지식
셋째, 상상
넷째, 잠
다섯째, 기억

이것은 매우 즐거운 관찰이다. 그것은 마음 그 이전부터 솟아난 생각들이 이 다섯 가지에 속해 있다가는 저절로 잊혀진다는 것을 의미한다. 그러한 것이 표시나지 않고 눈치채지 못하도록 하는 첫 번째 작용, 건강한 작용이다. 그러나 이 말이 암시하는 바를 잘 살펴 보아야만 한다.

만약, 우연히 어떤 한 생각이 당신에게 잘못 이해된다면 즉, 꿈이나 상상이 실제로 착각되고 또 그 기억이 현재의 사실로써 잘못 받아들여진다면, 그때는 혼란과 도착 상태가 있게 되고 그것이 계속 되풀이되면 미치게 될 것이다. 잘못 받아들여 옳다고 여겨지는 그릇된 지식은 모든 고뇌의 원인이 된다. 이것이 우리 고통의 근원이다. 비영속적이고 불순하며 고통스러운 몸과 마음이 관계없는 것들은 실제적으로 영속적이며 순수하고 행복한 자아로 간주함으로써 잘못된 지식을 올바른 지식으로 받아들이게 하는 오류가 범해진다.

이 잘못은 고통의 다섯 원인 중 첫 번째 것이며 여기에는 이기심과 향락에의 애착과 고통을 회피하는 소유가 뒤따르게 된다. 우리는 이 다섯 가지를 각각 철저히 조사하고 또한 그것을 있는 그대로 볼 줄 알아야 한다.

구도자는 감정으로 인하여 그의 생각의 흐름을 제어하는데 어리석지 않도록 사고하는 연습을 해야만 할 것이다. 과거의 습관이나 편견 또는 현재의 흥분 따위가 그의 마음을 지배하지 못하도록 해야만 할 것이다.

비록 초심자일지라도 주위 조건이 그의 노력을 도와주거나 방해하지 않는다는 것을 잘 알고 있지만, 그는 아직 미성숙한 상태이며, 속으로는 자신이 쾌락을 원하기 때문에 준비가 안되었고, 또 원하지 않는 사람들로부터 항상 유혹받고 있다는 것도 알고 있다. 그러한 초심자들은 두 상태의 전이 중에 있는 것이며 지금 두 갈래 길로 끌리고 있다.

아름다운 여인 앞에서 아마도 성적으로 흥분할 수도 있을 것이며 맛있는 음식이나 술 등이 비록 그들의 명상과 분별의 예민한 끝을 잘라낸다는 것을 잘 알고 있다고 해도 그것을 자제하기는 어렵다. 당분간 그들은 감각적인 쾌락을 자아완성이나 신보다 더 원한다. 이 경우에 있어서 요기의 즐거움은 덜 성숙한 신체의 즐거움의 유혹에 의해서 빛을 잃는다.

이 경우엔 계율에 의지하는 것이 좋다. 첫째로는 유혹을 피함으로써, 둘째로는 신 또는 그가 선택한 이상적인 사람, 즉 구루의 이름을 중얼거리며 반복하거나 필사적인 의지로써 그들의 생각을 구도의 목적으로 돌리는 것이다.

구도자는 사람이 관계하는 그러한 일들에 있어서 '자연스러움' 과 같은 것은 전혀 없다는 것을 잘 알고 있다. 사람에게 있어서 자연적 본능은 거의 소멸되었다. 사람의 상상력은 강렬하며, 집중된 탐색 등 감각이 마음 안으로 즐거움을 주는 대상을 가져오면 즉시 불을 켠다. 순간 마음은 그 대상을 얻기 위해 작동하기 시작하고, 만약 얻지 못하면 상상의 느낌 속에서라도 탐닉한다. 비록 이것이 유전적인 충동의 결과일 수도 있겠지만 이것이 본능적인 자연스러운 것으로 생각될 수는 없다. 사람의 마음은 너무 오랫동안 자신을 억제하는 상태로 유지해 왔기에, 사실상 자연적 본능은 소멸되었다.

그러나 동물원에 있는 사자처럼 단순한 동물일 경우 신체적 식욕이란 그저 건강한 활동과 움직이는 기능을 위하여 필요할 뿐이다. 사자는 두 발바닥 사이에 시뻘건 날고기 뭉치를 코 앞에 놓고, 그 맛있는 날고기에는 전혀 신경을 쓰지 않고 그저 포만감에 졸리운 눈으로 지나가는 행인들을 물끄러미 바라보고 있다. 사자에게는 불과 몇 분 전에 조련사에 의해서 먹이가 주어졌다. 그 전에 그는 울 안에서 어슬렁거리며 사람의 발소리가 들리면, 아마도 사람 냄새를 맡고는 몹시 탐욕스럽게 울부짖었을 것이다. 그러나 이제는 먹이의 반절만으로 그의 자연적인 식욕을 완전히 충족시켰고 아직도 남아 있는 반절에는 사자의 필요가 다시 자연적인 식욕을 자극할 때까지 전혀 관심을 보이지 않는다.

자, 이 시점에서 여러분은 인식과 기억의 구분을 지어보는 것이 좋겠다. 왜냐하면 이것이 요가 수행에 있어서 첫걸음이 되고, 진수요 요체가 되며 몸과 마음의 건강과 피안에 있을 것 같은 그 무엇에 도달하는데 마음의 제어가 필요하다는 것을 깨닫게 하여 줄 것이기 때문이다.

요가 수행에 있어서 아주 중요한 상황의 심리학적 진술은 인식이 기억보다 더 일찍 개발된다는 것이다. 신체적 쾌락과 고통이 정신적인 것들을 선행한다. 그 다음 고통이자 즐거움을 주는 대상에 대해 첫째는 느끼게 되고 둘째는 인식하게 되며 그 다음 대상이 없을 때조차도 대상을 그려낼 수 있는 것이며 세 번째는 기억이 나타나고 그 후에 마지막으로 계획이 나타난다. 요기들이 제어해야 할 필요를 발견하는 것이 바로 이러한 일련의 기억과 계획들이다.

사람의 강한 기억력은 자극을 주는 대상이 전혀 없을 때조차도 생각과 상상을 불러일으킨다. 정말로 요가의 초보자들은 그가 신체적으로나 정신적으로 어떠한 요구도 받지 않고 있는 수동적이고 휴식하는 순간에, 그가 생각하고 있는 것이 무엇인가를 내적으로 주의 깊게 관찰하여야 한다. 그가 거기에서 발견하는 것은 어떤 정신적 규율들이 아주 잘 정돈된 상태일 수도 있다. 이것에 관해 파탄잘리는 다음과 같이 말해 준다.

나쁜 생각들이 성가시게 굴 때 그것들에 대한 비난을 하도록 하는데, 그 비난은 이렇다.

"상해, 허위, 절도, 자제심의 부족, 탐욕 등 나쁜 생각들은 그것이 행해지건, 행해지도록 되건 또는 인정되건, 그것이 탐욕, 성냄, 미혹에 의해 선행되어지건, 그것이 약하건 중간이건 강하건 간에 영원한 고통과 잘못으로 결과 지어진다."

이것은 정신적 규율이다.

마음의 순수함을 각각 행복한 이, 고통받는 이, 착한 이, 나쁜 이에게로 향하게 하는 우정, 동정, 기쁨 등은 습관적인 분위기로부터 나온다.

요가 문헌에서는 자주 요가의 목적이 '해탈'이라고 설명되고 있다. 그 단어는 '모크샤(Moksha)'이며 더 쉽게 번역하면 '자유'가 될 것이다. 이것은 요기가 탈출을 시도하고 있다는 것은 아니다. 모든 것으로부터의 멀어짐이란 그가 기대하지 않는 무의식이 될 것이다. 마음에 들지 않는 것으로부터 탈출하면 그는 마음에 드는 것들 사이에 있게 되겠지만 그것은 완전이나 성스러운 경험에 조금이라도 가까워진 것이 아니다. 여기에 있어서 신은 자유로운 존재로 묘사되며 요가 수트라에서는 명상의 고지에 올라가기 위한 방법으로 신께서 헌신을 수행 할 기회를 요기에게 주어졌을 때, 그는 신을 본질적으로 자유로운 존재로 상상하고 있으며 그 자신이 자유롭게 될 것을 기대하고 있는 것이다.

신이 자유를 소유하고 있다고 생각되는 것은 아니다. 단지 어떤 힘으로도 어찌할 수 없이 자유로운 존재인 것이다.

점점 직관을 경험하게 됨으로써 요기는 그의 명상 중에서 자유와 불일치하는 모든 자기에 관한 생각이나 상을 없애게 되며 그러므로써 그는 자유롭고 그러한 의미에서 홀로이며 독존(Kaivalya)이라는 것을 발견할 것이다.

요가 수트라에서는 이 거대한 성취, 위대한 경험 또는 위대한 발견을 의미하는 것으로 쓰이며 따라서 완전한 요기에게 있어서 쓰일 때도 똑같은 것을 의미한다.

홀로 있음의 의미로 사전에서 '하나임' 이라는 의미를 더 찾아볼 수 있으며 하나, 즉 에카(Eka)라는 단어와의 연관성으로 볼 때 타당한 것임을 알 수 있다. 하나의 의미는 뒷장에서 논의하겠지만 적어도 여기에서 주의해야 할 것은 그 의미가 세상을 향한 적대심이 절대 아니며 요기 자신의 마음과도 전혀 상충을 일으키지 않는다는 것이다.

앞에서도 언급했듯이 신은 자유를 소유하고 있는 사람으로 생각될 수는 없다. 왜냐하면 사람은 사물의 본성에 어떤 것이어야 하고 그러면 자유롭지 않은 존재가 되기 때문이다.

신의 경우에는 전혀 '소유자와 소유당하는 것'이 없는 것이며 그 둘은 하나여야만 하는 것이다. 이런 점에서 요기 역시 자유롭다. 역시 그는 그를 고통스럽게 하거나 즐겁게 하는 모든 것이 완전한 그의 허락 속에서 마음에 있는 것을 알았기 때문이다. 또한 그가 마음에 일생 동안 노예상태로 묶여 저질러 온 잘못들을 없애는데 마음의 가치와 유용성을 이해하기 때문이다. 이것들은 구도자인 요기로서의 길의 일부분이다. 자기 자신의 의지에 반하는 일은 일어나지 않았다고 말할 수 있는 성공적인 극기주의자와는 같지 않다. 아버지가 없이는 참새 한 마리조차 땅에 떨어질 수 없다고 말할 수 있는 깨달은 기독교인과 같은 위치에 놓여 있다. 그는 무엇이든 존재하는 것은 현재의 순간을 위하여 최상이라는 것을 알고 있다. 그러면서도 그는 세상을 결코 떠나지 않을 것이다.

우리는 환경에 대하여 고려하였다. 그 안에 요가는 신체 자체도 포함시켜야 할 것이다. 요기에게 있어서 신체는 하나의 도구이다. 그것은 그의 마음이 세상과 접촉하기 위한 도구이다.

그가 풋내기였을 때 신체의 쾌락보다는 마음의 쾌락을 훨씬 더 높이 평가했을 것이다. 사람들은 보통 사고, 느낌 그리고 의지에 있어서 똑같은 활동력을 가지고 있지 못하므로 특별한 양식에 집중하는 여러 학파가 생기게 되었다. 이 여러 학파 중에서 어느 하나 다른 것이 우세하게 취급될 수 있다.

베단타(Vedanta)학파는 지식을 바가바드 기타(Bhagavad Gita) 학파는 선행과 헌신을 통한 세계 복지를 주된 목표와 방법으로 삼는다. 또 마지막으로 파탄잘리의 요가 수트라의 학파는 몸과 마음 모두를 다루기 위하여 의지를 사용한다. 이 세 개의 요가 학파들은 길은 다르지만 똑같은 목표로 이끌어 지도록 의도되어 있다. 이들 세 학파는 일상 생활의 경험에서 출발하여 하나에의 일치로 똑같은 경험으로 끝난다.

구도자가 앞으로 나아가면서 그의 마음 또한 하나의 내적인 도구가 되며 영적인 목표가 더욱더 시야로 들어올수록 마음의 쾌락이 중요하지 않다는 것을 발견한다. 그때는 전에 신체와 환경이 자신을 도울 수 없다는 것을 발견했던 것처럼 지금 마음도 자신을 도울 수 없다는 것을 깨닫게 된다. 이것은 갈등이다. 이때는 다시금 충고가 필요하다. 다시금 공식이 되새겨져야 한다. '충분한 것이 필요할 뿐이다.' 신체가 죽는 것이 유익하지 않은 것처럼 마음이 죽는 것도 유익하지 않다. 구도자는 살아 있어야만 한다. 그러나 사탄은 귀에 대고 속삭인다. "너의 마음을 나에게 맡겨라. 그러면 너는 저 피안의 나와 같은 상태에 오게 될 것이다."

여기에서 마음이 속임수를 쓴다는 생각이 드는가? 그러한 일들이 생기면 잘못된 길로 인도되기 쉽다. 몸과 감각의 모든 것

그리고 마음의 상태와 활동은 단순한 현상이며 일시적인 놀이일 뿐이다. 마치 어린 소녀가 인형을 갖고 놀면서 인형으로부터 아무 것도 얻지 못하지만 소녀는 노는 과정 중에 그 자신의 삶을 일깨워 가고 있듯이 말이다.

# 제2장
## 요가의 목표

**서**양에서도 이미 많은 사람들이 니르바나(Nirvana) 또는 열반에 대해서 듣거나 또는 책에서 읽어 나가고 있다.

이 단어는 사실상 사전에 나오는 영어 단어의 하나로 각 사전에 욕망과 열망이 정지된 상태, 개성이 완전히 소멸된 상태, 몸과 마음의 모든 초월 상태, 완전한 이해, 즉 축복의 상태 등으로 다양하게 정의되어 있다. 산스크리트어인 니르바나가 양초같은 것을 훅 불어 꺼버리는 것을 의미하듯이 때때로 소멸이라는 것이 강조가 된다. 이 때 열반을 하나의 기술적 용어로 다루는 삶의 철학적 관점에서 바라볼 때 그것은 무지와 욕망의 소멸을 목표로 하고 있는 것이다.

옛 인도 문헌의 열반이란 단어는 주로 불교의 문헌에서 나타

난다. 다음은 남방의 불교인이 이해한 부처님의 삶과 가르침을
나타내려고 한 에드윈 아놀드(Edwin Arnold)경의 '아시아의
빛' 이라는 시에서 인용한 것이다.

## 아시아의 빛

'만약 그 누군가 삶을 배우고자 하는 마음이 일어나면, 끊임
없는 인내와 갈구로써 언제나 사랑과 진리로써 빚진 옛날의 일
들을 넘어서야 한다.'

'만약 부족함이 없다면 거짓과 탐욕의 피로부터 깨끗이 정화
시켜 고통을 잠 재우고, 오직 은총과 선만이 존재하도록 하라.'

'매일매일이 자비롭고 성스럽고 친절하고 바르고 진실하며 욕
망의 뿌리를 잘라내어 사랑의 삶이 끝날 때까지 존속하여라.'

'그가 죽었을 때 그의 전부는 떠나고 삶의 계산이 끝날 때 그
의 병은 죽어버리고 잠잠하다. 그의 선은 빠르고 강하며 멀고도
가까우며 그 결과는 언제나 따라온다.'

'이름만을 위한 삶을 살 필요가 없다. 그 자신 안에서 시작할
때, 자신 안에서 끝이 난다. 그가 이루려고 애쓰는 것이 목표이
다.'

'결코 동경하는 이를 괴롭히지 말고 잘못을 범하지 말라. 지
상의 기쁨과 슬픔에 가슴 아플 것이 없다. 그는 영원한 평화가
가득차 있으며, 죽음과 삶으로 되돌아가지 않을 것이다.'

'니르바나에 도달하여 그와 하나가 된 삶을 살라. 그렇지 않

고는 사는 것이 아니다. 그는 끊임없이 축복한다. 옴 마니 파드
메 훔(OM Mani Padme Hum) 이들은 빛나는 바다로 미끌어
져 들어간다.'

'아니 가장 높은 목표인 성스러움의 네 번째 단계인 깨달은이
부다(Buddha)는 흠 없는 영혼이다.'

'오! 분노의 적은 무사들에 의하여 베어지고 열 가지 죄는 먼
지 속에 누워 있고 자아의 사랑과 거짓의 믿음과 의심이 세 가
지의 미움과 탐욕을 더한다.'

'지상의 삶의 사랑과 천국의 열망, 자신을 찬양하는 것과 실
수와 오만 이 다섯 중에 셋을 택하여 순백의 뿔나팔을 가지고
서서 한없는 맑음으로 이러한 죄를 없애고 인간은 온다. 니르바
나의 가장 중심으로'

'그들은 낮은 자리로부터 신은 부러워하고 삼계(三界)가 다
멸망한다 해도 그는 흔들리지 않는다. 모든 삶은 그를 위해 살
며 모든 죽음은 죽었다. 업(業)인 카르마(Karma)는 더 이상 만
들지 않는다.'

'새로운 집, 그는 모든 것을 찾았으며 아무 것도 찾지 않는다.
나로 향하여 우주는 나로 성장한다. 만약 누구든 니르바나를 가
르치면 멈추기 위함이요, 그러한 이들은 거짓을 애기한다.'

'만일 누가 실수로 니르바나를 살기 위해 가르친다면 그들은
잘못이며 이것을 모른다. 그들의 부숴진 램프는 빛을 발하지 않
고 삶도, 시간도, 희열도 없다.'

'그 길로 들어가라! 그 솟아오르는 치료의 샘물로 모든 갈증을 해소시키고, 불멸의 꽃을 피워 모든 길은 기쁨의 양탄자가 깔려 있고 시간은 달콤함으로 바뀐다.'

그리고 전체 시의 결론에 시의 찬가로 묘사된 불교 구도자의 기쁨에 찬 찬송이 나온다.

'아! 이슬은 연꽃 위에 있나니! 떠올라라 위대한 태양이여
나는 잎을 치켜들고 물결과 하나되어 옴 마니 파드메 훔!
태양이여 떠올라라.'

이 시는 열반 또는 해탈에 대한 관점을 불교의 관점 만큼이나 잘 나타내 주고 있다. 이 시는 다른 어느 시보다 본질을 충분히 행복하게 표현하고 있다. 그래서 열반이 요가의 목표를 잘 나태내고 있다고 간주해도 좋겠다.

우주가 나를 자라게 한다는 표현에서 지시하고 있는 것처럼 요가라는 말은 일치를 의미하고 있다. 이것은 '이슬이 빛나는 바다로 미끌어져 들어간다' 는 표현이 완전한 소멸을 의미하는 것이라는 생각을 여지없이 말해주고 있다.

어쨌든 우리의 생각은 우리가 현재의 몸과 마음과 환경의 상태에서 '소멸' 이라는 것은 오직 예전의 익숙한 조건들이 없는 상태임을 알려 줄 뿐이다. 그 새로운 상태는 무엇일까? 정말로 새롭거나 또는 상태라고 불릴 만하다면 그 새로운 상태는 시간과 공간의 과정의 저 너머에 있어서, 우리는 붓다가 스스로 성

취하고 다음과 같은 말을 하게 된 그 '밝음'을 성취하기 전까지
는 알지 못할 것이다.

> 나, 모든 나의 형제들의 눈물로써 울고
> 그 마음이 온 세계의 번뇌 때문에 부서진 붓다는,
> 자유가 있으므로 해서 웃으며 또한 기쁘다.
> 오! 고통 당하는 너, 이것을 알아라.
> 너는 너 자신 때문에 고통받는다.
> 다른 아무도 강요하지 않으며,
> 다른 아무도 너의 삶과 죽음을 쥐고 있지 않으니,
> 수레바퀴 위로 휙 던져 버리고,
> 껴안고 입맞추어라.
> 그 고통의 살을,
> 눈물의 바퀴를, 그 무(無)가 모인 자리를,

이 글에서 우리는 앞서 말한 고오타마가 자기 자신을 붓다, 깨
달은 이로 말하고 있음을 발견할 수 있다.

그가 방금 채택한 붓다는 '깨달음에 도달한 이'를 의미하는
것이다. 부처는 깨달음을 소유하고 있는 존재로만 이해되지 않
는다. 우리는 그를 '깨달음의 빛이다'라고 말해야만 한다.

우리들 자신에게 조차도 우리는 지식을 소유하고 있는 어떤
사람이 아니며, 우리는 '앎' 그것이며, 정말로 우리 자신을 자
세히 관찰해 보면 요가 사전에서 설명해 놓았듯이 우리는 우리

자신이 단지 '아는 것을 알고 있는 앎' 일 뿐이라는 것을 발견한다. 이것은 열반이 죽는다거나 산다거나 하는 것이라고 말할 수 없다고 선언하며 삶이 없는 무한한 시간 속의 축복이라는 표현을 허용하는 이미 인용한 주장과 일치하지 않는가?

물론 이것은 일상적인 장면과 사건 가운데서 무한한 축복과 평화의 경험을 이야기해 온 여러 나라의 많은 영적인 스승들의 증언과 일치하고 있다. 그것은 소수의 사람들이 그들이 그 전에 가졌던 것과 똑같은 종류의 느낌보다 더 나은 견본에 불과한 상승의 경험을 가끔 가졌을지도 모른다. 그래서 구도자는 축복을 찾지 말라고 경고를 받는다. 바로 찾게 되면서 그는 그의 무지로부터 그의 열망을 충족시켜 줄 수 있는 축복을 규정화해 버리고는 자기자신을 그 성스러운 새 경험으로부터 닫아버리고 마는 것이다.

그럼에도 불구하고 그 새 경험은 몸과 마음의 완전한 제어를 갖추고 행위뿐만 아니라 생각에 있어서도 선하고 순수한 삶을 살려는 그의 노력의 결과일 것이다. 비록 그는 물질적인 작품이나 심지어 마음의 상태를 만들 듯이 깨달음을 만들어 낼 순 없지만 그는 진짜 태양의 얼굴을 가리고 있는 구름들을 제거해 나가는 것이다.

그러나 니르바나란 단어가 불교 경전이나 불교 철학과 그 종교에만 한정되어 있다고 생각해서는 안 된다. 붓다의 가르침보다 더 오래 전부터 힌두인들에 의해서 믿어 온 그 가장 유명한 힌두 경전인 바가바드 기타에서도 니르바나란 단어는 다음과 같이 여러번 나오고 있다.

바가바드 기타  제 5장 24~26절 ;
'그 행복이과 기쁨이 그리고  그 빛조차도 브라만의 자연 안에 존재하는 요기는 브라만의 니르바나로 올라간다.
욕망과 화로부터 떨어지고자 분투하는 이, 그의 지성이 조절 되는 이, 그의 참나인 아트만(Atman)에 확립된 이들은 니르바 나에 도달된다.'

바가바드 기타  제 2장 71~72절 ;
'갈망 없이, 열망을 집어던지고, 소유한 것도 없이, 이기심도 없이 사는 이는 평화를 얻는다. 이것이 브라만의 상태이다. 이 것을 얻고 나면, 그는 혼동되지 아니한다. 자신의 삶의 끝에 이 것이 확실히 서면, 그는 브라만의 니르바나에 도달한다.'

바가바드 기타  제4장 15절 ;
'마음이 조절되어 항상 참나에 명상하는 요기는 평화의 최상 인 니르바나인 나의 상태에 도달한다.'

그러나 여기에서 우리는 브라만의 니르바나라는 용어를 제한 해야 한다. 이것은 이 경전에 쓰인 브라만에 붙은 개념들에 대 하여 신중히 검토할 것을 요구한다.

바가바드 기타가 힌두인들의 눈에는 요가의 위대한 경전이라 는 것으로 보인다는 것이 모든 장의 끝에서 나오는 주제어에 의해서 증명되고 있다. 그것은 열 여덟 개의 장으로 이루어져 있는데 그들 각각은 이러한 주제어에 의해서 어떤 특별한 요가를 다루는 것으로 묘사되고 있다. 예를 들면 행동의 요가, 헌신의 요가, 자기 부정의 요가, 지식의 요가, 신성한 영광의 요가 등이다. 문헌들에서 우리는 종종 상키야 요가(Sankhya Yoga), 붓디 요가(Buddhi Yoga), 아트마 요가(Atma Yoga)등의 복합어들을 자주 만나게 된다.

이 모든 장들에서 요가의 목표는 비록 여러 가지의 다른 방법들을 통해서이지만 매우 똑같은 결과로 묘사되고 있다. 모든 장들에서 그것은 무언가 높은 것에 대한 충복을 의미하며, 그 높은 원리에 충실한 사람을 원리와 하나가 된 '육타(Yukta)'라고 불린다. 그래서 만약 삶에 대한 가치를 판단하는 지혜인 붓디(Buddhi)라고 불리는 원리에 대하여 충실할 것을 자기 자신에게 맹세한 사람을 붓디 육타(Buddhi Yukta)라고 부를 수 있다. 수행에 있어서 연속적인 요가는 말하자면 일련의 계단을 형성한다. 그러나 완전히 조화로운 인간의 조건을 성취하고 나서 그 꼭대기에 이르렀을 때 거기에는 또 하나의 계단이 있는 것이 아니라 계단길의 제한과 노력으로부터 벗어나는 존재의 단상 위로 올라서게 된다. 동시에 그것은 자아 실현이고 자기 자신의 진정한 본성의 발견이다.

새로운 존재 또는 삶에 비추어진 이 해방의 개념은 이미 브라만의 니르바나라는 말에 지시되어 있다. 영혼이 말하는 '나에게로 오는' '나의 존재로 들어오는' 그리고 '저 피안에 닿는' 등은 모두 똑같은 개념의 다양한 표현들이다. 여기에서 우리는 심신을 넘어선 저편의 어느 무엇인가에 대한 생각을 갖게 된다. 그것은 철학적이지 못한 사람들이 해탈이나 천상, 즉 하나님의 나라에 대해 생각 할 때에 흔히 볼 수 있는 신을 인간의 영역 내에서 생각하는 그러한 종류의 인격화를 불가능하게 만드는 이해인 것이다.

최근에 읽은 어느 저명한 과학자의 글 속에 다음과 같은 말이 있다. '세상은 이제 우리에게 하나의 거대한 기계라기보다는 하나의 거대한 마음처럼 보인다.' 마찬가지로 생각, 느낌, 목적등과 같은 마음의 성질과 기능을 신의 속성으로 돌리는 사람들도 역시 공통적이다. 그러나 이것은 그렇지는 않다. '하나의 거대한 마음처럼' 은 또다른 하나의 인격화이다.

바가바드 기타에서 이것에 관해 언급하고 있는 부분을 인용한다.

그러므로 진정으로 나의 성스러온 태어남과 행위를 아는 자는 죽음의 문턱에서 자기의 몸을 버림으로써 다시 태어나지 않게 된다.

그는 나에게로 온다. 그들로부터 열정, 공포, 그리고 화가 사라진 사람들, 나를 통해 이루어져 있는 사람들, 나에게 의지하는 사람들, 지식의 노력으로 인해 순결함을 입은 많은 이들은 나의 존재로 들어오게 된다.

그리고 선행의 결과는 베다의 연구, 희생과 고행 그리고 헌신에 할

당되어 있다. 이 모든 것에 대해 그 너머의 것을 모두 알고 있는 요기는 저 피안의 최고의 상태에 이르게 된다.

나의 마음이 되고 나에게 헌신하는 자가 되고, 나에게 희생하는 자가 되어라. 나에게 경외감을 표시하라. 나에게로 너는 올 것이다. 참나가 그렇게 하나가 된 채로, 나를 저편의 거처로 알고.

항상 하나로 일치되어 있고 나에게 봉사하고 있는 이들에게 나는 그들이 나에게 올 수 있도록 사랑으로 시작된 요가를 준다.

경전으로도 아니요, 고행으로도 아니요, 선물로도 아니요, 희생적인 봉사로도..., 너희가 보았듯이 나는 그렇게 보여질 수 없다. 그러나 다른 어느 대상도 없는 헌신으로써 나는 정말로 그러한 방식으로 알려지고 보여질 수 있으며 또 너희가 나에게로 들어올 수 있다. 나를 최고의 관심거리로 두고, 나를 위해서 행동하며, 모든 집착을 버리고, 모든 존재에 대해서 적의를 없앤 나의 헌신자, 그가 비로소 나에게 올 수 있다.

자신의 존재가 바로 브라만이고, 스스로를 평정한 이는 슬퍼하지 않으며 또한 아무 것도 바라지 않는다. 모든 존재에게 똑같이 대함으로써 그는 나에 대한 최고의 헌신을 얻는다. 그때 그는 나를 진정으로 알게 되며, 그러므로 그는 지체없이 그 상태로 들어온다. 내 안에 그는 휴양처를 삼아 항상 모든 행동을 하는 이는 신의 은총으로 영원히 변치 않는 목표를 얻는다.

너의 모든 정성과 헌신을 다하여, 오직 그에게로 피신하라, 그의 은총으로 말미암아 너는 저 피안의 평화, 그 영원한 상태에 이르게 될 것이다.'

파탄잘리의 요가 수트라에서 정의된 신은 이와 똑같은 개념을 의미하고 있다. 이 경우에 있어서 신은 이쉬와라(Ishwara)라고 불리어진다. 문자 그대로는 통치자 또는 영도자의 의미이다. 신에게로 주의를 집중하는 것은 가장 높은 명상과 삼매로 이끄는 하나의 길이라는 것을 말한 파탄잘리는, 다른 사물을 둘러싸고 있는 고통의 원인으로 첫째가 '무지이다' 라고 하고 행위와 그것의 결과에 의해서 전혀 영향을 받지 않는 존재로 신을 정의하고 있다.

지고의 존재가 자신의 영원한 한 부분으로 영혼을 만들어 인간에게 그런 부분이 각각 신이 되었다는 바가바드 기타의 설명을 통해서 우리가 자유를 향한 구도행위가 하느님과 똑같은 영향받지 않은 상태로 도달하려는 것임을 알 수 있다. 더 나아가 요기란 자신 속에 내재해 있는 신을 보기 위해 필요한 노력을 하는 사람이라고 서술하고 있다.

이제 피안이 신체를 구성하는 요소들과 마음의 작용들을 모두 초월하여 존재한다는 것을 이해하기 쉬워졌다.

이 세상에 있는 모든 것은 다양한 방식으로 다른 것들에 의존한다. 왜냐하면 독존 또는 자유로운 특성을 갖고 있지 못하기 때문이다. 예를 들어 신체에 있어서 필요한 것을 둘만 들라고 하면 신체는 공기와 음식물을 필요로 한다. 마음도 역시 의존적이다. 대상이 없이 오감이나 사고 혹은 추측이 있겠으며 심지어는 사랑하는 사람 없이 사랑이 있을 수 있겠는가?

아마 피안을 이해하는 가장 좋은 방법은 몸과 마음을 동등한 배우자로 나란히 묘사하는 것이리라. 몸과 마음은 항상 상호 작용한다. 마음이 정신적인 반성 속에 몰두해 있을 때는 몸을 의식조차 못한다. 그럼에도 불구하고 마음은 외부로부터 정보를 받아들여 기억된 영상들과 그리고 영상들에 깔린 생각들과 함께 작용한다.

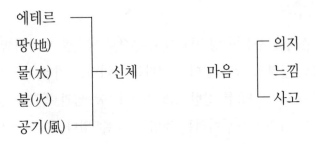

신체와 마음은 함께 붓다에 의해 단호하게 언급된 '인연의 법칙'을 만들어 낸다. 인연이란 물리적인 성질만 있는 것이 아니다. 이 시점에서 세상에는 세 가지 잠재성이 있다는 것을 관찰하는 것이 가장 중요하다. 즉 다양성과 조화와 통일이다.

다양성의 원리를 연구함에 있어 자연은 그들의 개성인 자연의 본질을 지키려 한다. 고대 인도의 철학인 바이쉐시카(Vaisheshika)가 밝힌 것처럼 본질 뿐만 아니라 속성과 기능도 보여준다. 예를 들어 산(酸)이 쇠와 만날 때는 거품이 나면서 끓지만, 산이 금과 만날 때는 그렇지 않다.

이런 식으로 사물은 자기의 개성을 보여준다. 심지어는 인간의 경우처럼 좀더 복잡한 형태로 보여지기도 한다. 개성은 다양성의 기초이다. 혹은 개성을 세상에서 다양성을 떠받치는 원리라고 부를 수도 있을 것이다. 개성 다음에는 마음이다. 마치 어떤 사람이 그의 눈으로써 다리를 인도하고 그의 다리로써 눈을 안내하는 경우, 조화의 원리가 마음의 구조적인 관심사에 영향을 미친다.

　이런 식으로 눈은 보행을 위해, 다리는 관찰을 위해 상호 보완 존재라고 다른 존재나 신체를 위해 작용하는 성기관과 다른 재생산기관을 제외하고 모든 신체기능은 다른 기능을 위해서 봉사한다. 또한 마음이 시계나 자동차의 구입 계획을 세웠을 때 그것은 조화를 작동시킨다. 왜냐하면, 마음이란 분리된 것을 받아들여서 단순한 분리나 심지어는 충돌 대신 상호간에 도움이 되는 식으로 그것들을 모으기 때문이다.

　일반적으로 말하는 소위 느낌이라는 것에서 우리는 또 다시 '조화'를 발견할 수 있다. 영리한 마음은 더욱더 조화를 위해 봉사하고, 조화는 봉사하는 통일을 위해서 간접적으로 작용한다.

　실제 가장 원시적인 유기체에서도 발견되는 자기보존 본능은 통일이나 통일력의 한 표현이다. 자! 그럼 이 같은 고찰로부터 물체와 마음이 불교도들이 묘사하는 것처럼 천상천하 유아독존을 갖고 있고 피안의 본질이 아니라는 것을 알 수 있다.

피안은 저 너머에 있는 것이며 차안은 이쪽에 있는 모든 것, 즉 피안은 차안과 관계가 있는 어떤 것과도 관계가 없다. 피안이라는 단어는 힌두교의 경전에서 '저것'이라고 언급되어 물체와 마음을 포함되는 '이것'과는 구별된다.

피안이라는 말은 '차안이 아닌'으로도 표현될 수 있다. 이 경우에 우리는 차안과 피안의 두 상관성에 대해서 주의를 기울여야 한다. 피안의 초월성은 상관성과 비교의 영역 밖에 있다. 텅 빔과 공간 없음에 대한 찬미가 피안에 적용된다면 이것은 매우 부당하다. 이 근원적인 한 쌍의 대립물들인 실재와 부재, 충만과 텅빔은 모두 초월되는 이유이기 때문이다. 피안인 저것은 두 대립물보다 더 높고 또한 위에 존재하지 않는다. 차안과 피안은 나란히 존재하지 않는다. 무한으로의 복귀라는 것은 그 자체가 초월일 수 없다. 피안에 이름 붙일 수 있는 가장 훌륭한 용어는 실상이라는 단어다. 존재와 비존재, 실재와 부재 모두가 공통으로 갖는 것이 무엇일까? 우리에게 질문한다면 우리는 이것을 실재라고 말할 수 있기 때문이다.

실상은 이러한 이유로 적절한 단어이고, 왕도와 같은 뜻의 의미다. 신 역시 실상 또는 독존을 의미한다는 것을 우리가 기억한다면 신 또한 좋은 단어이다. 이 단어들은 정의보다는 발견을 위한 단어라고 하겠다. 과학에서는 정의 내려진 단어를 갖고 있으나, 여기서 우리는 마음으로 향하는 단어를 갖고 있다.

요가의 목표는 정의할 수 없는 것들을 발견하는 것으로 규정했다. 이 정의를 실현하기 위해 첫째는 '어떻게 신체와 마음을 가진 인간이 그런 발견을 할 수 있을까?' 이며 둘째는 '인간이 요가를 수행하는 작은 목표들이 있는가?' 라는 질문을 던져 본다. 먼저 두번째 질문에 대하여 답하겠다. 두번째 질문에 대한 답은 '그렇다' 이고 작은 목표들에 관한 연구는 이 책의 다른 부분에서 할 것이다. 첫 번째 질문에 대한 답은 발견할 수 있다는 것이다. 왜냐하면 우리가 초월적인 것에 집중하는 것을 배우지 못한 때에도 마음과 신체를 초월하는 것을 이미 갖고 있기 때문이다. 이 때문에 요가의 목표는 자아실현이라고 언급되는데 이는 신체나 마음 모두가 자아가 아님을 의미한다.

요가에 관한 가장 권위있는 저술가 파탄잘리는 요가 수트라에서 요가의 목표를 독존(獨存), 즉 카이발야(Kaivalya)로 설명하는데, 이를 직역 하면 영적인 독립성이고 의역하면 절대와 하나됨의 상태라고 번역될 수 있다. 그것은 요가 수트라에서 신인 이스와라(Ishwara)는 다른 것에 의존하지 않는 까닭이다. '신(神)은 독자적으로 발생하고 존재한다' 라고 정의한 의미에서 신은 자유롭고 특별한 종류의 영혼이라고 하겠다.

요가 수트라에는 이런 독존을 다음과 같이 표현하고 있다.

인식할 수 없는 삼매는 신으로의 집중으로부터 온다. 신은 고통의 원천을 포함하는 것인 신체와 행위, 결실에 의해 영향을 받지 않는 특별한 영혼이다.

이런 생각에 대해 명상하는 요가는 영적인 독립성인 카이발야라고 묘사되는 상태를 얻을 수 있고, 이것은 그가 의존하고 있는 신체적인 것과 마음 모두로부터 '나' 라는 의식을 없앰으로 해서 시작된다. 의존이란 심리적으로 영향 받고, 현혹된 만큼 그 스스로가 만든 것이다.

독존에 대한 설명은 다음과 같다.

순수한 마음에 의해서 조차도 채색되지 않은 요가의 존재에 의해 속박의 원인이 제거되었을 때 독존이 있을 것이다. 독존은 자연의 속성이 진정한 목적을 전혀 갖지 못할 때, 혹은 인식의 힘이 그 자신의 자성 속에서 굳게 서 있을 때 대응하여 생기는 것이다.

여기서 시간의 본질에 대해 몇 마디 하겠다. 이 시간이란 마음과 마음이 활동하는 산물을 뜻한다고 여긴다. 만약 아무 것도 변하지 않는다면 시간이 존재할 수 있겠는가?

어떤 몇몇 사람들은 각각의 순간이 이전의 순간과 똑같다고 할지라도 그렇다라고 할 것이다. 그렇다면 그것은 완전히 물질적인 상태에 불과할 것이다. 기초적인 물체이건, 물체로서의 성질이건, 물체는 활동하지 못하는 존재이고 또 변하지도 않는다. 물체란 화학자들이 탐구하고, 화학적인 원자의 형태로 생각했었던 것이다. 물리학자들은 자신들의 경험으로부터 배웠고 어쨌든 물체보다는 힘이나 변화일 것 같은 시간에 대해 누구도 기본 성질을 떠맡아 감히 연구하려 하지 않는다.

숨어 있는 잠재적인 힘은 비록 그것의 무한한 양 혹은 힘의 절정이 이론적으로 공간의 한 점에 있다 할지라도 '여기에 있는 어떤 것'이란 의미에 있어서는 물질이다.

그러나 마음이 어디에 있든 지간에 변화의 잠재성 혹은 변화의 힘이 있다. 만약 광물과 화학 성분조차도 자발적으로 매우 천천히 지각할 수 없을 만큼 천천히 변화한다고 사람들이 말한다면, 우리는 광물이나 화학성분에도 매우 원시적일 정도의 개성이 있다고 보아야만 하고 변화가 있다는 생각에 찬성해야 될 것이다.

독존은 결합과 상호작용과는 창조물처럼 굉장한 불가사의이다. 왜냐하면 독존 없이 의존은 없기 때문이다. 어떤 것에 영향을 받는다는 것은 독존의 핵심이 있음이 틀림없다. 이것은 현존하는 작가가 그의 저서에 "명예로운 존재들의 영향 아래서 그 자체로 존재하고 그 자체로서 행동을 한다"라고 표현했다.

그러나 여기에 불가사의의 중심과 중요한 지적이 있다. A라고 명명된 것은 B부터 Z까지의 어느 하나와 관련하여 밀고 당기는 25개의 것들 중에서 하나이다. 모든 사물과 사람은 모든 관계의 양상 속에서 본래의 힘이 부분을 갖는다.

우리가 그런 힘을 인식하고 또 그것에서 지적한 것처럼 잘 알려져 있다. 그리고 우리는 서로 의존적인 물건들의 구조나 집단을 예로 들어 생각해 보기로 하자.

이 집단에 A부터 Z까지 이름을 붙인다면 이들 중에 어떤 하나라도 다른 25개의 문자에 서로 의존한다. 이것들은 항상 서로를 밀고 당기다가 결국 A와 균형상태를 이루면, 그때 이것은 서로 다른 25개의 문자를 알 수 있을까? 단순히 계속해서 반응을 보이는 밀고 당기는 동작을 아는 것 뿐만이 아니라, 요기는 스스로 할 수 있다고 아니면 적어도 요기 그 자신은 할 수 있다고 말하고, 자신이 그것을 발견했을 때 그는 평화를 발견한 것이다. 우주 질서의 힘은 항상 평화이고, 소란을 일으키는 것은 기계류의 힘이다.

이런 독존을 아는 것은 밝음이자 불가사의이다. 물에 사는 백합이 태양과 공기 그리고 환경 속에서 그 자신의 개화에 대해 무엇을 아는가? 그러나 여전히 뿌리는 진흙 속에 줄기는 물속에 있으면서도 백합은 그 자신을 개화로 이끌려는 충동을 일으킨다. 서 있거나, 걷고 있거나 심지어 누워서조차도 우리는 우리 몫만큼의 근원적인 힘이 어느 정도 표류하며 살아가는 것은 사실이다.

과학자가 발견한 것처럼 떨어진 사과는 만유인력을 입증한다. 이것은 신체 뿐 아니라 마음에 있어서도 사실이다. 이 같은 독존이 없다면 반응도 앎도 없을 것이다. 왜냐하면 기본적으로 인식에서의 수정을 완전히 수동적으로 받아들이는 것은 없기 때문이다.

이런 독존이 바로 참나이다. 이런 녹존을 참나로 아는 것이 요가 수행자인 요기의 목표이다. 이런 자아는 근원적인 힘과 같은 속성으로 이루어져 있다고 하지 않을 수 없다. 바가바드 기타에는 자아에 대해 세심하게 표현되어 있다. 살아 있는 존재들의 세계에서 영원히 살아 있는 존재가 된 나의 부분은 마음이 감각 기관을 유혹하고, 그것은 자연 속에 위치하고 있다.

이 지배자는 육체를 갖고 있고 죽음의 순간에 육체를 초월한다. 또한 바람이 향기의 휴식처로부터 향기를 줄이는 것처럼 이 감각들을 소유하면서 그의 길을 간다. 청각, 시각, 촉각과 미각의 기관, 후각 그리고 마음을 지배하면서 그는 감각의 대상물을 이용한다.

사람들은 그가 떠나거나, 조용히 머물거나, 즐기거나 하여도 자연의 성질과 결합된 그를 인지할 수 없다.

열심히 노력하는 요기들은 역시 그들 자신 속에 있는 그를 본다. 그들 자신을 훈련시키지 못하거나, 집중하지 못하는 사람들은 열심히 노력한다 하더라도 그를 보지는 못한다.

근본 구성원소는 나뉘어지고
그들의 근본 핵심은 통일된다.
성스러운 본질의 나타냄은 영혼들을 통하여 분리된다.

또는

창조는 항상 새로워라
성스러움이 즉흥적으로 신의 가슴으로부터 흘러나와
하나의 의지가 백만의 일을 해낸다.

에머슨의 시에서 베단타 철학과 붓다의 니르바나와 예수의 가르침인 신의 왕국의 궁극적인 목표인 해탈의 자유인 모크샤(Moksha)와 일치하는 것이 바로 독존이라는 목표이다. 또 다른 요가 수행의 형태는 선(禪)이고, 이 단어는 산스크리트어의 드야나(Dyana)로부터 중국어로 번역되었다.

그러나 우리가 이미 언급한 것처럼 여전히 대부분의 구도자들은 이 궁극의 목표를 다음으로 미루고, 그 자신들은 작은 목표들로써 만족하려고 하는 경향이 있다. 비록 궁극적인 목표의 불빛이 어디에나 빛나고 있다는 것을 알고 있음에도 불구하고 말이다. 요가를 수행하는 작은 목표들은 쉽게 다음과 같이 열거될 수 있다.

1. 마음과 기분의 평화
2. 의지력과 사랑과 지적인 힘
3. 신체와 신체 외부의 세계에 대한 마음의 직접적인 영향
4. 다양한 종류의 심적 재능들
5. 마음의 통제와 집중력
6. 근심, 자만, 성냄, 공포, 욕망, 탐욕을 제거하는 감정의 통제
7. 신체의 건강, 충만, 아름다움과 장수
8. 신체와 정신의 위험과 고통의 완전한 예방과 제거

# 제3장
# 요가의 윤리성과 도덕

요가에서의 진전이 개인적인 성격과 사회적인 관계에 있어서의 선함에 달려 있고, 또 이것이 요가의 주요한 체계이듯 파탄잘리의 요가 수트라에서 권위 있게 최초의 필요 조건으로 제시되어 있다는 것을 안 많은 사람들에게 아마도 다가 올 것이다.

요가 수트라에는 8개의 가지인 앙가(Anga)들, 도구 혹은 보조물이 규정되어 있어 이것들은 때때로 '계단'이라고 불리기도 하는데 그러한 까닭은 요가 수행의 진행 경과가 자주 길 또는 통로로 언급되기 때문이다.

다음의 것들은 8개의 가지들을 순서대로 나열해 놓은 것이다. 비록 이 장에서는 처음 2개에만 특별히 주의를 기울인 것이지만, 다른 것들은 단지 6개를 미리 보기 위해 열거되었다.

8개는 다음과 같은 것들이다.

1. 절제(Yama)
2. 준수(Niyama)
3. 자세(Asana)
4. 호흡조절(Pranayama)
5. 감각철회(Pratyahara)
6. 집중(Dharana)
7. 명상(Dhyana)
8. 삼매(Samadhi)

8개 중 처음의 2개는 바깥 세상과 그 자신을 향한 구도자의 태도에 관한 줄여서 얘기하면, 이런 용어들은 가장 광범위한 의미에서 윤리와 윤리성에 관한 것이다. 그리고 다음의 3개는 육체와 감각과 관계 있는 것이고 마지막 3개는 마음을 다루는 것이다. 진실로 삶의 거래는 진실한 사람 혹은 참나와 세계 사이에서 생긴다. 그러나 그 사이에는 소위 2개의 도구가 있는데 그것들은 내적 도구로써의 마음과 외적 도구로써의 육체이다. 이런 두 도구들은 규칙적인 조직검사의 일부분처럼 잘 정돈되고 또 잘 유지되어야만 한다.

자! 절제와 준수로 넘어가기로 하자. 절제는 요가 수트라에 의하면 다음과 같이 5개의 묘사된 자기 억제들로 구성된다.

1. 고통 없음
2. 진실함
3. 훔치지 않음
4. 영적인 행위
5. 탐욕 없음

이상은 이들 5개를 언제 어떤 상황 속에서도 유지하는 것이다.

학생인 척하는 사람은 비로소 이같은 요구에 의해 다소간 주저할지도 모른다. 그러나 만약 그가 이것을 그의 스승인 구루에게 털어놓는다면 다음의 대화가 일어날 것 같다.

**스승** : 그래, 나도 이것들을 완전하게 실행하기 어렵다는 것을 인정한다. 그러나 네가 해를 입히거나, 거짓말을 하거나, 훔치거나, 관능적이 되거나, 그리고 탐욕적이라고 말할 수 있는 욕망을 완전히 던져 버렸는가? 네가 해를 입힘과, 거짓말하기, 불성실함, 음탕함, 그리고 탐욕 등을 생각하는 것이 네게 기쁨이 아닌가?

**제자** : 그렇습니다. 저는 진정으로 이런 충동들을 원치 않는다고 말할 수 있습니다. 저는 이런 것들을 기쁨을 위해서 하지는 않으나 습관이나 순간적인 충동의 힘을 통해서 가끔 합니다.

**스승** : 만약 네가 어떤 사람에게 해를 주거나, 거짓말 하거나, 관능적이거나 탐욕적이려는 등등의 욕망과 다른 사람을 해하려는 생각을 버렸다면 싸움에서 이미 승리한 것이다. 너는 나아갈 수 있다.

두 번째 단계인 준수도 역시 5개로 기술된다. 그러나 이번의 5개는 처음 단계의 하지 말아야 하는 것들과는 달리 해야 할 5개이다.

그것들은 아래와 같다.

1. 청결(Shancha)
2. 만족(Santosha)
3. 검소(Tapas)
4. 자기 연구(Swadhyaya)
5. 신에로의 집중(Ishwara-Pranidhana)

청결은 보통 사고, 단어, 몸과 마음 모두 관계 있는 것으로 묘사된다. 만족이라는 단어는 기뻐하는 것을 의미하는 투스(Tush)라는 동사의 어근으로부터 나왔고, 따라서 이런 가치는 단순한 수동적인 만족됨보다는 더한 어떤 것이다. 그것은 수동성이나 체념을 암시하는 것이 아니다.

그것은 바가바드 기타에서 많이 강조된 평정의 신조와 관련이 있다. 바가바드 기타는 진보된 요기에 대해서 다음과 같이 말하고 있다.

그는 지지자, 친구, 적, 이방인, 중립자, 싫어하는 사람과 혈연 관계가 있는 사람, 심지어는 성인과 죄인에 대한 평가를 똑같이 하는 사람을 능가한다.

또 다른 시는 그를 대지의 덩어리, 바위 또는 황금과 같은 것으로 말한다. 그는 또한 완전히 추위와 더위, 기쁨과 고통, 존경과 멸시의 한 중간에 위치한다고 진술하고 있다. 왜 그럴까? 그것은 그가 지식과 경험 그리고 무엇보다도 내부의 자아에 대해 만족하고 있기 때문이다. 그는 감정적으로 당황하지 않을 뿐 아니라 적극적으로 즐거워 한다. 또 그는 내부의 인간을 위한 이런 모든 가치들을 인지하고 있기 때문이기도 하다. 이것은 육체적으로 추위나 더위에 둔감하다는 것이 아니라 그의 감정적인 태도가 조용하다는 의미이다.

나머지 6개 가지들에 나열된 것처럼 요가의 길은 일정한 노력을 요구하기 때문에, 구도자는 모든 반대되는 환경을 기꺼이 받아들여야 하는 것을 이해해야만 한다.

"신은 우리를 한가지 이유로 이 세상에 보냈다." 그리고 그것은 "우리가 이 세상에서 모든 종류의 가치와 힘을 더욱 발전시키라는 뜻이고, 또 이 세상에서 이러한 목적을 위해서 내가 사용할 수 없는 것은 아무것도 없다"라고 주장한 스토아학파의 금욕주의자인 에픽테터스의 신조와 유사하다.

게다가 노력 없이 저지른 행위들로 인한 우리의 성격의 결점과 장점에 관계가 있다.

이것은 헨리 포드 1세에 의해 표현된 현대적인 관점과 흡사하다. 그가 신문기자와 취재를 하는 중에 그는 결코 실수를 하지 않는다고 우연히 말하게 되었다. 이에 놀란 기자가 설명을 요구하자 헨리 포드 1세는 다음과 같이 말했다. "물론 나는 나도 모르게, 때때로 충분한 생각없이 많은 실수를 했다. 그러나 내가 실수를 하지 않았다면 평소 배울 수 없는 것을 그런 행동을 통해서 배웠기 때문에 그것들은 기본적으로 실수가 아니다."

인도에서는 바가바드 기타에서 상술된 사건들과 관련 있는 운명에 대한 뚜렷한 신조가 있다. 스승들은 다음과 같이 말하고 있다. 마치 샹키야 철학의 결론 부분에서 진술된 것처럼 모든 행동의 완성에서 나타나는 5줄의 인과 관계를 통해 배우라고 한다.

1. 그것을 위한 장소
2. 그것의 행위자
3. 그것에 사용된 많은 종류의 도구들
4. 그것에 사용된 다양한 종류의 작용들
5. 신성 또는 운명

좋은 쪽으로든 혹은 나쁜 쪽으로든 인간이 떠맡은 어떠한 행위라도 이들 5개는 그것의 원인들이다. 이것은 처음 보는 독자에게는 일어나지 않을 수도 있으나, 5개의 원인들은 항상 일어난다. 따라서 일반적인 힌두인은 "최상의 것들이 계획되었다.

인간들은 알 수 없는 심해 속으로 빠져 들어간다"라는 로버트 번즈의 진술과 일치한다. 그 이상으로, 우리는 항상 볼 수 없는 요소가 힘을 발휘하는 것을 기대하는지도 모른다. 그리고 이것은 실제로 좋은 계획을 망치기도 하고 반면에 나쁜 계획을 성공적인 결과로 이르게 할 수도 있다.

그런 볼 수 없고 예상 할 수 없는 요소들이 '노력 없이 도달하는 것들' 이다. 서양 사람은 우연한 어떤 일이나 계획을 망칠 때 자주 화를 낸다. 동양 사람은 그것을 예상하거나 적어도 그것에 의해서 놀라지 않고 성냄이나 후회 없이 그것을 받아들인다. 동양인은 그것을 마음과 가장 완벽한 계획을 초월하는 보이지 않는 것들인 신성에 돌린다. 그러나 그 보이지 않는 것은 이전에 행해진 행동의 결과인 인간관계의 영역 안에 있다.

그것이 비록 보이지 않는 요인인 불행한 사고이거나 아니면 상서로운 것이든, 요가 수행자는 여전히 그것에 만족한다. 지금부터는 실수가 교정될 수 있다. 만족함과 집중의 경험을 통해서 가고 있는 인간은 교훈을 배우고 깨달음을 얻는데, 이러한 것들의 가르침은 경험이 없이는 얻을 수 없고, 또 수많은 생각과 지혜를 가져야만 예측하고 언급할 수 있는 것들이다.

다음 5개의 준수할 것들 중 세 번째인 검소로 넘어가리로 하자. 이것은 많은 사람에 의해 범해지는 실수, 즉 자기 고행을 의미하지 않는다. 어떻게 자기 고행이 훌륭한 자세, 호흡, 감각의 통제, 집중, 명상, 삼매로 이끌 수 있겠는가?

반대로 바가바드 기타는 다음과 같이 말한다.

　요가는 과식하는 사람과 너무 단식을 하는 사람을 위해 존재하는 것이 아니다. 또한 지나치게 잠을 많이 자는 사람이나 잠을 이루지 못하는, 바꾸어 말해서 항상 깨어 있는 사람을 위한 것도 아니다. 요가는 음식과 유희와, 행동에 있어서의 노력과 잠자고 깨어나는 것이 요가적인 사람들을 위해서 고통을 제거해 주는 것이다.

　연속되는 시에서 '요가적인' 이란 용어가 사용될 때 거기에 많은 지혜의 빛이 쏟아진다. 그것은 역시 그 의미를 전달하기 위해 '상황에 적당한' 으로 번역될 수 있다. 왜냐하면 열등한 마음의 구조가 욕망의 대상물을 열망하지 않고 참나인 아트마(Atma)에 대한 사고로 향하게 될 때 그것을 요가적이라고 부르기 때문이다. 이같은 경우 비자연스러움이나 유해한 습관들은 없게 될 것이다. 참나는 이제부터 주요한 관심사가 되었다. 혹은 좀 더 현대적인 용어로, 참나란 사고와 관심의 주체인 발전 또는 전개 도상에 있는 내적 인간의 복지이다.

　이 시들의 집단의 결정은 요기가 참나와 상당히 결합되어 그가 브라만과 접촉하는 무한한 행복감에 열중해 있다고 묘사될 때 온다. 그러면 그가 기쁨과 고통에도 불구하고 모든 곳의 모든 존재 속에 같은 참나가 있고 그 참나 속에 모든 존재가 있는 것을 알 때 요기는 최상의 경지에 있다고 여겨진다. 같은 책에는 자기 고행을 지나친 방종이라고 비난 한 것이 많이 있다.

그 자신에게 지나친 내핍을 강요하는 사람들은 미련하고 그들의 육체에 있는 작은 존재들을 억압하고 있고 역시 영혼도 육체 속에 자리잡고 있어서 그들을 미친 결정을 내린 사람들로 이해한다. 이것은 입맛이 순수한 사람에 의해 선호되고 또 훌륭한 음식물을 활력, 신체의 조화, 체력, 건강, 기쁨과 만족을 증가시키고, 또 수분이 많고, 기름지고, 든든하고, 기운을 북돋게 하는 것이라고 한 묘사에 의해 확인된다.

요가 수트라는 검소가 육체에 해를 주는 것을 의미하지 않는다는 점에서 매우 확실하다.

육체와 감각기관과 행동의 힘 혹은 완전함은 타락할 가능성이 있는 검소로부터 나온다. 그리고 육체의 탁월함은 적당한 형태, 아름다운 힘, 그리고 매우 단단한 균형잡힘으로 구성된다.

마지막 단어인 바즈라 산하나나트와(Vajra Sanhananatwa)는 비록 대개 단단함을 말하는 것으로 여겨지지만 거대한 원기를 뜻하기도 한다. 왜냐하면 바즈라는 금강석뿐 아니라 번개를 의미하고 또 산하나나트와는 강력함이나 강한 힘을 의미하기 때문이다.

검소가 고행을 의미하지 않고, 모든 육체적인 탐닉을 피하고 사람이 육체에 가장 좋다고 믿는 음식, 운동과 휴식의 양과 종류를 주장하는 의지력이 단단함을 지닌 육체상태를 반드시 의미해야 한다고 충분히 언급되었다. 물론 이것은 경솔함이나 약한 탐닉에 의해 얻을 수 있는 것보다는 상당한 육체의 건강, 기쁨, 행복으로 이끄는 좋은 상식이다.

이런 태도가 라자 요가학교나 바가바드 기타가 표현하는 것처럼 철학 학교들의 태도만은 아닌 것을 보이기 위해, 우리는 하타 요가의 가장 권위있는 저술인 하타요가 프라디피카(Hatayoga Pradipika)로부터 다음의 것을 인용할 것이다.

"과식, 힘이드는 노력, 게으른 수단, 굳은 맹세, 사람에게 필요한 것, 침착하지 못함 등의 6개에 의해서 요가는 황폐된다."

결국 이 중요한 문제에서는 어떠한 것이라도 의심의 여지가 없을 것이고, 우리는 가장 위대한 철학자인 샹카라차리야(Shankaracharyya)의 정통적인 믿음에 따라, 그는 2천여 년 전의 사람인데 '하나의 실상인 아드바이타(Advaita)' 이론으로 인도 전역에 퍼졌다고 인용할 것이다.

좌법 혹은 자세는 브라만에 대한 삼매가 안락하고 지속적이고, 또 안락을 방해하는 것들이 아닌 것을 받아들여야 하는 것일 뿐이다. 가지의 똑바름은 브라만과 조화 속에서 휴식할 때 생기고, 만약 말라버린 나무처럼 똑바름이 있다면 생기지 않는다.

바라보는 지식을 성취한 사람은 이 세상이 브라만으로 구성되어 있음을 본다. 코 앞에서 바라본 것이 아닌 이런 종류의 바라보는 것은 최상의 것이다. 또는 보는 자, 보는 과정, 보이는 것들의 구별이 정지된 때 시각의 견고함이 있다.

5개의 주시중 4번째인 자기 학습인 스와다자야(Swadhajaya)로 넘어가면서 우리는 그것이 바깥 세계나 대상물에 대한 연구가 아니고 그 자신과 관계가 있는 어떤 매일매일의 학습임을 의미한다고 간단히 언급하려 한다.

이 학습이 암시하는 것에 대한 수많은 다양한 의견이 있다. 많은 사람은 자신의 경전이나 종교에 대한 연구를 의미하는 것이 틀림없다고 주장한다. 그러나 요가 수트라에 고루퍼져 있는 샹카야 철학의 일반적인 태도는 이런 견해를 무시한다. 스와(Swa)가 참나를 의미하지 않고 접두어로서 사람 자신을 의미한다는 것은 사실이다.

예를 들어 스와카마(Swakama)는 어떤 사람 자신에 의해 행해진 행위를, 스와쿨라(Swakula)는 어떤 사람의 가족을, 스와데쉬(Swadeshs)는 어떤 사람의 조국을 의미한다.

우리는 아마 올바른 의미가 사람에게 실제 관계에 있는 것을 알 수 있다. 그리고 그것은 적당한 인류의 연구는 사람이고, 외부의 사물에 대한 연구와 구별되는 사람 자신의 존재와 본성에 대한 연구라는 원칙하에서이다.

최후로 5번째인 신에로의 집중인 이스와하 프라니다나(Ishwara Pranidhana)에 대해 살펴보기로 하자.

어떻게 사람이 요가 수트라에서 신의 개념을 통치자인 이스와라(Ishwara)로 생각했는지 정말 문제가 된다. 대개 첫 번째 경향은 사람이 모두 알려진 존재의 창시자나 기초자에 대한 헌신을 느껴야 한다고 생각하는 것이다. 그러나 통치자로서 신에 감사하는 것과 신을 인간 자신의 미래 존재 상태의 모형이나 원형으로 생각하는 것은 별개의 것이다.

후자는 이미 2장에서 다룬 요가 수트라의 명상 부분에서 공식화한 것이다. 요기는 무지가 모든 주된 요소이자 원천인 걱정 또는 일과 외부적이며 내부적인 일의 영향에 의해서 영향받지 않아야 한다.

그러나 그 동안에 그는 통치자가 완전히 자유스러운 의지의 소유에 의해 그 자신 속으로 움츠려 들어간 독존적인 존재가 아니라는 것을 기억해야 한다. 우리의 삶이 지금과 같이 법칙의 이해에 의해서 기쁨에 넘쳐 있는 것뿐 아니라 삶의 영광 자체가 될 때, 장엄함과 영광은 이 규칙의 지배를 받고 있고 심지어는 우리가 언젠가 지배당하는 자가 아닌 지배하는 자의 일원이 되리라는 것을 더욱 느끼고 이해해야 한다.

이런 식으로 신에로의 집중이 오는데 이는 그 자신을 가르치는 모든 경험을 받아들이고 또 우리의 이해뿐 아니라 감정도 바르게 하는 것이다. 그런 것이 교사임이 알려졌을 때 신의 사랑이다.

요가 수트라는 신의 정의를 계속하면서 다음과 같이 설명한다. 그 속에 모든 지식의 궁극적인 원천이 있다. 똑같은 것이 시간에 의해 제한되는 존재가 아닌 고대인의 스승이다.

그것을 표현하는 것이 신성한 음절인 옴(OM)이다. 그곳엔 틀림없이 그 의미에 대해 숙고하는 이것의 반복이 있다.

이처럼 요가의 길이 시작이라고 가르치는 이런 윤리적, 도덕적 고지는 단순히 내적인 이익만을 주는 것이 아니라고 알려졌다. 그것들의 영향은 또한 외부적인 삶에 깊이 스며들어 있다고 진술되어 있다. 이익은 선한 행위가 받는 것이며 선함을 부끄러워하는 현대의 태도는 이 얼마나 넌센스인가! 5개씩 2개인 10개의 목록에 따라서 뚜렷한 순서 속에 알려져 있다. 이것들이 간략하게 진술되기 때문에 학생들이 그것들을 해석하고, 확대하고, 자신의 생각에 의해 삶에 적용하고, 따라서 그것들의 덕목을 인식하는 것이 필요하다.

1. 해를 입히지 않음이 성취됐을 때 그의 현존 속에서 증오의 포기가 있을 것이다.

2. 거짓말하지 않음이 성취됐을 때 행위의 결과는 그에게 도움이 될 것이다.

3. 도둑질하지 않음이 성취됐을 때 모든 보석이 그에게 다가올 것이다.

4. 음탕하지 않음이 성취될 때 활력이 얻어질 것이다.

5. 탐욕하지 않음이 성취될 때 출생의 질서 정연함을 인식할 것이다.

6. 외부의 깨끗함으로부터 육체의 보호와 다른 것들로부터의 자유로움이 생긴다.

그리고 마음의 청정함이 있는 때에 고결한 마음, 집중, 감각의 지배와 자아의 통찰력을 위한 적합함이 온다.

7. 만족으로부터 최상의 기쁨을 획득할 수 있다.

8. 부정함을 줄이는 육체의 조절로부터 육체와 감각의 힘이 온다.

9. 자아의 연구로부터 열망하는 신성과의 접촉이 온다.

10. 신에 집중함으로부터 삼매의 힘이 온다.

이들 10개의 덕목들의 결과를 평가하기 위해서 우리는 물질적인 목표를 위한 현대적인 기계류, 대량생산과 대중교육의 유입, 과거 시대의 힌두인의 마음의 조망과 배경을 이해할 필요가 있다.

## 1. 해를 입히지 않음

카르마의 법칙에 의해서 해를 주지 않음은 그가 진리의 길을 보고 따르기 전에 저지른 해를 입히는 행동의 결과로써 오는 것을 제외하고 해를 주지 않는 사람에게는 미래로 갈 수 있다. 이 같은 이론과 믿음에서 사람들은 다른 사람들에게 주거나 행했던 것을 받고 있다. 교훈은 항상 사람에게 정당하기 때문에 카르마의 법칙의 혜택 또한 고려되어야 한다.

예를 들어 만약 어떤 사람이 폭력으로 다른 사람들에게서 강도질을 했다면, 그것은 틀림없이 그가 그들의 고통에 무감각했기 때문이며, 따라서 지금 그 자신에 대한 영향은 심지어 다른 사람에게 적용될 때조차 그가 고통을 느낄 시간의 경과에 따른 결과로써 고통이란 무엇인가를 그에게 느끼게 하기 위해서 기대된 것인지도 모른다.

이런 믿음은 사람들을 공포로 채울지도 모른다. 즉, 소위 기억의 은행 속에 고통에 찬 경험의 엄청난 기록을 그들이 가지고 있을지도 모르고 또 그것은 그들의 현재와 미래의 계획에서 측정할 수 없고 보이지 않는 요인으로 그들에게 덤벼들 준비가 되어 있을 수도 있다. 그러나 이같은 공포는 두 가지 이유에서 무시될 수 있음에 틀림없다.

첫번째 이유는 우리의 삶은 언제나 기쁨과 고통, 소위 말하는 선과 악의 혼합이고 이것은 빚을 지고 갚는 것이 있어 왔고 얼마간 항상 같아지고 있고 따라서 인간은 그의 뒤에 엄청난 죄의 질과 양을 지닌 무서운 괴물로 그 자신을 상상할 수 없다는 사실 때문이다. 두번째 이유는 우리가 지금 정말로 사심없이 하는 행위가 우리의 현재 삶에 아직 영향을 끼치지 않는 과거의 나쁜 행위와 동등한 양을 소멸시킨다는 신조와 믿음이다. 이것의 논리는, 사람이 생각과 지혜에 의해서 교훈을 배웠고 또 그 교훈을 힘든 방법으로 배울 필요 없이 다소간 무의식적으로 하는 선한 행위에 의해서 과거의 업이 소멸된다는 것이다.

이 주제에 대해 경전은 더욱 잘 설명하고 있다. 자기 자신에 대한 증오심의 포기는 물론 과거에 쌓인 빚의 소멸을 초래할 것이다. 그러나 그 이상의 것을 초래한다. 자신의 존재에서 다른 사람들을 위해 그들의 길을 바꾸려는 경향이 있다.

우리가 선한 것을 보고 선한 행동을 하는 사람을 친구로 삼는 것은 좋은 일이다. 정말로 훌륭하게 되는 것 자체가 훌륭한 행위이다. 사회의 관계 속에서 이것은 상호간에 서로 이익이 큰 부분이다. 심지어는 신문 속에 있는 그렇게 예쁘고 확실히 건강함과 유순함을 즐기는 듯이 보이는 날씬한 여성들의 삽화들조차도 우리에게 선한 행동을 하는 친구의 부분이고 또 그것은 인도에서 특별한 이름으로 하는 진리의 모음인 사트상가(Satsanga)를 즐기는 것과 같다고 명백히 생각된다.

이런 이익은 상상이 아닌 경쟁으로부터 온 것이고, 또 그것은 내부나 외부 모두로부터 온다. 그 외에도, 만약 그의 마음이 저속하고 이기적인 생각을 포함하고 있다면 어떻게 영적인 삼매의 높은 지점에 도달할 수 있을 것인가?

## 2. 정직함의 결과

정직함의 결과는 요가 수트라의 주석에서 말과 생각에서의 정직함으로부터 기인하는 것으로 생각된다. 우리에게 도움이 되고 우리 자신의 언어로 번역되는 행위의 결과는 이제부터 우리가 추구하는 것을 얻을 수 있다고 의미하는 것일 수 있다.

왜 사람은 그토록 자주 실패하는가? 그 까닭은 주로 그들이 자기 기만의 상태에서 살려고 해왔기 때문이다. 예를 들면 건강에 목표를 두고 그것을 위해 그들은 어떤 짓을 하긴 하지만 또한 그들은 건강과 육체적인 문화잡지에 유용하고 훌륭한 조언에 대해 다양한 편견을 가짐으로써 그런 작업을 망친다. 비록 그것이 해롭다는 것을 알지라도 그들은 포기하지 않을 것이고 그것이 괜찮게 되기를 바라고 확실히 어느 정도는 중시하지 않을 것이다.

한편, 사람들은 그들의 힘에 대비하여 그들의 환경을 측정하지 않는다. 정직함은 불필요한 바람과 불평없이 실제적이고 지금 그대로의 것을 받아들인다. 또 그들의 능력과 힘을 현실적으로 측정하는 환경에서는 합리적인 목표를 위해 최선의 판단에 따라 행동하는 것이 대개 열망한 성공을 초래할 것이라고 사람들에게 말해줄 것이다. 그러나 그들이 무엇보다도 사고에서 이런 좋은 감각인 정직함에 따를 것인가? 아니다. 그들은 그들 뿐 아니라 다른 사람들에게 해를 끼치고 불평하고 초조해 한다.

말에서의 정직함은 우정과 사회적인 신용의 결합이고, 그리고 결합을 깨는 누구라도 셰익스피어의 연극에서 놀라운 기품과 겉치레를 지닌 것으로 설명된 헨리 5세처럼 광범위한 의심을 받게 된다.

## 3. 보석식 접근

고대의 단순히 살아온 인도 사람들은 보석을 부로 생각하는 것은 당연했다. 그들이 저축한 예금에 대해 이자를 주는 은행들이 없었고, 아마 지금처럼 평가 절하되는 과정 속에 있을지도 모르면서 화폐를 모은다는 생각은 일반적으로 없었다. 심지어는 오늘날 힌두인들도 대개 가보를 그들의 은행으로 여긴다.

그러나 카르마의 법칙을 부자들에게 적용하여 생각해 보라. 그것은 항상 '당신은 당신이 번 것을 갖는다' 라고 공식적으로 나타낼 수 있다. 그러나 당신이 훔친다면 당신은 잃는다. 만약 어떤 아이가 부유한 집에 태어났다면 그것은 과거에 그가 벌었었기 때문이다.

기독교 교회의 수도 원장들의 하나인 오리겐(Origen)도 같은 생각을 갖고 있다. 많은 부유한 사람들은 그들이 부를 갖지 못한다면 얼마나 무섭고 또 그들이 죽을 때 그들의 부를 남겨야 한다고 느끼면서 윤회라는 생각을 싫어한다.

만약 그들이 부를 벌거나 가질만 하다면 미래의 부는 그들의 소유가 될 것이다. 왜냐하면 이 경우에 있어서 보석들은 카르마 균형에서 접근되는 것이 아니기 때문이다. 따라서 결국 가치를 고수하는데 영적인 이득 뿐 아니라 물질적인 이득이 있다. 그러나 모든 과거의 카르마들이 한번의 생에 적절히 말하자면 신체를 갖고 있는 동안에 오지 않는다는 확실한 개념이 있다. 따라서 조화되는 카르마의 수를 수명의 형태로 집단화하는 효과가 있다. 이런 경우 모든 카르마가 한번에 나타날 수 있는 것이 아니라 조화되는 카르마의 집단에 불과하다는 것이다.

예를 들어 착한 일을 한 사람이 한 동안, 아니면 심지어 일생 동안 가난 속에 자신이 있다는 것을 발견하는 것이 가능할 수도 있다. 그래서 죽은 왕이 다음 생에서는 막노동꾼의 천막에서 빛을 보게 될 수도 있다.

내가 경험한 사례를 하나 들어 보기로 한다.

잘 아는 어떤 늙은 장님과 오랫동안 둘 다 아는 스승의 지도하에 요가를 수행했다. 그는 요가 명상 수행의 결과로써 약 700년 전에 일어난 전생을 볼 수 있게 되었다고 나에게 말했다. 그는 자신이 그때 북인도 지방의 작은 왕이었다고 말했다.

그의 가족과 자신을 기쁘게 하는 사람들에게 친절한 반면에 그는 가난한 농부나 적들에게는 혹독하였고 때로는 매우 잔인했었다. 그에 의하면 전생의 잔인한 행동의 결과로 비록 지금은 가난하고 앞 못 보는 장님이지만 한편으로는 숨겨진 축복이라는 얘기였다. 왜냐하면 그가 주변에 살고 있는 가난한 마을 사람들과 친한 친구가 되었고, 그로 인해 이 생에서 진정한 우정을 배웠기 때문이다. 그가 믿기에 나쁜 업의 모든 대가로 치러졌을 때, 그는 개선된 성격과 기질의 이로움을 지닌, 상당한 부와 영향력의 지위로 다시 되돌아 갈 것이다. 물론 나는 그의 과거와 기억의 정확성을 입증할 수단이 없다. 그러나 그가 일상에서 놀라운 투시력과 정신 감응력을 갖고 있음을 나는 실제로 발견했다.

## 4. 음탕하지 않음

그것은 산스크리트어로 브라흐마차리야(Brahmacharya)이다. 차리아(Charya)는 행동 혹은 삶의 길을 뜻한다.

여기서 브라마(Brahma)는 영적이며 혹은 '브라만 (Brahman)의 성격을 지닌'을 의미한다. 비록 많은 사람들이 그것을 육체적, 감정적인 쾌락이 아닌 경전에 의해서 즐거워하고 그 기능을 인간성과 가족의 장래를 보장하는 신성한 신뢰의 힘으로 생각하는 경우, 몰두하는 동거생활을 의미하는 것으로 여겨진다 하더라도 그것은 일반적으로 독신주의를 뜻한다.

이런 삶의 길은 활기로 이끈다고 진술된다. 많은 요기들은 다음과 같이 믿고 있다. 즉 성기능의 사용의 억제는 허무하게 배출될지도 모르는 신체 에너지를 승화해 더 높은 마음의 작용과 힘으로 이끈다. 서양에서의 일반적인 여론과는 대조적으로 성기능은 어떤 식으로든 육체의 복지에 공헌하지만, 단지 다음 세대의 이익을 위해서만 존재하는 신체 기능의 하나라고 주장된다.

만약 억제가 어떤 육체적 혼란으로 이끈다면, 그것은 자아에 대한 나쁜 감정적 태도와 이에 따른 나쁜 생각의 영향 탓으로 돌려진다. 의심의 여지가 없이 현대의 대중 문학은 자아에 대한 엄청난 양의 무지한 생각과 유해한 의견을 만들어 내었고 또 인간의 상상력은 현대의 세계에서 자연의 한계를 훨씬 능가하는 젊은 사람들의 갈망을 강렬하게 했다. 이런 의문은 쿤달리니 (Kundalini) 에너지의 활기찬 힘에 대해서 이 장에서 언급될 것이고, 그 곳에서 사회적으로 인정될 때 모든 요가의 가르침은 억제를 지지하고 또 활기찬 힘을 보다 높은 삶의 작용으로 바꾸는 것이 정교하게 묘사된다.

## 5. 탐욕 없음

'탐욕 없음'이라는 뜻의 산스크리트어는 아파리그라하 (Aparigraha)이다. 그것은 문자 그대로 '탐냄 없음'이나 또한 모든 면에서 사방으로 '집착하지 않음'이라는 의미이다. 그것은 인간의 삶에 있어 가장 큰 5가지 고통 중 하나는 소유욕 (Abhinivesha)과 관계가 있다. 의미의 차이는 다음과 같다.

아파리그라하(Aparigraha)가 집착이나 얻으려는 것을 걱정하는 것인 반면에 소유욕은 사람이 소유하는 것에 집착하려는 것을 더욱 걱정하는 것이다. 후자에 대해서 이런 고통은 인간의 삶에 견고하게 기초를 두고 있어서 심지어 지혜로운 사람들에게도 본능적인 것이라고 진술하려는 경전이 있다.

주석자들은 그 고통의 주요한 부분은 육체에 집착하려는 데에 있고 요기의 관점에서 육체란 영적인 성취를 위해 살기 위한 터전으로써 존재한다고 자주 강조했다. 그들의 견해는 또한 육체를 구하고 영혼을 잃는 것보다 육체를 잃고 영혼을 구하는 것이 낫다는 것이다. 여기서 영혼을 잃는다는 것은 삶의 표준을 낮추는 것을 의미하는 것이라고 함축할 수 있다.

경전에서 이르기를 이런 가치가 성취될 때, 요기는 출생의 방법을 인식할 것이다. 우선 그는 그것이 우리가 소유하는 것이 아니라 삶에서 중요한 것을 이용하는 것임을 알게 된다. 따라서 물질적인 것들을 생각할 때 요기는 더 취득한다던가 일상적인 욕망의 만족에는 큰 걱정을 하지 않는다.

그는 속박되는 것보다 오히려 자유롭게 사는 생각에 정신적이
나 감정적으로 습관화 된다.

많은 사람들은 근무시간과 사회적인 의무 후에 요가에 종사하
는데 이들은 모두 요기들이다. 그들은 그들의 '오는 것'을 접하
고 다루는 평정함에 의해서 알아볼 수 있다. 나중에 진보된 요
가는 계획을 수립하는 능력을 포기한다. 그는 자신을 위해서 계
획을 세우지는 않지만 세계를 위하는 그의 행위에 동기를 일으
키는 의무의 요청에 주의하고 야기하는 업에 대처한다.

위와 같은 이유로 출생(Jaman)과정의 방법의 이해나 인식이
발생한다는 진술은 설명하기 쉽다. 재생이나 환생의 일상적인
단어는 푸나르자만(Punarjanman)인데 푸나르(Punar)는 '다
시'를 의미한다.

요기는 이런 이론을 아주 잘 이해하고 있다. 그는 왜 특정한
상태와 사건이 사람들에게 발생하는지 판단할 수 있고, 따라서
어떻게 그것들 속에 있는 사람들의 성격적인 결함들을 채우기
위해 그것들을 다루어야 하는지 지혜롭게 알고 있다. 그리고 그
가 보다 높은 통찰력이나 마음을 직관적으로나 직접적으로 인
식할 수 있을 때 그는 확실히 과거 출생의 진행을 알 것이고 이
것이야말로 그 뜻이다.

## 6. 육체의 청결함

이것은 '육체의 보호'와 '다른 사람들로부터 초연함'이다.

결과들의 첫번째 설명은 주석자들 사이에 많은 의견충돌의 원인이 되어 왔다. 어떤 사변학파는 주구스프사(Juguspsa)란 단어를 보호란 의미로 받아들였고, 또 다른 학파는 혐오로 받아들였다. 이 단어는 산스크리트어에서는 드문 2개 단어이나 그 이상의 완전히 다른 의미를 갖는 단어들 중의 하나이다. 나는 그것이 상식과 지적인 관습에 일치한다는 이유로 보호라는 의미를 더 좋아한다. 육체를 혐오함이 청결함의 습관으로부터 생긴다는 것은 정말 이상할 것이다.

육체를 오물과 나쁜 생활로부터 보호하려는 열망은 훨씬 더 있음직하다. 게다가 어떤 것을 혐오함은 요가 이론에서 그 어떤 것에 심취하는 것만큼 용납되지 않는다. 몇몇 광신자들이 육체를 경멸한다는 사실은 단지 육체의 부자연스러움을 그들이 용인하고 그 생각을 그렇게 이해한다는 것을 나타낼 뿐이다.

육체적인 청결함 또는 심적인 청결함을 위해서 힌두인들은 일반적으로 육체의 접촉을 인정하지 않는다.

한 예로 사람과 만났을 때 그들의 인사법은 손을 벌리고 손바닥과 손바닥, 손가락과 손가락을 마주 대고는 수직으로 가슴을 정면으로 잠깐 껴안는다. 이것은 어쨌든 원래 무기 없음을 확인하는 방법이었던 악수보다 선호된다. 이 문제에 있어서 그들의 주의 깊은 다른 증거는 서양의 고객의 의해서 영향을 받은 몇 명을 제외하고는 상류계급 사람들이 흡연을 싫어한다는 것이다.

어떤 사람이 나에게 다음과 같이 그 이유를 설명했다. '나는 다른 사람의 입 속에 있었고 그들의 침으로 적시어진 담배 연기를 내 허파로 받아들인다는 생각을 정말 싫어한다'라고.

따라서 그 말을 '자신의 육체의 부분을 증오하고 사람들과 접촉하지 않음'으로 번역하는 것에는 정당성이 없다. 게다가 이유가 이미 주어졌는데 이미 인용된 몇 개의 경우에서 보여지는 육체의 뛰어남에 따른 이익과 집착과 도피 모두가 극복되어야 하는 감정이라는 일반적인 생각과 합치되지 않는다.

나는 요가 명상을 매일 아침에 하는 많은 사람들이 아침 목욕과 깨끗한 새 의복을 사용하는 것에 매우 정성이 지극하다는 사실을 발견했다. 인도인들 사이에서 더러움이란 항상 가난과 물의 공급이 불편함에 기인한다.

파탄잘리는 이 점에 대해서 이미 언급했던 것과는 또 다른 내용을 갖고 있는데 그것은 다음과 같다.

'식별력 있는 사람에게 모든 것은 고통이다.' 또는 '깨달은 사람에게 있어서 모든 것은 고통이다.' 이는 깨달은 사람에게 있어서는 당연한 것이다. 세상에서 열반과 비교될 수 있는 것은 없고, 따라서 우리 모두는 만약 육체의 한계를 생각하면 그것을 쉽게 발견한다. 붓다는 또한 자신의 사성제 중에서 처음의 것으로 모든 것은 슬픔(苦)이라고 말하였다.

우리의 모든 즐거움들은 슬픔으로 착색되어 있다. 그러나 그것으로 세상을 비난할 수 없다. 왜냐하면 붓다는 사성제 중 두

번째 것으로 '그 슬픔은 너희들의 욕심 때문이다' 라고 말씀하셨기 때문이다. 그것은 평범한 인간을 위해 **뺨**을 치신 것이고 왜 모든 것이 슬픔이냐는 질문에 대한 답이었다. 즉 '그것은 너희들의 잘못이다' 라는.

우리는 또한 '세상이 잘못인 것이 아니다' 라고 덧붙일 수 있을지도 모른다. 게다가 '슬픔은 너희들이 욕심을 멈추는 것에 의해서 멈춰진다' 는 사성제 중 세 번째 것에서 보여지듯 고통이 한 개인에 있을 때 그가 그것을 제거할 수 있다는 암시가 있다. 결론적으로, 그것을 끊는 방법인 사성제 중 마지막 것이 있는데 그것은 어떠한 종류의 자살도 아니고, 세상이나 삶으로부터 움츠러드는 것도 아닌 다음의 8가지 방도를 통해서이다.

1. 올바른 이해, 의견, 전망, 평가와 판단
2. 올바른 목표, 동기, 계획과 결정
3. 올바른 언어의 사용
4. 올바른 행실, 품행과 행동
5. 올바른 생활방식
6. 올바른 노력-좋은 일
7. 올바른 지적활동-연구
8. 올바른 삼매

육체를 보살피는 것은 아마도 8가지 방도의 부분으로 여겨질 것이다. 왜냐하면 육체는 8가지 방도로 가는 것을 필요로 하기 때문이다. 육체는 단지 도구에 불과하고, 우리가 알기에는 완전한 것이 아니다. 그러나 육체는 궁극을 위한 수단이다.

육체는 깨끗이 유지되어야 하는 연장상자이지 쓰레기 자루가 아니다. 육체의 놀라운 배설기관과 배설조직은 우리가 육체에 집어 넣은 것과 우리를 위한 육체의 활동의 결과로 생기는 배설물들을 제거하기 위해서 얼마나 열심히 일하는지 설명해 주고 있다.

청결함의 두번째 결과는 순수한 생각과 말에 대해 다음과 같이 언급했다.

마음의 청결함으로부터 숭고한 마음, 집중, 감각의 지배와 자아에 대한 정확한 통찰력이 온다.

### 7. 만족함의 결과

그것은 '최상의 기쁨을 얻음' 이다. 이것은 만족함 그 자체를 의도한 것은 아니지만 가장 큰 기쁨을 구성한다는 의미로 쉽게 여겨진다. 이런 요가의 십계명이 일상생활의 가치인 것처럼 그것들의 결과들도 일상 생활과 관계가 있다. 또한 노력과 장점이 이 세상의 것이듯이 그에 대한 보상도 역시 이 세상의 것이다.

다음으로 피하려는 실수임직한 것은 만족함이란 지금 그대로의 사물들을 부정적으로 받아들이는 것이라고 생각하는 것이다. 그러나 그것은 있는 그대로의 사물과 사람 그리고 사물과 사람의 존재이유를 받아들임을 의미한다.

만족함이란 보다 충만된 삶을 위한 토대이자 도약판이다. 우리는 때때로 우리의 유용한 물질, 연장과 목적을 재검토해야만 한다. 여기서 한가지 확실한 것이 있는데 그것은 만약 요가의 길에 있어서 어떤 확정된 성공이 있다면 더 이상의 불평이나 푸념 심지어는 소망조차도 없을 것이 분명하다는 것이다.

우리는 우리의 모든 힘을 진행중인 일을 위해 필요로 한다. 반면에 모든 바램이란 우리가 실제적으로 살지 못하고 있다는 증표인 약함을 키우는 것이다. 따라서 행위를 지배하는 결정이 있게 될 것이다. 결정함에 의해서 의지력은 성장하고 사랑을 결정하는 것에 참여시킴으로 우리의 삶의 확장과 인식이 성장하고 또 생각을 함으로써 우리의 사고력은 성장한다. 이것들이 성장함에 따라 그들은 우리의 환경을 만들고 도약하는데 훨씬 더 큰 역할을 한다.

즐거움을 위한 우리의 능력을 증가시키는 것 이외에 대체를 위한 삶의 증진과 지각있음이란 무엇이란 말인가? 만족함은 다음에 설명될 요가의 십계명 중 마지막 세 종류의 적극적인 삶을 위한 길을 포장한다. 한편, 사물과 사람은 다르다는 바람이 없이 그들 속에서 생활하고 매순간의 기회로부터 최대한의 즐거움을 얻을 수 있게 해준다.

'우리가 전에는 큰 집에서 살았다. 그러나 지금은 작은 집에서 참아내야 한다.' '우리는 전에 잘 살았고 사회적으로 중요했었다. 그러나 지금 우리는 가난하고 멸시당한다.' '이 과일들은 우리가 5년 전에 자마이카에서 가졌던 것들 만큼 좋지 않다.' '이 영화, 쇼는 좋지 않고 등.'과 비교할 수 없다. 이런 것들은 피해야 할 태도들이고 그것들에 의해서 우리는 즐거움에 관한 한 좋은 것들과 최상의 것들로 하여금 우리들을 파멸시킬 것이다.

'만족을 옷처럼 입을 수 있는가?' 그럴 수 있다. 우선, 모든 사물은 내부의 인간을 위해 큰 가치를 갖고 있다고 우리에게 말해주는 적절한 철학은 삶의 이해로부터 올 수 있다.

다음으로 만족이 알려지고 느껴질 때 마음의 상태는 제어될 수 있다. 가끔 불만족스러울 때, 당신은 자신이 하고 있는 것에 완전히 몰두함으로써 당신 스스로에게 즐겁다고 말할 수 있다. 심지어 적이 보이고 친구로 느껴질 때 우리는 세계가 우리에게 평화롭지 않을 때조차도 우리는 세계가 평화로울 수 있다는 요가적인 깨달음에 접근한다.

## 8. 고행

육체의 힘과 감각의 월등함은 심지어 고행, 즉 타파스(Tapas)에 이르는 육체의 엄한 지배로부터 나온다. 단지 방종하지 않음이 있을 뿐이다.

만약 어떤 음식이 너의 육체에 가장 좋다고 여겨진다면 너는 그 음식을 먹는다. 만약 음식이 너에게 좋지 않다면 먹지 않으면 된다. 적당한 음식, 운동, 휴식과 여가 등 모두가 적당해야 한다.

내핍이란 단어가 타파스의 의미를 만족스럽게 나타낸 것인지 의심스럽다. 육체 조절이 목표를 묘사한다. 타파스란 '가열하는 것'을 의미하는 동사의 원형으로부터 온 것인 만큼 아마도 '열정'이라는 단어가 좋을 듯하다. 그것은 이런 실제적인 분야에서 의지력의 사용됨이 명백하다.

우리가 요가의 수행을 진행함에 따라서 우리는 몇몇의 육체적인 운동이 육체의 후생과 육체의 기능에 있어서의 증진을 위해 권고된다는 것을 알게 된다. 육체적인 운동은 주로 정화, 호흡과 자세를 위한 것들을 포함한다. 그러나 그런 것들은 일상 생활에서의 엄격함과 관계 있는 타파스라는 용어에 포함되지 않는다.

## 9. 자신에 대한 연구

진실로 우리와 관계 있는 것에 관한 연구로부터 '열망된 신성함과 연결됨'이 온다. 여기서 우리는 정말로 잠시 멈추고 요가의 관점을 생각하고 이해해야 한다.

우리가 매우 의존적인 존재라는 것이 인도에서는 광범위하게 받아들여진다. 본질적인 자아가 영원하고, 순수하고, 행복하고, 자유롭다는 것을 인정하고, 직접적인 경험에 의해 그런 진리를 깨닫거나 아는 것이 이미 앞장에서 본 것처럼 요가의 목표이다.

그러나 육체와 마음에 관계하고 있는 문제들 속에서 확실히 우리는 매우 의존적인 존재들이다.

우리는 우리가 존재하는 모든 부분에서 '땅의 양식' 뿐 아니라 '하늘의 양식' 같은 도움이나 음식물을 필요로 한다. 이런 의존은 우리의 집단생활의 결과이고 그 속에서 개개인은 많은 사람들과 공동으로 이익을 얻고 또 그의 영향력에 따라서 이 공동이익을 제공받는다.

이런 개념은 지식의 분야에도 미친다. 다른 사람들의 위대한 생각에 대한 연구는 우리의 이해에 도움이 된다. 아홉번째 가치를 위한 명칭은 이것을 가리킨다. 그것은 자신의(Swa) 연구(Adhyaya) 또는 자기자신의 본성과 올바른 삶에 대한 연구이다. 게다가, 어쨌든 신(Ishwara)은 우리 모두의 스승이고 독존과 신성함을 성취한 과거의 모든 사람들은 신의 부분이다. 이 법칙은 순수하게 우리에게는 외부적인 것이 아니다.

우리는 자연의 법칙 뿐 아니라 우리 존재의 법칙도 배우고 있는 것이다. 물론 전부는 아니지만 과거의 스승들은 그들의 지식을 대기 속에 남겨 놓았고, 그 지식들은 사라지거나 표현되지 않고 있다.

자연 속에는 우리의 아래 뿐 아니라 위에 존재하는 것과 우리 영역 속에 교우관계를 가져다 주는 것이 많이 있다. 우리는 삶의 양식을 먹을 수 있는데 그것은 우리가 도달할 때 우리를 위해서 존재하고 또 천사들이나 신성한 존재들로부터 그들의 경험을 인격화하고 법칙의 영역에 속하면서 그 법칙을 표현하고 가르칠 수 있는 몇몇 사람들과 함께 우리의 삶 속에서 직관처럼 보인다. 경구가 가르치는 것에 대한 진지한 연구는 열망했던 '신성'으로 이끌어 주고 그것과의 접촉을 증진시킬 것이다.

## 10. 신에 대한 집중

마지막으로 신에로의 집중의 보상은 삼매의 힘과 삼매에서의 성공이다.

세계가 환상적이고 믿을 수 없는 것으로 보일 것 같지만 사실은 그렇지 않다. 선에 대해서도 그럴 것 같지만 역시 그렇지 않다. 성실하게 전념하는 요기는 많은 삶의 경험에서 그렇지 않다는 것과 심지어 어째서 그렇지 않은가 조차도 더욱더 알게 된다. 따라서 그 법칙이 신성하고 훌륭하고 또 우리가 항상 신성함과 훌륭함 속에 싸여 있다는데 감사함이 있다.

이런 신성함과 훌륭함을 알고 이에 감사하는 것은 감사로부터 예배로 넘어가는 우리의 최고의 작용이고 에머슨이 말했듯이 '인간 문화의 개화이자 완성'이다. 그것은 신성함의 절대적인 존재에 대한 삼매이고 자연히 그것의 기능은 그 자신의 완성이다.

비록 요가의 여덟 단계들이 자세 다음으로 호흡과 감각의 통제가 오고 단지 여섯, 일곱, 여덟 번째에서 각기의 집중, 명상과 삼매를 다룬다고 할지라도 우리는 지금 다음 장에서 이지적인 단계를 살펴볼 것이고 그 후에 그것들이 어떠한 주요한 목적을 지니는지 알기 위해 자세 등등을 살펴볼 것이다.

# 제4장
## 요가와 이성

우리가 마음의 훈련과 사용을 발견하는 것은 바로 요가 수트라에 표현된 요가의 8가지 중 마지막 3가지 속에서이다. 그 속에 확실히 정의된 3단계가 있다. 그것은 다음과 같이 풀이할 수 있다.

집중 (다라나 Dharana)
명상 (드야나 Dhyana)
삼매 (사마디 Samadhi)

집중에서는 특정한 사물이나 생각에서 벗어나지 못하고 그것에 마음을 열중시키는 응용이 있다. 이런 벗어나지 않음이 소위 통제를 구성한다.

명상에서는 그 대상에 대한 사고의 활동이 있다. 이것이 진행되는 동안 집중은 여전히 작용한다. 그러나 사고의 활동은 다른 것들로 옮겨가지 않고 집중하는 대상에 대해서 계속된다.

예를 들어 만약, 대상이 꽃이라면 그 꽃에 대한 모든 가능한 생각이 있을 것이다. 우리는 사물을 관찰하는데 있어서 대개 몇 개의 눈에 띄는 특징들에 주목하는 것에 만족하고 또 그것들에 대해 생각하는 경우에도 역시 같은 일이 일어난다. 그러나 명상에서는 가능한 완벽한 생각이 있어야만 된다.

A와 B라는 사람이 어젯밤 어떤 파티에 참석했다. 오늘 A는 "어제 파티에 있었던 웰슨 부인을 기억하느냐?"라고 B에게 물었다 B는 "그래, 나는 그녀를 매우 뚜렷이 기억해. 그녀는 큰 코를 가진 부인이었어"라고 대답한다. 그러자 A는 "그녀의 눈과 머리와 옷의 색깔이 무엇이었니?"라고 묻는다. B는 단지 모른다고만 대답할 수 있을 뿐이다. 대개의 사람들은 거의 이처럼 나쁜 자료에 기초해서 일상적으로 생각한다.

요가가 매우 관심을 갖고 있는 이성적인 혹은 경건한 문제에 있어서 이런 태도는 좋지 못하다. 따라서 세 과정들을 위한 필요성은 이미 지적되었고 그것들은 다음과 같은 경구들로 묘사된다.

일상적인 마음을 한 장소로 묶는 것이 집중이다.

생각의 지속에 명상이 있다. 마치 자기 자신의 텅빔을 가진 것과 같은, 하지만 단순히 대상의 광채를 가진 것이 삼매이다.

마지막 삼매에서는 아마 독자는 무아경과 환희의 중요한 성격을 알아차릴 것이다. 그 속에서 인간은 자신을 잊고, 또 자신을 떨쳐 버리지만 강렬하게 인식할 수 있을 것이다.

사실 인식의 질은 최상의 상태이다. 이것은 감정적인 상태가 아니라 현재의 경험을 어떤 비교나 분류로 채색하는 과거나 기억으로부터 오는 영상도 아니고 부분적인 것도 아닌, 보는 혹은 아는 작용이다.

만약 당신이 어떤 그림을 보고 있고 '이 그림은 얼마나 멋진가! 이 나무들과 저 작은 시내와 언덕 기슭의 빛을 보라!' 라고 말하고 있다면 당신은, 마치 당신이 다양하고 재미있는 것들을 명백하게 이해하게 된다. 그런 후 그것들을 하나로 결합시키고 전체의 통일성을 발견하는 것처럼, 점차적으로 그 그림을 하나의 단위로 만들게 될 명상적인 음미의 기쁨을 경험하고 있는 것이다. 그러나 만약 당신이 그림 전체를 어떤 것도 놓치지 않고 또 부분들 속에서 한 부분으로부터 다른 부분으로 지나가지 않고, 동시에 받아 들인다면 당신은 황홀경의 발견과 통일성의 경험을 겪을 것이다. 이런 이유로 해서 그림은 당연히 훌륭한 것임에 틀림없다. 예를 들어 모든 부분이 있어야만 하지만 여분의 손가락이 자라는 것과 같은 군더더기가 없어야만 하는 놀라운 인간의 육체적인 그림에서는 가장 작은 표시도 불필요한 것이 없음에 틀림없다.

그런 그림들은 모든 구성물들을 필요로 하고 또한 서로 충돌하지 않는다는 생각을 나타내는 영감이 있는 경우에 가능하다. 이런 그림들이 만약 풍경화라면 평화로운 광경일 것이고 그 광경 속에서 각 요소들은 서로 방해하지 않는다. 바다는 바다이고, 산은 산이고, 구름은 구름, 하늘은 하늘이다. 그러므로 그것들은 서로를 돋보이게 한다.

과학자들이 발견한 자연의 조화는 정말 이것들이 서로서로에게 필요하다는 것을 우리에게 말해준다. 당신이 그 조화를 보고 있는 한 당신은 생각하고 있는 것이고 또한 그것이 체계적이라면 당신은 명상하고 있는 것이다. 그러나 만약 당신이 그것을 모두 전체로 보고 있다면 당신은 더이상 보고 있는 것이 아니라 심지어 보는 것에 의해 안다고 하더라도 알고 있는 것이 아니다.

아는 것은 생각하는 것이 아니다. 지식은 생각이 멈추어서 그 활동이 끝났을 때 시작한다. 모든 새로운 지식은 즐거움이다. 왜냐하면 통일성의 새로운 경험은 마치 음식과 공기가 육체로 들어가서 육체의 부분이 되는 것처럼, 자연 속에서 완벽하게 조화되고 충돌하지 않고 교훈을 전달하기보다 인식할 수 있는 존재로 들어가서 그것을 풍부하게 하는 어떤 것이기 때문이다. 비록 연결된 많은 생각들이 그것과 관련된다고 할지라도 모든 생각은 하나의 단위이다.

모든 새로운 지식의 경험은 적당한 시기에 거대하거나 더욱 총괄적인 통찰력의 단순한 부분이 될 것이다. 모든 새로운 생각과 명상은 바로 지식의 총체적인 지식이 성취될 때까지 요가의 숭고한 목표를 깨닫는 사람으로 이끈다. 연속적인 명상 속에서 인간은 자신의 근거를 되새기고 그렇게 하는 가운데 새로운 생각이 일어나는 것을 발견한다. 이런 식으로 새로움과의 반복이 있다.

삼매란 단어는 통일성의 삼매를 이룰 뿐 아니라 그것을 묘사하기도 한다. 일반적인 용례에서 그 단어는 동의를 의미한다. 마음에서, 삼매의 쓰임에 따라 어떠한 생각의 충돌이 완전히 없음을 암시한다. 그것은 어떤 주제에 대한 명상의 진행이 결과에 도달할 때 일어난다. 또한, 그 주제에 관계가 있는 마음의 모든 내용을 완전히 조정했고 회상할 수 있는 모든 기억과 주제나 대상에 관해 생각될 수 있는 모든 생각을 포함하고 있다.

그 명상이 성취될 때 생각은 하나의 유기적인 단위이고 또 그것은, 우리가 인간이라고 말할 때 그것이 하나의 관념이고 모든 부분들을 포함하는 것처럼, 한 조각의 역할을 한다. 그것은 결합이 아니라 특색들의 통합이다. 그리고 그런 부분들과 특색들은 마치 손가락이 손가락임에 오직 그것의 손의 부분 때문인 것 같아 전체 혹은 하나로부터 그들의 성격을 갖는다.

삼매는 사람이나 다른 물체에 있던, 혹은 그림이나 한가락의 음악 속에 있던 그 통일성을 보고 있다. 그것은 훌륭한 그림에서 불필요한 일필도 있어서는 안 되고 훌륭한 한가락의 음악에서 하나의 불필요한 음표라도 있어서는 안 되기 때문이다.

명상이나 삼매의 모든 실행이나 행위가 반드시 그 대상을 매우 큰 어떤 것으로 받아들여야 한다고 생각해서는 안 된다. 그것은 규정된 것의 전체, 심지어는 명상의 대상인 한 생각과 관계 있는 것만을 다루어야 한다.

나무에 대한 심미적인 생각은 뿌리를 포함하지 않는다. 인간의 육체에 대한 심미적인 생각은 내부기관을 포함하지 않는다. 이것은 알아서 좋은 것에 대한 지식과 지혜가 들어오는 곳이다.

저녁에 먹이를 찾아 밖으로 나가는 여우는 자신이 알 필요가 있는 것만을 알고 있다. 여우는 확실히 그것을 정말 알 필요가 있다. 이와 같은 것이 인간과 명상하는 사람에게도 적용된다. 이 같은 모든 고찰로부터 집중과 명상과 삼매가 연결된 연속함을 형성한다는 것을 알 것이다.

당신이 명상하기 전에 당신은 명상의 주제나 대상을 선택하고, 그때 당신이 자신의 마음에 그 주제를 고수하고 그것에서 벗어나지 말라고 말하는 의지의 행위가 있다. 그 다음에 선택된 주제에 대한 집중은 스스로 계속된다. 그러나 당신은 그것에 대해 생각할 필요가 없다. 만약 당신이 어떤 방향으로 걷기로 했다면 다리는 계속 걸어가고, 당신은 매 발걸음마다 이런 의지의 행위를 생각할 필요가 없다.

의지의 행위는 또 다른 의지의 행위가 그것을 변화시킬 때까지 계속해서 작용한다. 유사하게, 집중 행위는 비록 잊혀졌다고 하더라도 명상이 계속되는 동안에도 여전히 있다.

이것을 위해 '초의식' 이나 '무의식' 같은 새로운 단어가 있는데 비록 실제로 그것이 지금은 습관이라 하더라도 마음의 행위는 생기 없는 형태나 몸짓으로 타락할 것이다.

물론, 마음의 연속되는 3개의 작용을 연구할 때 명상과 삼매는 마음의 상태가 아니라 마음의 작용임을 명심해야 한다. 그것들은 당신이 하고 있는 어떤 것이다.

인간은 '명상중'에 있는 것이 아니고 명상을 하고 있는 것이다. 마음이 수행에 의해서 자라고 좋아진다는 잘 알려진 사실이 여기에 적용된다. 명상 수행의 초기에서 학생은 자주 그의 마음이 둔하다는 것을 발견한다.

마음은 많은 생각을 낳게 하지는 못한다. 그러나 수행이 진행됨에 따라서 마음은 생기 있게 되고 사고의 진정한 원천을 낳는다는 것을 발견할 것이다. 심지어 그렇다 해도, 주어진 주제나 생각의 대상에 대해서 그 원천은 그것의 자원을 끝낼 것이다. 만약 집중이 여전히 계속된다면 직관이나 깨달음의 빛이 있을 것이다. 이전에 알려지거나 생각하지 않은 전혀 새로운 어떤 것이 일어날 것이다. 동시에 기쁨을 가져다 주는 이유는 인식의 풍부함이 있기 때문이다.

인간의 인식은 새로운 생각에 의해서 풍부해지거나 생각의 축적은 우표 수집가가 우표를 수집하는 것처럼 증진되는 것은 아니다. 그것은 오히려 인식하는 존재와 그 힘의 성장이나 깨달음이다. 따라서 인식과 생각의 모든 대상들은 작은 소녀의 인형과 아주 흡사하다. 인형 스스로는 어떤 것도 할 수 없기 때문에 어린이가 혼자서 일인이역을 한다. 그 어린이는 자신의 존재를 깨닫고 향상시킨다. 인형은 작은 소녀가 인형을 갖고 놀 때 무의식적으로 하고 있는 집중과 명상을 위한 터전을 제공할 뿐이다. 만약 소녀의 어머니가 자신의 딸이 단지 인형들을 모을 뿐이고 여성으로 성장하지 않는다면 그녀는 전혀 기뻐하지 않을 것이다.

소녀가 인형을 가지고 놀 때 그 과정과 결과를 생각하는 것은 바람직하지 못하다. 그녀는 자신에게 '나는 어머니로 성장하기 위해서 이 인형을 갖고 놀고 있다'라고 말해서는 안 된다. 아이가 성장하기 전에 무슨 모성애의 개념을 그 아이가 가질 수 있겠는가? 아이는 즐거움만을 가질 뿐이지만 그것은 사랑을 위한 터전을 준비시킨다. 그런 깨달음 이전에 만약 그렇게 지도된다면 아이의 생각은 잘못된 양상인 자기중심주의와 자기만족과 아주 유사한 것으로 이끌 수 있을 뿐이고 그것의 모성애는 완전히 반대일 것이다.

명상의 훌륭한 스승은 제자에게 수행의 결과에 대해 생각하지 말라고 말한다. 명상으로 들어가는 중에 그는 결과를 미리 결정해서는 안 되는데 그 이유는 이전에 알지 못한 어떤 미지의 것에 그가 도달할 것이기 때문이다. 만약 이런 명상들이 인간의 삶에 새로움을 갖는다면 열망 없이 착수되어야만 한다. 이것은 과거의 인간을 버리는 것이고 삶의 새로운 문을 여는 것이다.

이 조언에서 구도자가 거대한 것들을 향하고 있다는 가정에 대해 명상하라는 것은 없다.

우리의 문제점은 우리가 어떤 것을 잘 알고있고, 혹은 잘 알지 못하고 또 현재 그대로의 그것을 전혀 알고 있지 못하다는 것이다. 예를 들어 힘, 사랑, 용기 또는 나비의 날개에 대해서 우리가 무엇을 아는가? 평균적인 마음의 조잡함은 거의 믿을 수 없을 정도다. '코끼리의 힘에 대해 명상하라'고 요기가 말하고 그때 당신은, 힘의 정의가 아니고 마음에서 힘의 경험인, 힘에 대한 보다 나은 개념을 얻을 것이다.

모든 사물들은 특성을 갖고 있다. 특성들을 잘 본다는 것은 그것들을 마음 속에 받아들이는 것이다. 고양이의 삼매에 의해서 우리의 것이 될 수 있다. 모든 사물들은 특성들이고 우리는 직접적인 인식의 한 행위에서, 그들 집단과 하나가 될 수 있다.

명상의 수행, 집중을 가르치는 스승은 자주 그의 제자들에게 단지 하나의 사물에 주의를 기울이는데 노력하고, 길들여진 말처럼 그것이 벗어날 때마다 결국 그것이 복종하기까지 되돌리라고 말한다. 그리고 그때에 집중은 일종의 습관이 된다. 이것은 최선의 방법이 아니다. 그것은 심리적인 미묘함이 부족하기 때문이다.

우선 마음은 떠도는 습관이 있음을 알도록 하자. 만약 어떤 사람이 소라고 말한다면 소에 대한 생각은 다음과 같이 계속될 것이다. 우유-아기-아기용 흔들침대-가구점-스텐톤의 가구점-샌프란시스코-금문교-철 주물공장-불-숲속의 불을 무서워 하는 동물들-달리기-올림픽대회 등등 계속되어 언덕 너머 멀리 갈 것이다.

다음으로 알아야 하는 것은 우리가 이런 흐름을 멈출 능력을 갖고 있고 종종 멈추게 한다는 것이다. 예를 들어 위에서 주어진 연속되는 것에서 우리는 금문교에서 멈추고, 사진으로 금문교에 대한 관찰을 시작할 수 있다. 심지어 우리는 다리의 재질, 디자인과 진짜 많은 것들에 대한 생각에 착수할 수도 있다. 이런 능력의 실행이 집중이다.

집중 속에서 같은 양상이 연속되는 순간들이 수반된다. 몇몇 사람들은 집중력을 통해 이것을 한 단어의 반복에 의해서 확실하게 한다. 그러나 집중력이 확실한 때는 그런 반복은 필요치 않을 것이다.

당신이 그 다리에 대한 생각에 대해 주의 집중을 하기로 결정했다는 것은 충분한 것임에 틀림없다. 더 나아가 그런 집중은 실제적일 것이다. 당분간 장면의 모든 나머지를 무시하면서 당신은 전보다 더욱 주의깊게 그 다리를 볼려고 할 수도 있다. 이것으로부터 집중이라는 용어가 생겨났다.

당신은 흩어진 당신의 주의를 비교적 작은 사물에 대해 초점을 맞출 수 있다. 그때 물론 다인은 이전의 어느 때보다 그것을 더 잘 알 수 있다. 동시에, 명상 중에는 실제적인 시각화가 필요하지는 않다. 왜냐하면 사람들은 이런 점에서 매우 다르고 또 그것은 중요하지 않기 때문이다.

이것은 작은 색이나 소리같이 작은 사물에 전적인 주의를 기울임에 의해서도 가능할 수 있다.

근처 내 식탁 위에 빨간 사각형의 무늬가 있거나, 혹은 흰 사각형을 남기는 빨간 줄이 있는 부엌용 수건이 있다면, 그 빨간 빛깔은 기분 좋은 것이고 내가 그것에 가까이 주의를 기울일 때 전에 보아왔던 빨간색보다 더 진한 빨간색의 빨강을 본다는 사실을 발견한다. 이와같은 것은 음악의 음계와 음표에도 역시 적용된다.

만약 우리가 과거의 어느 때에 그것들을 주의 깊게 듣거나 관찰하는데 있어서 어떤 정확함을 얻지 못했다면 확실히 음악을 감상하는 우리의 능력에 약간의 결함이 있을 것이고, 아마 우리는 우리의 기를 거슬리게 하고 노골적으로 공격하는 음악만을 좋아할 것이다. 어떤 것은 주의를 몰아내고 어떤 것은 그것을 끌어당긴다. 그러나 요가에서 우리는 자발적으로 주의를 기울이는데 목표를 두고 있고 따라서 우리는 적절하게 자각하고 성장하고 또 생각을 위해 상상의 스크린 위에 사물을 적절히 재생산할 것이다.

또 알아야 하는 다른 중요한 것은 집중을 위해 당신은 힘이나 긴장을 필요로 하지 않는다는 것이다. 조용한 주시가 최선의 것이다. 이것은 우리로 하여금 긴장이 도움이 된다고 생각하게 만드는 나쁜 습관에 불과하다. 실제로 그것은 완전히 반내이나. 긴장없이 주의를 기울이는 것이 집중에서 성공하기 위해 가장 좋고 또 조용히 있으므로 해서 이득을 보는데 반하여 긴장으로 인한 과로로 괴로워하는 육체의 건강을 위해서도 가장 좋다. 이 것들을 조심하면서 우리는 열중의 과학적인 실습으로 지금 넘어갈 수 있을 것이다.

실습을 위해 당신은 주제를 젖소로 선택하라. 그리고 젖소를 놓치지 않고 젖소에 관계된 여러분이 할 수 있는 모든 것에 대해 생각하라. 그에 따라서 당신은 뿔, 꼬리, 우유와 발굽 등의 젖소의 각 부분들과 조용함, 겁많음, 빛깔과 무게 등 그것의 특성들과 다른 동물들과 비교되는 동물로서의 젖소의 특징들과 내가 알고 있는 젖소들에 대해 음미할 수 있다. 여러분이 생각할 수 있는 모든 것에 대해 생각할 때까지 멈추지 말라. 필요하다면 몇 번의 시도를 통해서 같은 주제를 계속하라.

나는 초심자들에게 단순히 마음 속에서 그것을 하려고 노력하는 대신에 우선 종이 한 장을 놓고 그 가운데에 젖소라는 단어를 쓴다. 그리고 그 단어에 동그라미를 그린 뒤 그것의 사방에 밖으로 향하는 화살표를 그린다.

젖소라는 단어를 쳐다보라. 그리고 눈을 감고 그것을 생각하고 여러분의 마음에 처음으로 오는 단어, 예를 들어 우유를 적어라. 그리고 눈을 뜨고 화살표들 중 하나의 끝에 우유라고 써라. 우유에 대해 생각하지 말고 이것은 여러분을 고양이, 유아 혹은 은하수로 잘못 이끌지도 모른다. 그리고 여러분의 눈을 중앙에 있는 젖소에게로 되돌려라.

눈을 감고 다가올 또 다른 단어를 떠올려라.

예를 들어 술 달린 꼬리를 떠올린후, 그다음 눈을 떠서 술 달린 꼬리를 써라. 꼬리에 대해 생각하지 말고 전처럼 중앙으로 돌리고 계속해 나아가라.

여러분은 어쩌면 20이나 30개의 화살표에 쓰여진 단어들을 얻을 수도 있다. 계속하라. 몇몇의 기다림과 찾음이 있을 것이지만 계속하라. 여러분은 40~50개의 단어를 얻을 수 있다. 계속하라. 그리고 더 이상의 단어가 떠오르지 않는다면 최소한 5분 정도까지 포기하지 말아라.

이런 방법은 집중에 대해 생각하지 않고 집중을 획득하는 것이다. 몇 번의 실습 후에 여러분의 마음은 벗어나고 자기의 기운을 낭비하는 대신에 앞에서 하라는 대로 지도되었을 때 어떤 주제를 고수하는 방법을 배운다. 거기에 중심으로 되돌리는 기분을 일어난다. 잠시 후에 여러분은 이런 기분을 잘 맞는 옷을 입을 때처럼 편안함을 느낄 수 있다.

여러분은 그것의 느낌을 발견하고, 그리고 지금 의지의 작은 행위는 결과로써 여러분이 걸어서 어딘가 명백히 가는 것처럼 그것을 작용하게 한다. 여러분은 집중을 생각할 필요가 없지만 거대하고 조용한 명백함을 갖고 사물들과 생각들로 혹은 하나에서 다른 하나로 빙 돌릴 수 있다. 그러면 이것을 독서, 공부, 저술, 강연, 수업 등 모든 종류의 정신적인 활동에 사용할 수 있다.

그러나 요가의 수행에 있어서 이 집중은 그 이상의 명상과 삼매의 수행에 있어 하나의 단계로서 이용된다. 이들은 정적인 조건과 상태가 아니라 여러분이 하는 어떤 기능들이다. 심지어 삼매는 비록 그것이 생각은 아니라 하더라도 여러분이 하는, 또는 한 번 더 그것을 획득하면 하고 있을 때에도 그것을 생각하지 않는 어떤 것이다.

종이를 갖고 한 실습에서 우리가 집중과 명상의 차이점을 알도록 하자. 여러분이 집중을 완성한 후 여러분은 수많은 화살표에 쓰여진 단어가 있는 종이를 소유한다. 명상의 기초적인 실습을 위해 이 완성된 종이를 책상 위에 놓고 최초의 화살표에 쓸 단어, 예를 들어 우유를 적어라. 여러분이 기초적인 집중 연습에서 했듯이 그 단어를 잊거나 마음에서 벗어나지 않게 하라. 그러나 여러분과 함께 우유를 생각하면서 젖소로 여러분의 눈을 돌리고 그 때 생각하라. 우유와 젖소 사이의 관계에 대해 여러분이 할 수 있는 모든 것에 대해 생각하라. 이것이 끝났을 때 다음의 화살표 단어, 즉 술 달린 꼬리로 넘어가서 같은 방식으로 그것을 행하라.

이러한 것은 당신을 삼매로 이끌 것이다. 매우 자주 사람들은 그것을 생각하지 않고 삼매에 빠지고 그리고 그때서야 놀랍게도 자신들이 그것으로부터 나오고 있다는 것을 발견한다. 그들이 그것을 되돌아 볼 때 그들은 자신들을 생각하지 않고 그 대상에 대해 삼매하고 있음만을 알아차린다.

삼매는 그들의 명상적인 분위기로 되돌아 감으로써 자신들에게 새로운 어떤 것을 가져다 준다. 그것은 직관, 지식 혹은 전체의 분야, 전체의 주제 그리고 그것의 모든 부분을 밝게 비추는 어떤 것이다. 더군다나 잠시 후에 그들은 삼매란 어떤 것인지 알게 되고 또 시간이 걸릴 것 같지 않은 집중과 명상의 행위를 통해서 삼매로 돌릴 수 있다. 그것은 경험에 의해서만 아는 마음의 능력으로서의 또 다른 분위기이다.

우리가 일상생활에서 이런 능력을 예시하는 사건이나 행위의 어떤 사례를 갖고 있는가? 그렇다. 우리는 자주 몰두한다. 우리는 어떤 사람의 사무실이나 연구를 엿보고 살금살금 나와서 우리의 동료들에게 '그는 생각에 전념하고 있어' 라고 속삭인다.

나는 많은 생각을 요하는 주제에 대해 과거에 빈번하게 강연했던 어떤 사람을 안다. 그는 강연의 시초에 그 자신을 마음과 따로 놓는 능력과, 말은 주시되어지는 연속성의 생각에 완전히 굴복하여 흐르는 반면에 그의 주제는 마치 그 위에서 그가 길을 따라가는 지도처럼 볼 줄 알게 되는 정신적인 능력을 얻었다고 나에게 말했다. 또한 그는 강연중에 아마 한두 번 정도 자신을 자각하게 되고 강연을 끝내고 그가 앉았을 때 강연을 한 사람이 바로 자신임을 발견하곤 놀랐다고 나에게 말했다. 그러나 그는 완전히 모든 것을 기억한다. 오직 그 자신, 즉 자아에 대한 일반적인 생각이나 양상만이 없는 것이다.

따라서 이것은 인간이 마음을 초월하여 삶을 즐길 수 있다는 경험을 하지 못한 사람들에게는 믿을 수 없는 일이다. 비교하자면, 마음이 그 자체 안에서 수많은 사실들을 교묘히 조작할 수 있다는 것은 육체에게 있어서 믿을 수 없는 것이다. 그리고 유사하게 인식이 마음 없이 즐겨질 수 있다는 것도 있는 그대로의 그것을 그런 사실들의 하나로써 묘사된 마음 자체에게도 믿을 수 없는 것이다. 그 때 내가 제외되는 것이 아니라 대상이 없듯이 스스로에게 드러내는 것이 진실이다. 그것이 우리의 '나'가 항상 있는 것이다. 그러나 마음은 그것을 생각으로 표현하고 외부로부터 그것을 바라본다.

이런 도달에 반대되는 일정한 조건들이 있다. 사다난다 스와미(Sadananda Swami)는 그의 베단타 사라(Vedanta Sara), 즉 베단타의 진수에서 그 조건들을 삼매의 네 적들이라고 불렀고 그것들은 다음과 같다. 생기없는 마음, 결코 브라만에 애착하지 않음, 인간의 정열 그리고 혼란된 마음.

누구든 여기 마음의 과정에 대한 장에서 자아나 나에 대한 본격적인 토론으로 들어가서는 안 된다. 삼매의 표준적인 묘사에서 대개 두 종류의 것이 언급된다.

1. 대상을 인식하고 (삼프라즈냐타 Samprajnata)
2. 대상을 인식하지 않고 (아삼프라즈냐타 Asamprajnanta)

처음 것은 나중 것보다 더 초기의 도달 단계이다. 하지만 처음 것이 단지 나중 것으로 가는 길의 단계에 불과한 것은 아니다.

그것은 명백히 인식 있는 삶의 플랫폼이고 또 그 자체의 뚜렷한 능력을 지니고 있다. 나중 것이 주체와 객체를 초월하는 것에 대한 명상과 관계 있는 반면에 처음 것은 세상에서 알려진 사물들과 관계가 있다. 이런 명상과 삼매의 인식 있는 형태의 과정에서 두 단계가 있다.

1. 분별 있는 (비타르카 Vitarka)
2. 심사숙고하는 (비차라 Vichara)

분별 있음은 시간과 공간에서 알려진 대상물들과 관계 있고 따라서 자주 밀접한 혹은 총체인 것으로 묘사된다. 이 상태의 목적은 어떠한 주어진 시간에서 명상을 위해 선택된 대상을 인식함에 있어서 확실한 영상을 얻기 위함이다.

심사숙고함이란 미묘한 특성 혹은 그런 사물들의 추상적인 본질을 찾아내는 것이다. 이것은 대상물들의 범주나 등급과 시간과 공간의 배후에 있는 그것들의 불연성에 대해 많은 생각을 요한다. 젖소의 개념을 우리의 예로써 삼기로 하자.

첫번째 단계에서 우리는 사실 있는 그대로의 그것과 그것이 갖고 있는 것과 그것이 하는 것을 관찰할 것이다. 이것들은 구체적인 수준에서의 존재, 행위와 소유이다. 또한 이 단계에서 우리는 젖소로서의 젖소와 그리고 항상 모든 환경에서 같고 또 다른 존재들과 대상들과의 관계에서 언제나 같은 식으로 원인이 되는 시공을 초월한 어떤 것과 관계있을 것이다.

특별한 대상인 젖소는 그것이 구체화하는 미묘한 실체를 표시하는 것으로 여겨질 수 있다. 따라서 그 미묘함은 마음의 본질에 중요한 것이다. 사고행위는 이런 추상물들을 파악하고 또 그것들이 실체이자 세상에서 힘이고 혹은 모든 성장의 도구임을 아는 것이 요구된다.

젖소 같은 대상물 대신에 사람은 듣고, 느끼고, 만지고, 보고, 맛보고, 그리고 냄새맡는 감각들을 고려할 수도 있다. 이것들은 대상물들로부터 도출된다고 여겨지지는 않지만 비록 소금과 설탕은 모두 특정한 맛을 갖고 있다 하더라도 이것은 그렇지 않다. 왜냐하면 설탕은 그 자체에게는 달콤하지 않기 때문이다. 그러나 이것들은 외형의 성장에 있어서의 깊이 자리잡은 도구이고 또 사물들에 대한 몸과 마음을 포함하는 자체들간의 관계에 책임이 있다. 이처럼 그것들은 많은 사고에 의해서 알 수 있는 실체들인 것이다. 단지 총체적인 스툴라(Sthula) 수준에서 그것들의 영향만이 감각들에 의한 조사를 위해 중요한 것이다. 이런 미묘한 대상들을 조사하는 것은 "깊은 곳에서 깊은 심연까지이다". 심지어는 우리가 획일적이고 명백한 실체 프라크리티(Prakriti)라고 부르는 실폐에 이르기까지 계속된다. 경전은 이것을 '미묘한 것들의 영역은 단지 정의할 수 없는 것에 귀착한다' 라고 기술하고 있다.

이런 철학 혹은 과학에서 사물들과 마음은 모두 물질적이다. 비록 처음 것은 거칠고 나중 것은 포착하기 힘들고 또 처음 것은 유형이고 나중 것은 무형이고, 그리고 처음 것은 공간적이고 나중 것은 공간성이 없이 시간적인 과정으로써 존재한다고 할지라도 명상은 정의할 수 없는 총체적인 지식 혹은 최후의 등급까지 진행될 수 있으며 또 거기에서 멈추어야만 한다. 왜냐하면 특성이 없는 것처럼 생각할 만한 것이 없기 때문이다.

이제 우리는 명상과 삼매의 분별 있고 심사숙고하는 두 종류가 이 세계의 것을 다루고 있고 따라서 그것들은 물질의 영역 안에서 작용된다. 이처럼 그것들의 결과도 역시 그 영역 안에 있다. 이 때문에 그것들은 '씨를 지닌(Sabija)'으로 묘사된다. 만약 명상과 삼매가 젖소에 대해서였다면 그 결과로 생기는 직관은 젖소에 대한 어떤 것일 것이다.

주의해야 할 또 다른 점은 표면적으로 인식하는 명상과 삼매의 두 형태에 각각 두 단계가 있는 것이다.

1. 분별 있음(사비타르카 Savitarka)
2. 분별 없음(니르비타르카 Nirvitarka)

유사하게 다음과 같은 것이 있다.

1. 심사숙고함(사비차라 Savichara)
2. 심사숙고하지 않음(니르비차라 (Nirvichara)

젖소에 대한 분별 있는 관찰이 완성될 때 인간은 거기서 멈추어서 그것을 알고 있는 것처럼 그것에 대한 삼매에 빠질 수 있고, 혹은 사랑, 친밀함이나 굉장한 관심 등 느낌에 대한 강렬한 삼매나 의지에 의해서 어떤 것을 더 얻기 위해 노력할 수 있다. 여기에는 소위 단어, 의미와 지식에 대해서 논쟁이 있다.

이런 조건에서 씨앗이 싹트고 어떤 직관이 왔을 때 인간은 심사숙고하는 수행과 멀지 않아 심사숙고하지 않는 수행을 위해 준비가 된다. 그러나 이 문제에서 힘들고 빠른 규칙은 없다.

만약 제자가 자신의 생각을 실수 없이 알 수 있는 한 스승의 제자라는 편견이 없다면 그는 그의 기호에 따라야만 한다. 심지어는 그때에도 스승은 대개 제자를 자기 멋대로 하게 내버려두며, 따라서 혼란스런 결정이 훈련의 한 부분-가장 중요한 부분임을 안다. 조금이라도 직관이 왔을 때 그 상태를 유지하는 황홀한 느낌이 있다. 이것이 순수한 기쁨이자 대상과 연결된 마음의 상태에 대한 경험이다.

다음으로, 단지 앎의 존재가 아니라 알고 있는 사람의 생각과 느낌이, 극복할 수 없는 자아를 지배하는 인식능력이다. 이것은 산의 정상이나 봉우리 근처에 오고 있는 것이다. 우리는 그것들을 각각 지식의 즐거움과 지식의 힘을 느끼는 즐거움, 혹은 자아 증진이라 부를 수 있다.

심사숙고하는, 또 심사숙고하지 않는 명상과 삼매에서의 씨앗은 고려중인 미묘한 문제와 관련해서 약간의 직관과 또 마음의 거대한 성장, 심지어는 씨앗 자체의 완전한 성숙으로 이끌 것이다.

이들 네 단계들을 넘어서 주제와 대상 그리고 보는 자와 보여지는 것이 없는 삼매가 있다. 이것에서 제자는 영혼을 인식해야만 한다. 이것 이전에 그는 세상이나 마음 혹은 둘 다를 관찰하는데 관여했었다.

육체는 인식할 수 없지만 우리는 육체를 인식할 수 있고 역시 마음은 인식할 수 없지만 우리는 마음을 인식할 수 있다는 것을 깨닫는 것이 필요하다. 다음의 사건을 통해서 비로소 이것을 엿볼 수 있다.

어느 날 명상을 가르치는 한 스승이 그의 제자들 중의 한 사람에게 방 끝까지 걸어갔다가 다시 돌아와 앉으라고 명령했다. 그리고는 다음과 같이 물었다.

"이제 막 너는 무엇을 하고 있었느냐?

너는 걷고 있었느냐?"

제자는 마음 속으로 그의 행위를 음미하고 그가 했던 모든 것에 주시하면서 다음과 같이 응답했다.

"저는 걷고 있지 않았습니다.

저는 육체가 걷는 것을 지켜보고 있었습니다."

다음에 스승은 꽃 한 송이를 들고 제자에게 잠시 꽃에 대해서 명상하라고 말했다. 그 후에 스승은 다음과 같이 질문을 했다.

"이제 막 너는 무엇을 하고 있었느냐?

너는 명상을 하고 있었느냐?"

적당한 주시와 음미를 한 후에 제자는 다음과 같이 대답했다.

"저는 명상을 하고 있지 않았습니다.

저는 마음이 명상하는 것을 지켜보고 있었습니다."

이런 식으로 제자는 자아와 마음 사이에 갑작스런 분별을 획득했다. 그는 자신을 마음으로 생각하는 것에서 순간적으로 해방되었다.

자, 그는 초의식의 혹은 씨앗 없는 삼매의 수행에 알맞게 되었다. 지금 그는 생각할 수 없는 것들인 신, 절대자, 자각, 자아, 실체에 대해 그의 마음이 생각하도록 할 것이다. 그가 물질과 물질의 다양성을 초월하고 마음과 마음의 범주나 계급을 초월하는 것에 대해 생각할 수 있을까? 마음은 아니라고 말하지만 그는 이미 분별의 순간에서 경험했었다.

제자가 전에는 그것을 몰랐으나 그는 이미 경험했었다. 그는 이제 자신에게 외견상으로는 불가능한 일을 하게 할 것이다. 그는 그의 마음에게 신, 진리, 실체, 자아, 자각, 절대자 등에 대해 생각하라고 말할 것이다. 이런 기구의 조정을 위한 공기는 없다. 지상 위의 혹은 마음 속의 어떤 것도 그를 도울 수 없다. 그는 절대로 비교하거나 대조하거나 정의를 내리거나 범주를 나누어서는 안 된다. 그는 이런 모든 것들을 압도하기 위해 자신의 제트동력을 사용해야만 한다. 수행중에 그는 다음의 경우에 말을 사용할 수 있다.

1. 다른 생각들이 영상을 방해하지 않도록 하기 위해서.
2. 발견을 위해 항해하는 배처럼 행동하기 위해서.

이것들은 정의를 위한 말이 아니라 발견을 위한 말이다.

그는 그가 존재의 행위들에 의해서 이런 묘기를 실행해야만 한다는 것을 발견할 것이다. 그는 존재를 알 것이다. 왜냐하면 존재는 어떠한 중간에 있거나 중재하는 사물 또는 생각없이 직접적인 지식을 자체적으로 갖고 있기 때문이다. 이같은 존재의 행위는 그의 의지에 의해 유지된다. 그는 자신의 얼굴을 의지의 충만으로 향하도록 돌려 놓는다. 결국, 과거의 모든 그의 행위와 소유는 단지 존재의 경험에 봉사하기 위해 작용되었을 뿐이다.

우리는 본질적으로 소유하고 행위하는 것을 원하지 않는다. 우리는 단지 앞으로 무엇이 되기를 원할 뿐이고 그 미래를 위해서 우리는 소유와 행위를 사용한다. 게다가 무엇이 되려는 우리의 의지는 어떤 것으로도 만족될 수 없고 따라서 그것은 소유와 행위의 지루한 한계를 초월하는 자체의 목표를 구한다.

인간이 의식적으로 신과 하나가 되고 또 그 하나된 실체의 자유를 공유할 때까지는 진실로 행복하지 않을 것이다.

의지 속에 또 하나의 씨앗이 있기는 하지만 그것은 이 세상이나 마음에 있는 어떤 것으로 구성된 것이 아니라 단독으로 '차안(此岸)'을 설명하는 차안의 것으로 구성된 씨앗이다. 의지는 결코 변하지 않고 항상 그 진실한 북쪽을 가리키고 있다.

마음은 이런 한 가지 사실을 제외하고는 대지의 흙으로 구성되어 있다. 그 속에 심지어 육체와 마음 속조차도 근원적인 힘과 존재의 그 불꽃이 있다.

인간은 다른 것들을 지배할 수 없다. 왜냐하면 모든 것들은 스스로를 지배할 권리를 갖고 있기 때문이다. 그러나 인간은 자신을 지배하고 두려움 없이 있을 수 있다. 인간은 모든 사물이 자기를 위해 봉사하고 자기는 모든 사물을 위해 봉사하는 이치를 통해서 생겼다.

이 학파는 6세기 초반에 인도에 불교 승려인 보디달마(Bodhidharma)에 의해 중국에 전파되었다. 9년 동안 그는 북중국에 있는 소림사에서 마치 벽처럼 명상을 했고, 시간이 감에 따라서 그의 방법은 일본으로 전해졌고 선(禪)이라는 이름 아래 확립되었다.

이것은 정의에 의하면 명백히 불교 명상학파이다. 비록 그것이 부처에 의해 주어진 구술적인 가르침이나 지시에 의해서가 아니고 단어나 문자의 의존 없이 경전밖의 특별한 전달에 의해 생겼다고 해도 말이다.

이것은 진리에 대해 말해 달라는 요청과 함께 꽃이 부처에게 바쳐진 특별한 사건과 관계가 있다. 부처는 단순히 황금 꽃을 들고서 침묵 속에서 그것을 지켜보았다.

제자들 중의 하나인 가섭존자가 말해질 수 없고, 심지어는 생각될 수 없는 개념을 이해했고 기쁘게 전해졌다. 그러자 그 광채는, 초가 다른 초에 불을 붙이는 것처럼 한 사람으로부터 다른 이에게로 전달될 수 있게 되었다. 그 광채는 모든 곳과 마찬가지로 선의 방법도 노력을 요구하고, 무심(無心)의 명상에 의해 얻을 수 있는 성취를 보장한다.

몇몇 선의 스승들에 따르면 이것은 명상중의 구도자에 의해서 씨름되어진다는 마음과 싸운다는 주장이나 혹은 제자가 즉각적으로 반응해야만 하는 놀랍고도 비논리적이며 독단적인 의문들에 의해서 성취될 수 있다.

이것들은 삶이 우리에게 언제나 부여하는 문제들이고, 따라서 만약 우리가 용서받거나 또는 어떤 식으로든 그것을 설명하거나 언급할 수 있다면 제자는 언제 어느 상황에서나 이런 마음을 초월하는 능력으로써 모든 것에 맞서야 한다. 이것은 설명될 수 없고, 아는 자와 알려진 것 사이에 구별되는 것도 없다.

이것을 초래하는 경험, 또는 상황을 사토리(Satori)라 부른다. 최후의 속박은 무지, 실수(자신을 인식할 수 있는 어떤 것)라고 생각하는 부처의 가르침과 일치된다. 그래서 목표는 요가 수행자, 베단타 학자, 그리스도의 인과 선 수행자 모두에게 똑같이 보인다. 이 목록에 우리는 완전히 자기를 돌보지 않는 헌신적인 사랑에 의해 도달하는 깨달음, 정화, 밝음, 결합 또는 일치를 갖는 회교 신비주의자들 수피(Sufi)를 포함해야만 한다.

따라서 결합이 얻어질 때 인간은 길을 잃은 것이 아니고 단지 신만이 자기의 길을 간 것이 된다고 한다는 것과 어떤 것도 그의 의지에 상반되게 일어나지 않음을 알게 될 것이다. 그리고 이것은 인간의 마음의 나머지 부분에는 별로 알려지지 않았으나 차차 알려질 것이고 따라서 그 영광스런 봉사를 시작할 수 있음을 통해서 알게 될 것이다.

'인간은 우주의 거울이다' 라고 말해 왔다. 그렇다! 그리고 이러한 즐거움 통찰력과 봉사는 신과 인간의 자유, 실체, 진리, 자아와 모든 것의 거울이다. 따라서 인간은 심지어 마음 속에서도 신을 발견할 수 있다. 그러나 여기 '마음에서 신을 발견할 수 없는 사람은 어디에서도 신을 발견할 수 없다' 라고 경험자는 말할 수 있을 것이다.

앞의 몇몇 구절에서 나는 명상과 삼매를 함께 언급했다. 그 이유는 집중과 명상과 삼매는 차례대로 항상 함께 일어나는 것이기 때문이다. 행위나 수행은 집중으로부터 시작되며 그 때 그 집중은 명상중에나 후에도 계속된다. 집중은 명상과 함께 지속되며 또 삼매의 속이나 뒤에서 계속되고 삼매의 영역 안에 남아 있게 된다.

그러나 영원히 지속되는 것은 없고 위로 향하는 길은 기울어진 평지가 아니라 계단과 같다. 각각의 계단이나 승강대는 다음의 것들을 위해 준비된 것이다. 어린 시절에 우리는 대개 육체나 감각이 많이 발전한다. 나중에 육체나 감각이 완전히 성숙되어 실제로 성장을 멈추었을 때 비로소 우리는 감정을 발전시킨다. 그 이후엔 생각, 그리고 마지막에는 종합적인 지혜로 발전시킨다. 거기에 원형주의(原型主義)가 있다.

우리의 육체는 100피트로 성장하도록 자라지 않는다. 왜냐하면 균형이 맞지 않을 것이라고 생물은 말하기 때문이다. 그러나 어느 정도 완전한 육체로 불릴 수 있는 것이 있기는 하다. 육체는 완전한 상태에 이를 때 성장을 멈춘다. 감정이나 마음도 역시 마찬가지다. 원형이란 청사진이나 표준이 아니다. 다만 한계를 뜻한다. 그것은 이론적으로 완전함일 수 없다.

우리가 완벽한 개나 고양이 혹은 젖소를 소유할 수 있고 만약 생명이 계속된다고 하면 틀림없이 그것은 특별한 곳에 살게 될 것이다. 따라서 마음의 경험이나 명상에 의해서 성숙될 때 새로운 어떤 것이 나타나거나 새로움의 불꽃이 이제 그것의 빛과 힘을 지니고 새로운 장면을 창조하고 지배할 불길이 된다는 것은 논리적이고도 당연한 일이다.

학생에게 있어서 좌절감을 느끼지 않는 것은 매우 중요하다. 예를 든다면, 그는 명상에 할당된 기간 안에 기회가 되는 대로 여가 시간에 어떤 명상이 행해지는가를 기억 해야만 한다는 것은 명상의 영원한 이득을 준다. 그것은 어떤 면에서 육체적인 운동과 같다. 왜냐하면 아침의 10분 운동은 하루 종일보다 나은 건강과 활력을 초래하기 때문이다.

만약 학생이 명상이란 어떤 사람이 처해 있는 상태가 아니라 그가 수행하고 있는 작용이라는 사실을 안다면 그것은 도움이 될 것이다. 그것은 산책과 비교해 보자. 산책이란 여러분이 처해 있는 상태가 아니라 여러분이 수행하고 있는 작용이다. 같은 예로 역시 호흡과 소화와 같은 문제에도 적용될 수 있다.

그러나 이 경우에 작용은 습관이 됐거나 육체적이고 동적인 습관 구조로 인계되었다.

이런 소견은 요가 안쪽의 세 개의 가지들인 집중과 명상과 삼매 모두에 적용되고 또 이것들은 연속되는 8개의 가지들 중에서 6, 7, 8번의 것들이다. 모든 가지들은 여러분이 되어야 하는 것이 아니라 행해야 하는 것이다. 이 세 개의 가지들은 육체가 아닌 마음의 작용이기 때문에 안쪽의 가지들로 묘사된다.

이 점에서 또한 3개 모두를 하나의 작용으로 받아들이는 명칭이 있다는 것이 설명된다. '단일성 속에서 세 가지는 균형을 이룬다.'

'하나로서의 세 가지' 란 표현은 결합된 행위가 있음을 나타낸다. 실제로 인간은 집중으로 시작하고 명상을 거쳐 삼매로 넘어간다. 이 세 가지는 하나의 작용을 구성한다. 처음 대상을 선택하기 이전에 삼매에 잠기는 것은 요가 수행에 반대가 되기 때문에 부정적인 마음의 상태를 초래할 수도 있다.

마음의 평정인 삼야마(Samyama)의 실행은 다양하게 선택된 대상물과 개념에 대한 복잡한 구체물, 단순한 추상물, 복잡한 추상물, 마음의 과정 그리고 최후로 보는 자 혹은 자아 자체를 통해서 단순하고 구체적인 대상물과 함께 시작하는 과정 다음에 잇달아 온다.

이것은 항상 힘든 일만 계속됨을 의미하지는 않는다. 얼마 후에 삼매는 매우 즉각적인 명상이나 연관성의 음미로 잘 알려진 주체에 대해서 동등하게 된다. 이런 두 단계는 각각 파악과 터득으로 묘사될 수 있을 것이다.

많은 학생들은 그들 자신이 낙담해서는 안 될 때 낙담한다. 그들은 결과를 생각하는 것이 아니라 기회가 주어질 때 노력을 해야만 한다.

바가바드 기타에서 스리 크리슈나의 제자인 아르쥬나는 축복받는 경우이다. 스승은 제자에게 그의 생각하는 마음을 하나로 모으고 그 다음에 자신의 정화를 위해서 요가를 진행시키라고 말한다. 또 그는 "불안정한 마음이 벗어나 방황할 때마다 마음을 굳게 함으로써 자아의 지배 아래서 자신의 마음을 통제하도록 하라"라고 말한다.

이것은 조금씩 행해져야 한다고 스리 크리슈나는 말했다. 그러나 아르쥬나는 그 일을 희망적으로 생각하지 않았다. 그는 "오! 크리슈나 스승님! 마음은 너무나 들떠 있고, 성급하고, 막강하고 견고합니다. 나의 마음은 바람을 통제하는 것보다 더 통제하기 어렵다고 생각합니다"라고 외쳤다. 스승의 대답은 다음 과 같이 간단명료했다. "확실히 마음은 들떠 있고 통제하기 어렵다. 그러나 마음은 훈련(알흐야사 Alhyasa)과 순수함(바이라 그야 Vairagya)에 의해 억누를 수 있다."

순수함이란 단어는 오히려 거친 듯이 보이는데 그러나 그것은 인간이 떠오르는 다양한 사물과 생각에 의해서 자신의 감정이 채색되도록 해서는 안 된다는 개념을 잘 표현하고 있다.

몇몇 사람은 이 단어를 '냉정' '무관심' 혹은 '무집착' 등으로 번역했으나 '순수함' 이 정말로 완벽한 번역이다.

학생은 성취가 어렵고 성취하기를 갈망하는 느낌과 걱정이 감정과 마음을 채색하고 있다는 것을 알아야 하고 따라서 그는 결과가 아닌 자신이 행위하는 것을 생각해야만 한다. 그 때 성취가 생길 것이다.

그 이상의 걱정이 아르쥬나에 의해 다음에 보여진다. 그는 만약 구도자가 자신의 목적으로부터 벗어나거나 혹은 성취하는데 실패한다면 무슨 일이 발생하느냐고 물었다.

크리슈나는 '사후에 그는 자신의 덕에 따라서 오랫동안 안쪽의 세계에서 살 것이다' 라고 응답하고 다음과 같이 덧붙였다. '요가로부터 수행되어진 사람은 순수하고 행복한 가정에 다시 태어난다. 아니면 그는 비록 이 세상에서 이런 출생을 하기는 힘들지라도 심지어 현명한 요가 수행자의 가족이 되기도 한다.

거기서 그는 전생에서의 이지적 분별력을 획득하고 그때부터 그는 다시 완전한 성취를 위해 노력한다.'

인간에게 유효하고 때때로 인도의 요가 수행자 사이에서 또한 서양의 영 능력자와 심령 연구 모임에서도 매우 자주 나타내는 영적인 능력에 대한 묘사는 이 책 속의 '요가와 이지'에 대한 이번 장에서 가장 적당한 위치를 발견할 것이다. 이러한 능력들은 그것들을 연구하는 사람들에 의해 우리의 인식과 능력의 확장, 더 나아가서 마음의 종속물이라고 여겨지고 있다.

그것들은 서양에서건 동양에서건 비자연적이나 초자연적인 것이 아니라 오히려 우리의 자연적인 능력의 발전이라고 여겨지며 또 적당한 수단에 의해 성장의 가속이 좌우된다. 거의 모든 사람들은 언젠가 텔레파시, 투시 그리고 예언같은 것들의 다소 작은 징조의 표시를 가졌었다.

사람들은 자주 인도나 다른 곳에서 이따금 전문 요가 수행자에 의해 보여지는 영적인 재능과 능력에 대한 것을 읽는다.

우리는 반드시 능력과 재능을 구별해야 한다. 왜냐하면 이들 현상들은 우리의 감각과 마음의 활동이 그런 것처럼 인간은 감각기관을 통해서 사물들을 인식할 수 있고 또한 감각기관들은 행동기관에 의해서 세상에 작용할 수 있다. 참으로 인간은 10개의 기관 속에서 살아 있고 육체의 나머지 부분은 단지 이들을 유지하기 위해 있다고 때때로 말해진다.

따라서 육체는 일상적인 일에 대해 두 층을 이룬다. 마음에 대해서도 마찬가지로 사실이라고 말하지만 마음은 육체보다 덜 발달되어 있다. 마음이 발달함에 따라 마음은 일반적으로 제 2의 시각, 정신 측정, 투시, 초인적인 청력 등으로 불리는 능력을 인식하고, 보여주기 위해 자체의 미묘한 기관을 사용한다. 나중에 그 이상 발전되었을 때 각 개인의 마음은 자체의 행위능력 혹은 소위 사물에 대한 마음의 직접적인 행위를 보여줄 것이다. 앞의 것이 재능이고 뒤의 것이 능력이다.

인도의 매우 광대하고 다양한 요가 문학에는 고전이든 현대문학이든 영적인 능력에 대한 언급이 빈번하다. 하지만 서양의 탐구자에게는 다소 놀랍겠지만 대개 그것들에 대해서 열심이지는 않다. 영적인 능력은 과정에서 지나가는 것으로 여겨지고 있지 추구하거나 특별히 존중되어야 하는 것으로 취급되지는 않는다. 실제 가장 뛰어난 권위자인 파탄잘리는 보다 높은 오감의 발생을 이야기했지만 동시에 '밖으로 퍼지는 이들 능력들은 마음의 삼매에 해가 된다' 고 덧붙였다.

이런 새로운 향락들과 함께 길 위에서 머무르도록 하는 유혹들 이외에 그것들에 대한 반대는 지적되지 않는다. 그리고 연구의 모든 분야에 대해서 공평히 말하자면 파탄잘리는 영적능력과 영적능력이 발생하는 몇몇은 우리 시대에서 다소 모호하다.

그러나 파탄잘리는 특정 사물들에 대한 전적인 명상으로부터 초래되는 것으로써 여러 가지 것들을 열거하고 있다. 그는 또한 능력들은 요가 명상의 수행에 의해서 뿐 아니라 다른 방법들에 의해서도 일어날 수 있다고 언급하고 있으며, 그것들은 때때로 선천적으로 생기는 것으로 또 약품과 진언과 고행에 의해서 산출되는 것으로 열거하고 있다.

완전한 명상인 집중, 명상, 삼매에 의해서 생기는 예로 다음과 같은 것들이 언급될 수 있다.

과거와 미래를 아는 것, 모든 생물에 의해 만들어진 소리를 이해하는 것, 전생들을 아는 것, 다른 생물의 생각을 아는 것, 자신의 죽음을 죽기 전에 미리 아는 것, 다양한 종류의 힘을 얻는 것, 사람이 사는 다른 지역을 아는 것, 작은 것들과 숨겨진 것들과 멀리 있는 것들을 인식하는 것, 별들과 그것들의 움직임을 아는 것, 육체의 내부를 아는 것, 배고픔과 갈증의 조절, 꾸준함, 자기 내부의 빛의 숙련자들을 보는 것, 일반적인 직관력과 마음을 이해하며, 다른 생물의 육체로 들어 가는 것, 민첩함과 공중부양, 빛남, 물질적인 요소들의 지배, 감각의 통제, 육체의 완벽함, 육체의 신속함, 처음에는 작게 시작되는 잘 알려진 8개 능력의 집합이다.

파탄잘리는 8개 능력의 목록을 남기지는 않았으나 그것은 요가 문헌에서 자주 광범위하게 나타난다.

그들은 다음과 같다.

**미세함(아니마 Anima)** : 마음대로 원자의 크기 만큼 작게 되는 것.

**팽창(마치마 Machima)** : 마음대로 크기를 증대시키는 것.

**가벼움(라그히마 Laghima)** : 마음대로 중력을 무력화하는 것.

**도달함(프라르티 Prarti)** : 마음대로 어떤 것을 얻거나 어느 장소로 갈 수 있는 것.

**획득(프라카마야 Prakamaya)** : 마음대로 어떤 소망도 만족시키는 것.

**지배(이사트와 Ishatwa)** : 마음대로 자연의 기운을 지배함.

**자아통제(바쉬트와 Vashitwa)** : 마음대로 극기와 영향을 전혀 받지 않음.

**욕망통제(카마바사이타 Kamavasayita)** : 마음대로 모든 욕망을 정지시킴.


이것들은 주관적이고 객관적인 다양한 방법으로 많은 요기와 스승과 저작자들에 의해 상세하게 설명되어 있다.

이 화제에서 벗어나기 전에 라자 요가 수행하는 모든 감각을 초월하는 내부의 밝음을 경험하는 것에 목표를 두고 있음을 반복하는 것이 바람직하다. 그는 외부로부터 그러나 비교적 뛰어난 어떤 종류의 자극에 의해 지배되지 않는데 목표를 두고 있다.

그는 오래 머무르는 대상이 아닌 산의 정상을 목표로 한다.

이 점을 강조하기 위해서 자주 사용되는 상징이 연꽃이다. 연꽃은 진흙에서 살아나며 물을 통해 자라서 공기와 햇볕 속에서 꽃을 피운다. 물을 통해서 위로 자라는 줄기는 앞으로 있을 개화에 대해서는 아무것도 모른다. 그러나 그것은 내부의 자극에 반응한다. 라자 요가 수행자도 역시 내부의 자극에 따른다.

애벌레와 나비의 미소도 역시 라자 요가 수행자의 목표를 설명하는데 사용된다. 반면에 영적인 능력을 추구하는 사람은 여전히 알려진 사물들의 매혹의 영향 아래 있고 단지 그것들이 증진되기만을 요구하고 있다. 성 바오로가 말한 것처럼 목표는 삶의 신선함이고 늙은 마음을 버리는 것이다.

# 제5장
# 요가의 호흡법

우리는 앞장에서 소위 요가의 영적인 혹은 궁극의 목표 다음으로 윤리적이고 도덕적인 원칙과 이지를 살펴보았다. 지금 우리는 육체와 관련된 요가의 가르침을 연구하기로 하자.

파탄잘리의 목록에는 세 종류의 요가의 가지들이 제시되어 있다.

첫째, 아사나(Asana) 자세

둘째, 호흡통제, Pranayana 호흡

셋째, Pratyahara를 다루는 호흡수행

호흡의 수행은 들이마시고 내쉬고 호흡을 정지시키는 자발적인 통제로 설명될 수 있다. 이것은 주로 적절한 자발적인 수행후에 새로운 호흡의 상태를 습관적인 것으로 만들기 위해 행해진다. 이와 관련하여 노력을 습관으로 변화시키는 것은 진행됨에 따라서 뚜렷해지는 마음의 느낌을 동반한다.

또 이것에 의해 나중에 사람의 호흡이 나쁜 혹은 바람직하지 않은 습관으로 되돌아갔다는 것을 발견할 때는 언제라도 그는 그 기억을 찾아내어 거의 인식할 수 없는 의지의 행위로 새로운 습관을 재건한다.

이 기분의 성장은 외부의 행위들이 수행되고 있을 때 내부의 능력이 배양되고 있음을 의미한다. 이것은 수영하는 사람이 물에 접근할 때 일어나는 것과 매우 흡사하다. 즉 수영중에 마음의 기분을 아주 약간만 기억하더라도 그는 즉시 수영의 행위에 맞추어 육체적인 영상의 복잡한 구조를 조절할 수 있다.

유람선에서 떨어진 한 숙녀에 대한 이야기가 있다. 그녀는 수영을 잘하는 사람이었다. 하지만 갑자기 배에서 떨어지자 처음에 몸부림치고 거의 익사한 듯한 몸짓을 보였다. 그러나 그녀는 정신을 차린 뒤 조용해지고 배를 향해서 꾸준히 수영하는 것이었다. 후에 사람들이 그녀에게 물었을 때, 그녀는 그때 상황은 혼란이었다고 대답했다. 그러나 갑자기 정신이 들었고 자신에게 '아니! 내가 물 속에 있잖아' 라고 인식한 후 비로소 무슨 일이 일어났는가를 알았고 그제야 수영을 했다고 설명했다.

호흡 수행의 두번째 목적은 특별한 경우에 사용될 수 있는 약간의 기법들을 개발시키는 것이다. 마치 우리의 호흡이 노력하는 동안에 변하는 것처럼 육체에 영향을 끼치는 온도의 상승과

하락이 있거나 기압이나 습도의 변화가 있을 때 우리의 호흡은 변할 수 있다. 이런 범주에서 어떤 사람이 기운을 낼 필요가 있을 때 사용되고, 때때로 회복시키는 호흡이라고 불리우는 것이 있다.

호흡 수행의 세번째 목적은 이미 설명했던 것 같이, 우리의 활기찬 활동 중에 호흡하는 것보다 명상 중에 더욱더 조용한 종류의 호흡을 유지시키는 능력을 획득하는 것이다. 이런 호흡은 성공적인 명상을 위해서 요구되는 것이다. 그것은 굉장히 조용한 중에 뇌와 육체에 필요한 산소를 공급할 것이다.

독자는 아마 요가와 이지에 관한 4장에서 명상하는 방법과 설명에서 긴장없는 집중의 필요성을 강조했던 것을 기억할 것이다. 따라서 명상하는 중에 바람직한 호흡은 수면 중의 호흡과 다소 흡사하다. 그리고 수면 속에서 호흡 동작은 깨어있는 일상적인 활동에서보다 더욱 느리고, 깊고, 또 조용하다. 이런 상태는 요가 수행자가 그것의 분위기에 대한 느낌을 알고 또 명상하는 기간의 초기에 그것이 유지되도록 할 수 있게 하기 위해 훈련되야만 한다.

자세는 파탄잘리의 요가 수트라에서 호흡 앞에 설명되어 있다. 다음에 고려할 것으로 확립된 명상을 위해 적절하게 앉는 방식은, 그에 의하면 호흡 조절이다.

이 책에서 나는 호흡의 수행을 자세 앞에 두고 있는데 이는 서양인을 위해서이다. 그리고 여기서 호흡의 수행은 특정한 자세에 상관없이 모든 자세에서 행해질 수 있다.

올바른 호흡은 중요하다. "앉아서 일하는 현대의 평범한 사람은 별로 사용하지 않는 근육에 이익이 되는 몇 개의 체조를 하는 것이 자신의 미래에 건강과 행복을 위해 낫다"라고 말하는 것은 단지 상식일 뿐이다. 이것은 특히 가슴, 배, 목과 눈의 근육에 적용된다. 이 장에서 우리는 특히 호흡에서의 수행에 관심을 갖기로 한다.

우리는 최초에 요가 수행의 목적이 결코 운동하려는 의욕을 낳는 것이 아니라 단순히 육체의 조화와 건강한 질서를 낳는 것이라는 것을 밝혔다. 그런데 이것을 위해서는 훈련이 필요하다. 몇몇 요가를 반대하는 사람은 사람들이 매우 부자연스럽고 또 소위 자연스러움이란 단지 어떠한 경우에도 습관에 불과하다는 사실을 간과한 채 그 자신들이 훈련보다는 자연스러움을 선호한다고 말했었다.

행동과 사고와 감정의 나쁜 습관에 불과한 것을 많이 행하는 것이 자연스럽다고 생각하는 사람이 몇 있다.

요가 수행자에 있어서 외부생활의 목적은 호흡을 포함하는 모든 것에서 지혜로운 질서 정연함과 지성이다. 그리고 이것은 역시 단순한 직관을 통해서 도달되어야 하는 새로운 부가적이고 정신적인 지혜의 성취를 위한 도약 장소로서 여겨진다. 자연스러움의 이런 종류는 파탄잘리에 의해 호흡의 처리법에서 보여진다.

요가 수트라에서는 호흡의 세부적인 것에 대한 언급은 거의 없다. 그것은 자세나 앉음은 장애의 최소인 채 견고하고 즐거워야만 한다고 규정하고 있다.

우리는 다음으로 파탄잘 리가 호흡에 대해서 같은 태도를 가졌음을 알고 있다. 육체의 상태에 대해서 그는 성공적인 명상으로 이끄는 그러한 것을 원했다. 그의 요가는 라자 요가(Raja Yoga)이고 라자(Raja)란 용어는 육체를 지배하는 마음과 마음을 지배하는 의지, 즉 자아지배를 암시한다.

육체의 뛰어난 건강과 육체의 잠재능력의 자각을 희망하는 두 가지 다른 목표들에서 하나를 취하고 있는 다른 학파들이 과거에 있었고 지금도 있다. 이런 것들은 함께 하타 요가 (Hata Yoga)로서 분류된다. 여기에서 타격이나 강풍을 의미하는 동사 하트(Hat)는 치는 것을 의미한다. 또 하타란 단어로부터 하타 요가를 강력한 요가로 번역하더라도 하(Ha)와 타(Ta)는 보통 '태양과 달의 호흡' 을 언급한다고 받아들여진다.

주로 호흡 수행과 자세를 다루는 고전적인 작품들은 하타 요가에 비치는 빛인 하타 요가 프라디피카(Hata Yoga Pradipika), 게란다의 요약인 게란다 삼히타(Geranda Samhita), 시바의 요약인 시바 삼히타(Shiva Samhita)이다.

이 작품들은 우리가 앞으로 설명할 호흡의 다양한 방법에 대해서 굉장히 세세하게 가르쳐 준다. 그러나 우선 파탄잘리와 같이 주요한 원칙에 대해서 연구하도록 하자. 그의 가르침에서 호흡 수행은 요가의 8개의 가지들 중 4번째로 주어진다.

파탄잘리가 호흡의 수행을 설명하게 되었을 때 그는 그 속에서 공기가 들어가고 교대로 다시 나가게 하는 이 육체의 일상적인 호흡을 프라나(Prana)또는 에너지라는 단어로써 명시했다. 그 주제를 다루는 세 경구들은 다음과 같다.

호흡 수행은 들이마시고 내쉬는 동작들의 구분이나 분리이다. 시간은 장소와 회수에 대해 관찰되는, 나가고 들어오고 조용히 멈추는 것 같은 호흡의 상태는 길고 가늘어진다. 외부나 내부의 일을 잊도록 하는 네 번째의 상태가 일어난다. 육체의 코에 의해서 측정되는 장소는 외부에 있는 공기의 움직임을 말한다. 시간이란 호흡의 느림이나 빠름을 말한다.

숫자란 들이마시고 호흡을 멈추고 내쉬는데 허용된 상대적인 시간의 길이를 말한다. 가늘어짐이란 호흡이 거칠거나, 세거나, 시끄러운 것이 아니라 조용하고 부드럽고 자연스러운 흐름이 있어야만 한다는 사실을 말한다. 네 번째 상태는 명상을 위해 적당하다. 명상 중의 규칙적인 호흡은 명상을 돕기 위한 것이 아니다. 그 목적은 불규칙한 호흡에 의해 야기되는 장애에 반응하지 않고 어떤 사람이 명상을 수행할 수 있도록 하기 위한 것이다.

실제로 어떤 사람은 깊은 생각을 하는 동안에 숨을 헐떡거리고 심지어 때로 숨이 막힐 때까지 허파가 빈 채로 호흡을 멈추거나 중지하는 경향이 있음을 발견했다. 그러나 좋은 호흡 습관의 결과로서 이 문제들은 멈추고 또 파탄잘리는 '밝음을 덮는 것이 소멸된다' 고 묘사하고 있다.

혹 우리는 '명백함을 모호하게 하는 것이 소멸된다' 라고 번역할 수도 있다. 그리고 파탄잘리는 '집중을 위한 마음의 적합함이 있다' 고 덧붙였다.

또한 명상 중 좋은 호흡의 중요성은 또 다른 종류가 있다. 그것은 마음이 육체에 해를 끼치는 것을 막아준다. 만약 육체가 혼란된 호흡에 기인하거나 반대로 혼란된 호흡이 원인이 될 수 있는 긴장이나 과로의 상태에 있다면 육체는 명상에 의해 피로해질 것이다. 반면에 올바로 되었다면 육체는 휴식을 취하고 상쾌할 것이다.

사람들은 종종, '하타 요가 없이는 라자 요가도 없다' 는 인용문을 접하게 되는데 이 인용문의 의미는 모든 사람이 앉는 것과 호흡의 문제에서 다소 교정할 필요가 있다는데 있다. 그래서 위대한 샹카리차리야가 말했듯, 그 생각은 하타 요가란 단지 불순함을 깨끗이 할 필요가 있는 사람을 위해 기도된 것이다. 이것은 하타 요가 경전에서 강조되고 있다. 거기서 하타 요가의 다양한 수행자는 그것들이 라자 요가를 초래할 때 끝난다고 말한다.

파탄잘리는 이 점에 대해 자신의 견해를 전혀 말하지 않고 있다. 아마 그는 이것이 사람들의 체질이나 과거의 습관에 따라서 꽤 정당하게 사람들마다 다르다고 생각한 것 같다. 그러나 하타 요가 수행자들은 매우 강력하게 특정한 시간을 흡입의 위해 4

배의 시간을 안에서 호흡을 정지하며 흡입의 2배의 시간을 배출하는데 할당하는 훈련을 추천하고 있다.

이미 설명했듯이 푸루카(Puruka), 쿰바카(Kumbhaka), 레차카(Rechaka)란 단어들은 각각 '채움' '단지 같은' '방출함'을 의미한다. 이 단어들을 암송하고 3, 6, 12등 숫자를 세는 것과 다른 의미있는 낱말들을 암송하는 것은, 행해지고 있는 것으로부터 주의를 돌리도록 도와주는 것인 반면에, 숨을 들이마시고 멈추고 내쉬는 생각이 지속되도록 해주기 위해서이다. 그 이상의 훈련에서 일단 호흡의 리듬이 잘 확립된다면 다른 낱말이나 방법이 사용될 수 있다.

요가를 배우는 사람은 이 1 : 4 : 2 방법을 비록 그것이 허파를 깨끗이 하고 완전한 호흡을 배우는데 있어 뛰어난 훈련임에도 불구하고 명상-이것을 하는 동안 그는 물론 호흡에 대해 완전히 잊어야만 하지만-을 위해 채택되는 일반적인 호흡의 습관이 될 수 없다는 것을 알기 위해 잠깐 동안 연습하기만 하면 된다. 그 일에서 그는 소화 과정이나 심장의 맥박에 대해서 생각하지 않아야 하는 것처럼 호흡에 대해서도 생각해서는 안 된다. 호흡은 반드시 육체의 습관의 영역이나 초의식적인 마음에 맡겨져야 한다.

그러나 호흡의 수행은 어떤 일상적인 경우에도 건강을 위해 바람직하다. 왜냐하면 대부분의 사람들은 마치 그들이 습관적으로 나쁘게 걷고 또 나쁘게 말하거나 발음하는 것처럼 나쁜 호흡을 하기 때문이다. 나쁜 호흡은 일상생활에서 보다 오히려 명상에서 바람직하지 못하다. 왜냐하면 일상생활 속에는 때때로 특정한 노력들이 보다 깊은 호흡을 야기하고 허파를 깨끗이 하는 다양한 활동의 경우가 있는 반면에 명상 중에는 그런 과정이 없기 때문이다. 명상의 목적을 위해 습관화되어야 하는 호흡은 평소 활동 중의 호흡보다 조금 더 느려야만 한다.

학생은 그가 일분 안에 쉬는 완벽한 호흡의 수를 조사하거나 점검할 수 있다. 그렇게 하는 동안 그는 그가 허파를 합리적으로 채우는지, 또 완전하게 내쉬고 내쉬자 마자 다시 들이마시는가를 관찰 할 수 있다. 다음에 이전보다 호흡을 느리게 하는 연습을 할 때 그는 그가 바로 언급한 세가지 것들을 구분한다는 것을 주의깊게 관찰할 것이다. 천천히 함에 기인하는 호흡의 감소된 양은 보다 나은 호흡과 명상 중 육체의 조용함에 의해서 보상될 것이다. 이것에서 그는 반드시 명상의 총체적인 규칙인 긴장이 없는 집중을 기억해야 한다.

1 : 4 : 2 호흡은 때때로 치유하는 호흡으로 불려졌었다. 초심자에게는 그것을 하루에 한번이나 두 번만 그리고 그 후에는 몇 번씩만 하라고 권유한다. 10번은 대부분의 사람들이 점차적으로 도달하는 충분한 최대치이다. 초기에 시간의 단위는 간편하게 마음 속으로 푸루카란 단어를 한번 암송함으로써 측정할 수 있다. 그 후 호흡을 멈추고 있는 동안 쿰바카란 단어를 네 번 암송하고 다음에 숨을 내쉬는 동안 레차카를 두 번 암송한다.

의식적인 노력의 특정한 양은 할당된 시간 안에 허파를 잘 채우는데 필요할 것이다. 다음에 4회를 세면서 호흡을 멈추는 경우에 사람은 소위 목구멍에서 호흡을 억누르는 것이 아니고 단순히 호흡할 때 사용되는 가슴의 근육들을 인식하고 또 숨을 들이마시는 동안 푸루카를 암송하는 것과 같은 비율로 쿰바카를 4회 암송할 때 가슴의 근육들이 활동을 하지 않도록 해야만 한다.

세 번째의 동작에서 어떤 노력이 다시 레차카를 두 번 세면서 허파를 비우는 것처럼 신속하게 공기를 배출시키는데 필요한 것이다. 그때 다음과 같은 것을 중요하게 기억하고 주의해야 한다.

즉 다음의 푸루카는 반드시 멈추지 않고 레차카가 끝나는 바로 순간에 시작되어야만 한다. 이런 전체적인 과정이 말하자면 3회 진행되었을 때 학생은 아마 표현 그대로 기분이 좋을 것이다. 그리고 이 모든 것이 쉽게 행해진 때 만약 그가 바라기만 하면 푸루카를 두 번 쿰바카를 여덟 번, 레차카를 네 번 암송함으로써 시간을 두 배로 늘릴 수 있을 것이다.

요가 수행에 의해서 자신의 삶이 다소간 개선되기를 바라며 이 책을 읽는 독자는 호흡 수행과 다른 하타 요가의 수행을 해야만 한다. 또 만약 그렇게 한다면 어느 정도 해야 하는지 의문이 생길 것이다. 이것은 질문자 자신이 스스로 응답하여야만 한다. 이 문제에는 규칙이 없고 게다가 자기 자신이 결정을 내리는 것은 요가 수행 발전에 필수적인 부분이다.

나는 노력하고자 하는 사람에게 '어떤 것을 하라. 그리고 어떤 하나는 또·다른 하나로 이끌 것이다.' 라고 말할 것이다.

실제로 최초에 행해져야 하는 세 층의 결정이 있고 시간의 비율은 첫째, 하타 요가 둘째, 라자 요가 셋째, 아트마요가(Atma Yoga)로 주어질 것이다. 만약 구도자가 자신이 하타요가를 생략할 만큼 육체의 상태가 좋다고 느낀다면 그는 그렇게 하고 라자요가 명상으로 나아갈 수도 있다. 이것은 그가 자신이 그런 행복한 위치에 있음을 발견하는 것은 전생에서의 자신의 수행의 결과로 종종 여겨지는 그런 경우이다.

어떻게 호흡 수행을 하며 그것을 어느 정도 해야 하는가를 결정할 때, 학생은 천천히 주의깊게 나아가서 '행복의 절정을 느끼는 것' 같은 어떤 감정적인 흥분과 호흡 수행을 혼동하지 말라고 신중하게 주의를 받아야 한다. 이 문제에 있어서 사람이 그 일을 하게 하고 또 동시에 그 일의 결과를 생각하지 않도록 하는 규칙은 철석과 같다. 하타 요가 프라피디카는 다음과 같이 말하고 있다.

호흡법 수행의 적절한 훈련을 통하여 모든 질병을 소멸 시킬 수 있다. 나쁜 호흡 수행에 집착하므로 인해서 얻는 병인 딸꾹질, 천식, 기침, 두통, 눈과 귀의 통증을 포함하는 다양한 질병들이 발생한다. 호흡 수행자는 반드시 주의 깊게 숨을 들이마시고, 숨을 멈추고 숨을 내쉬어야만 한다.

인도에서는 학생들 자신이 자주 스승을 방문하여 찾아 뵙고 또 이것은 다른 장소에서도 가능하다. 따라서 여기서 구할 수 있는 지도는 귀중하다. 그러나 여기 저기 왔다갔다 하는 것은 위험하다. 그는 반드시 스승이 줄지도 모를 어떤 가르침에 맹목적으로 따르기 전에 스승의 성격과 동기 특히 가능하다면 이 전의 제자들에게 끼친 영향력을 조사하는 것이 좋다.

스승이 제자에게 해야 할 것을 말하고 제자가 이익을 찾아내도록 할 것이라는 것은 사실이다. 스승은 결과가 육체적으로 설명될 수 있고 전에 알려진 다른 사람들에게서 보여졌던 하타 요가에 대한 것을 제외하고는 미리 많은 것에 대해 설명하지는 않을 것이다. 그리고 그는 성인 라마크리슈나가 말한 것처럼 거짓 스승에 대해 경계해야만 한다.

진실로 걱정해야 될 것은 양심적이지 못하고 다만 이 분야에서 빨리 풍부하게 되거나, 중요하게 느끼는 것만을 만들고 있는 스승에게 붙잡히지 않도록 해야 할 것이다.

대부분의 오래된 책들은 스승을 찾는 것에 대하여 조언하고 있다. 과거에는 이것에 대한 매우 훌륭하고 실제적인 이유가 있었다. 즉 대부분의 사람들은 읽지 못했고 또 읽기를 원하지도 않았고 읽어야만 하는 이유조차 몰랐다.

사실상 어떤 지역에서는 읽고 쓸 수 있다는 것이 사회적인 치욕으로 여겨져서 부자는 읽고 쓰지 않았고 고용된 하인들은 항상 주인이 시키는 대로했으므로 하인들이 그것을 했다.

대부분의 현대인들에게는 많은 부수로 출판되는 책들이 스승이다.

　실제 요가에 관한 많은 표준적인 고전 작품들이 거의 서문에서 구도자는 반드시 스승을 찾아야 한다는 문장을 내놓는다. 그러나 이것은 즉시 스승이 충고할 것과 가르칠 것의 설명에 의해서 계속 된다. 게란다 삼히타에 접근하고 가타스타 요가(Gatasta Yoga)를 배우려고 묻는 구도자의 설명으로 시작된다.

　가타스타 요가는 물질적인 육체의 요가를 의미했다.
왜냐하면 구타(Guta)는 항아리나 그릇을 의미하며 또 이런 육체는 감각기관이나 행동기관들처럼 우리가 살기 위해 우리의 연장들을 넣고 간직하는 항아리나 그릇이기 때문이다. 덧붙이자면, 학생은 육체를 그가 감금되어 있는 그릇이라고 생각하지 않도록 주의해야만 한다. 육체는 만약 그가 정말로 자신의 의지에 의해 살기를 바라고 그 자신을 세속적인 것의 노예로 만드는 쾌락과 자부심의 유혹에 굴복하지 않는다면 언제라도 육체로부터 자유로울 수 있고 또 육체 속에서도 자유로울 수 있기 때문이다.

　구도자가 질문하면 게란다는 일반적으로 교훈적인 시로 응답했고 그 후에 요청된 요가에 관계된 7개의 수행의 광범위한 설명으로 나아갔다.

　다음의 시들에서 게란다는 7개의 성취되는 것들을 열거하고 있고 그 중에서 다섯 번째인 호흡 수행은 가벼움을 일어나게 한다.

오! 훌륭하고 훌륭한 제자여! 네가 질문한 이것. 나는 이것을 나의 제자인 너에게 말해 주리라. 매우 주의 깊게 그것에 집중하라.

환상같은 함정은 없고, 요가보다 더 거대한 힘은 없고, 지식보다 큰 친구는 없고, 자부심보다 큰 적(혹은 자신에 만족하는 욕망)은 없다.

과학을 알파벳 문자의 연습에 의해서 배울 수 있는 것처럼 진리의 실현도 요가를 통해서 얻어진다.

좋고 나쁜 행위에 따라서 살아있는 존재들의 육체가 획득된다. 행위는 육체를 통해서 일어난다. 그러므로 육체의 구조를 순환시켜라.

육체의 구조는 기복이 있다. 마치 황소의 힘으로부터처럼. 이것과 똑같이 행위의 힘으로부터 살아있는 존재들은 탄생과 죽음을 통해서 순환한다.

물 속에 넣어진 굽지 않은 항아리처럼 육체는 끊임없이 노쇠하고 있다. 사람은 육체를 요가의 불 속에서 구움으로써 육체의 뛰어남과 순수함에 도달한다.

육체를 위한 7개의 성취는 순수함, 견고함, 튼튼함, 한결같음, 가벼움, 감수성과 깨끗함이다.

독자는 꽤 정당하게 다음과 같이 물을 수도 있다. 만약 목표가 육체를 사용할 때조차도 육체에 관해서 자유에 도달하는 것이고 결국 육체 없는 궁극적인 삶에 도달하는 것이라고 한다면 우리가 시험삼아서 영적이라고 부를 수 있는 몇몇 다른 조건에서 모든 이런 육체와 관련된 선입관들은 무슨 이유 때문인가? 이에 대한 답은 육체란 자유나 독존으로 이르게 하는 수단이라는 것이다. 자살은 도움이 되지 않는다.

서양의 어법에 영혼은 육체적인 삶을 성공적으로 만드는 일을 함으로써 비로소 성장한다는 말이 있다. 그리고 그 일은 부정적으로 쾌락을 즐기는 것에 의해 행해지는 것이 아니라 오히려 완벽한 그림을 창작하는데 몰두하고 있는 예술가의 작업과 같으며 또 실제로는 완벽한 예술가를 낳고 있는 것이다.

그가 그 작업을 수행하는 동안에 즐거움이 없을 것이라는 것과는 전혀 거리가 멀다. 왜냐하면 요가 수행에 의해 개선된 육체를 가짐으로써 건강의 끊임없는 즐거움이 있을 것이고 감각들을 사용함에 있어서도 그처럼 느낄 것이기 때문이다.

어떤 사람들은 자신의 육체에 이런 주의를 하는 것이 많은 이기심을 포함하고 있고 또 그 시간은 다른 사람들에게 도움이 되는 것에 쓰여질 수도 있었을 것이라고도 말한다. 그러나 이같은 도움의 필요성은 대개 도움을 필요로 하는 사람들 편에서 그런 근심이 없어야 일어난다. 그리고 그것은 자주 그들로 하여금 어떤 사람이 육체적으로 올바른 삶의 이득을 즐기고 있는 것을 보게 함으로써 훨씬 더 그들에게 이로울 수 있다. 게다가 많은 훌륭한 사람들조차도 자기 자신들을 무시하는 것을 당연하게 여기기 때문에 다른 사람들에게 부담이 된다.

사람들이 반드시 그들 자신 개개인의 사회적인 기능을 수행해야 한다는 바가바드 기타의 충고는, 우리들의 집단생활에 대한 요가의 태도를 완벽하게 잘 나타내고 있으며 동시에 미래의 인도적인 인류를 향상시킬 내부의 성격과 능력을 일깨우는 길임을 가리키고 있다. 개인적이건 사회적이건 인간의 모든 문제들을 항상 예술은 지속되나 예술가는 사라진다는 것을 기억하면서 내부로부터 다루어져야만 한다.

우리의 행위들은 사라지지만 우리는 지속된다는 이런 생각과 작업의 개선은 행위자의 개선을 포함한다는 생각은 요가 철학이 외부적인 성공과 이득에 그렇게도 몰두하고 있는 서양인들에게 가져다 주는 혁명적인 생각들 중의 하나이다.

노력이 있을 때는 언제라도 진정한 성공이 있다. '전혀 사랑하지 않는 것보다는 사랑하고 잃어버리는 것이 낫다' 는 서양의 격언은 '전혀 노력하지 않는 것보다는 노력을 했으나 실패하는 것이 낫다' 는 것과 유사할 것이다. 그 이유는 노력이 있는 한 요가적인 의미에서 실패는 있을 수 없기 때문이다. 또한 다음과 같은 것이 반드시 덧붙여져야 한다. 내부의 이득은 더 큰 능력인 미래로 진행되고 나중에는 심지어 비교적으로 경멸되는 외부의 성공으로 이끈다.

다음으로 자주 질문되는 것은 전에 호흡 수행을 해본 적이 없는 초심자를 위해 어떤 조언을 해야만 하는가이다. 아마 어떤 호흡은 두 개의 새로운 것들을 동시에 하는 것은 좋지 않다는 원칙에서 활동과 연결되었다.

어떤 학생은 어덟 걸음 동안 들이마시고 여덟 걸음 동안 숨을 내쉬면서 이른 아침에 30분 동안 빠르게 산책을 하라고 조언을 받았다.

이것을 나중에 시계의 초침을 갖고 시험한 후 그는 여덟을 세는데 대개 5초를 요한다는 것을 발견했다. 또한 그는 자신이 이전보다 건강이 더욱 좋아졌다는 것을 느꼈다. 그의 전체적인 호흡의 습관이 개선될 것이라는 점에는 의심의 여지가 없다. 걷고 있는 동안 그는 깊고 본능적으로 호흡을 하고 있다. 그러나 그가 매우 조용히 앉아 있거나 누워있는 동안 같은 수를 센다고 가정하자. 그때 그는 그가 걸을 때보다 덜 채우는 것이 필요함을 곧 발견했다. 따라서 앉아 있을 때, 그의 연습의 일상적인 공기의 양을 보라, 천천히 받아들이는 입구로 구성되지만 기운차게 걸을 때처럼 허파를 꽉 채우게 되는 것은 아니다. 두 경우에서 그는 호흡의 상이한 교훈들을 배웠다. 이런 수행의 결과는 틀림없이 다음과 같을 것이다.

즉 학생은 잠시 후에 의지의 사소한 행위에 의해서 하나에서 다른 하나로 전환할 수 있고 또 그 후에 확립된 호흡의 의지나 목적에서의 변화나 환경에 의해서 변화될 때까지 그런 식으로 집중함이 없이 진행될 것이다.

의지란 마음의 진행되는 기능으로 작용할 수 있고 따라서 '지금은 조용한 호흡을 할 때이다' 혹은 '지금은 충분한 호흡을 할 때이다' 라는 명령이나 통제가 바뀔 때까지 지켜질 것이라는 사실을 기억해야만 한다.

이 같은 몇몇 예비적인 연습은 정기적으로 하타 요가의 호흡 수행을 하려고 꾀하고 있는 모든 사람들에게 말하자면 2주일이나 한달 정도 하라고 추천된다. 그러면 가슴의 근육들은 마음의 나태함에서 활동으로 또 마음이 응하도록 변화될 것이고 비록 지금은 아직 아니라고 하더라도 현명하거나 영리한 리듬으로 깨어나게 될 것이다. 이런 점에서 변화란 궁극적으로 게으름으로부터 흥분한 활동이 아닌 지적인 절서정연함을 의미하는 지혜로의 변화라는 것은 전혀 가치가 없다.

이것에는 요가 체계가 거의 모든 제자에게 적용하는 3중의 훈련이 뒤따른다. 3중의 과정은 나태함(타마스 Tamas)에서 시작하고 활동(라자스 Rajas)으로 계속되고 질서정연함 사트와(Sattwa)로 끝난다.

지금 학생은 몇 개의 하타요가의 특별한 호흡을 하기 바랄 지도 모른다. 그리고 왜 그가 감정이 없이, 긴장이 없이 그리고 그의 부신(副腎)의 비축에 전혀 의지하지 않고 엄격한 절제 속에서 그렇게 해서는 안 되는지의 이유도 없다. 만약 그가 이들 네 규칙들에 복종하지 않는다면 그는 곤란을 겪을 것이다.

나는 몇몇 사람들이 각각의 연습을 '격려하는 말'에 의해 진행되어 큰 기대들이 일어나고 또 흥분은 첫째, 가속시키는 둘째, 가라앉히는 과정이 따른다는 것을 안다. 그리고 또한 그런 조건들 속에서 행해진 매우 표준적인 연습들이 곤란을 초래했음도 안다.

호흡의 생리현상을 조금이라도 이해한 사람들은 아마 어떤 특정한 요가의 호흡 수행에서도 극단으로 가려고 하지 않을 것이다.

이들 수행에서 육체적인 자제를 요구하는 어떤 것도 있어서는 안 된다는 것은 아무리 강하게 되풀이되어도 지나치지 않다.

소위 '부자연스러운 호흡'이 진동, 현기증, 무감각, 귀울림 등을 초래할 때는 중지해야 한다. 왜냐하면 이산화탄소가 아마 평상시의 반으로 줄었고 또 유사하게 피부에서 따스한 붉은 빛을 야기하거나 심장이 뛰는 순간에 이르도록 호흡을 멈추는 것은 제한되지 않기 때문이다.

육체의 비축은 비상사태를 위해서이고 또 분명히 제한되어 있다. 만약 한계에 의지한다면 그것들은 육체 기능의 가장 약한 부분이 무엇이든지 간에 붕괴되어질 것으로 기대된다.

나는 광고회사에 의해서 권해진 호흡 수행을 하고 있던 어떤 한 사람이 갑자기 그것들 중의 하나를 즐기는 사이에 장님이 되었던 사례를 기억한다. 그의 지침서를 보자마자 나는 광고된 다소 잘 알려진 호흡 수행들을 발견했다. 자신의 노력에서 한계로 가도록 유혹하기 위해 계산된 흥미진진하고 감정적인 선전에 의해서 선도되었다. 이것은 명백하게 비축된 그의 힘을 고갈시켰고 그 때에 붕괴를 초래했다.

시바 삼히타에서는 각각의 콧구멍으로 번갈아 호흡하는 단순한 형태로 주어져 있다. 나는 그것을 다소 요약한 형태로 다음과 같이 번역했다.

　오른쪽 엄지손가락으로 오른쪽 콧구멍을 막고 왼쪽 콧구멍을
통해서 공기를 안으로 들이마신 수행자는 그가 할 수 있을 만큼
오래도록 호흡을 멈추어야만 하고 그 후 오른쪽 콧구멍을 통해
서 숨을 천천히 부드럽게 내쉬어야 한다. 다음 오른쪽 콧구멍으
로 숨을 들이마시고 그는 가능한 한 오랫동안 공기를 보유해야
만 하고 그러고 나서 왼쪽 콧구멍으로 통해서 부드럽고 매우 천
천히 숨을 내쉬어야 한다.

　따라서 이를 새벽녘, 한낮, 해질녘 그리고 한밤중에 20번씩
평화로운 마음을 갖도록 하면서 정기적으로 연습하도록 하자.
그러면 3개월 안에 육체의 경로는 정화되게 될 것이다. 이것이
호흡 수행의 4개의 단계 중 첫 번째 것이고 이것의 표시는 육체
가 건강해지고 호감을 주고 상쾌한 향기를 방출한다는 것이다.
또한 좋은 식욕과 소화, 유쾌함, 훌륭한 몸매, 용기, 열정, 힘이
생길 것이다.

　그러나 다음과 같은 호흡 수행자가 반드시 삼가야 하는 특정
한 것들이 있다.

　시고, 떫고, 맵고, 짜고, 자극성이 강하고 또 쓴 음식물과 기름
에 튀긴 음식물 또한 육체와 마음의 다양한 활동들이다.

　예컨대 해뜨기 전에 목욕하는 것, 도둑질, 해를 입힘, 증오심,
자기중심, 교활함, 단식, 거짓말, 동물 학대, 성적인 집착, 불,
말을 많이 하는 것, 과식하는 것 등등이다.

이와는 반대로, 그는 우유, 단음식, 라임이 없는 구장, 장뇌, 단지 작은 문이 있는 좋은 명상을 위한 방, 만족, 기꺼이 배우려는 마음, 외부에 끌림이 없이 가사일을 하기, 비슈누의 이름을 노래함, 감미로운 음악을 들음, 견고함, 인내심, 노력, 순수함, 겸손, 신뢰, 스승을 도움같은 것들을 사용하고 즐겨야만 한다.

만약 배가 고프면 수행 전에 약간의 우유와 버터를 먹을 수도 있다. 그러나 식사 후에 바로 수행을 해서는 안 된다. 한번에 많은 음식을 먹는 것보다는 적은 양의 음식을 3시간 정도의 간격으로 자주 먹는 것이 낫다. 만약 몸에서 땀이 나면 손으로 잘 문질러야 한다. 수행이 잘 정착될 때는 이런 규칙들은 그렇게 엄격하게 준수될 필요는 없다.

이런 규칙들은 인도의 기후와 환경에 적합한 일반적인 것들이다. 이 훈련에서 '가능한 오랫동안 공기를 보유하라'고 지시될 때 그것은 '편안하게 가능한 한 오래도록' 즉 공기를 부드럽게 천천히 배출하는 힘을 여전히 보유하고 있음을 의미한다.

말하자면 보유하는 것을 지속시키기 위해 발버둥쳐서는 안 된다. 숨을 보유하고 내쉬기 전에 왼쪽 콧구멍을 막기 위해 왼손의 가운데 두 손가락을 사용하는 것은 관습적이다.

공기를 부드럽게 배출한다는 것은 코로부터 2~3inch 떨어진 한 조각의 솜털을 펄럭이지 않을 것임을 의미한다. 처음에는 너무 무리한 연습을 하기보다는 대략 5회 정도 하는 것이 바람직할 것이다.

현대적인 스승들은 제자에게 숨을 들이마시는 동안 건강, 순수함, 선(善)을 생각하라고 권한다. 몇몇 스승은 숨을 내쉬는 동안 모든 질병들, 불순함들과 악한 것들을 내보내는 생각을 하라고 조언한다. 그러나 다른 스승들은 어떠한 나쁜 생각들과 마음에 품어서 안되는 숨을 내쉬는 과정에서 건강과 선에 대한 생각들을 모든 피조물이나 특별히 필요한 경우로 보내도 안 된다고 주장한다. 평온한 모습을 유지하는데 주의를 기울이라고 말해 왔다.

이 같은 것이 대략 한달 동안 적어도 하루에 한번씩 행해진 후에 두 번째의 훈련으로써 1 :4 :2 수를 세는 것은 앞장에서 설명한 것처럼 같은 훈련으로 도입될 수도 있다.

우선 이 방법은 양쪽 콧구멍을 연 채 여러 번 행해야만 하고 그 이후에 앞에서처럼 엄지손가락과 다른 손가락을 사용하는 각각의 콧구멍으로 숨쉬는 방법이 채택될 수도 있다.

수을 세는 것은 이미 설명됐듯이 숨을 들이마시는 동안 푸라카를 한번 암송하고, 숨을 멈추는 동안 쿰바카를 네 번 암송하고 숨을 멈추는 동안 레차카를 두 번 암송하는 것일 수 있다.

그리고 이것은 어쩌면 두 배로 될 수 있거나 혹은 만약 그 이상 하길 바란다면 나중에는 훨씬 늘어날 수도 있다. 암송은 물론 마음으로만 하는 것일 것이다.

제자는 해야 할 순환의 수효와 각각의 행위의 길이에서 사용되는 시간의 단위와 길이의 수효를 결정하는데 있어서 편안하다는 느낌에 의해서 인도되어야만 한다.

오랫동안 많은 수를 세면서 이같은 훈련을 지속하는 요가 수행자에 관한 설명이 가끔 보인다. 그러나 자발적인 호흡의 정지에는 한계가 있다. 총체적이고 자발적인 억제는 과학자들에 의해서 불가능한 것으로 여겨지고 있으며 만약 그것이 될 수 있다고 하면 호흡을 하지 않으려고 하는 것에 의해서 결국 자살과 마찬가지가 될 것이다. 이런 점에서 호흡은 소화보다는 더욱 자발적일 수 있지만 여전히 한계 속에 있다.

일반적인 원칙의 호흡이란 차례대로 습관의 변화를 낳는 훈련에 의한 변화에 지배되고 또 짧은 기간 동안 자발적인 억제에도 지배되는 습관이라는 것이다.

일반적인 사람은 대략 45초 정도 호흡을 정지할 수 있고, 그때 비자발적이고 습관적인 상태는 대부분의 결정적 노력에도 불구하고 그 자체를 거듭 주장한다. 이것의 직접적인 원인은 모든 사람이 알고 있는 것처럼 가슴의 근육이 아니라 신경의 자극들이다. 그리고 이것들은 소아마비 환자들의 몇몇 예에서 발생하는 것처럼 신경의 손상이 있을 때에는 작용하지 않는다. 이것은 적당한 가슴 근육의 활동과 비활동 감각을 일으키는 가슴부위에 위치해 호흡을 위한 중성자들로부터의 자극이다.

이 중성자들은 허파 속의 산소와 탄산가스의 상대적인 화학작용, 몸 속 어디에나 있는 구심성 신경의 자극과 다양한 감정에 기인하는 위쪽 뇌를 자극하는 요인들에 의해서 영향을 받는다.

따라서 우리의 감정은 호흡 과정에서의 움직임에 영향을 끼치는데 중요한 역할을 한다.

모든 우리의 생각들이 아무리 적다고 하더라도 느낌과 감정을 동반한다고 말하는 것은 요가 심리학의 일부분이다. 이것들은 보통 어떤 행동을 요구하는 것의 결과로써 우리의 호흡에 영향을 준다. 그러나 요가 수행의 목표들 중의 하나는 명상을 하면서 앉아 있는 동안 이런 영향을 멈추는 것이고 평소에 그것을 통제할 수 있게 하는 것이다. 따라서 대개 모욕감이나 화를 일으키는 언쟁에 말려든 요가 수행자는 완벽하게 조용히 있을 수 있다. 이것은 자주 알아차리지 못하는 호흡의 순간적인 통제를 포함한다.

어떤 사람의 습관적인 호흡의 비율과 양은 비자발적이고 짧은 변화로 생기는 감정(부수적인 감정)과 함께 자기 자신의 사고와 상상의 흐름에 반응하기 쉬울 때는 언제라도 끊임없이 발생한다. 그러면 양쪽으로부터 호흡의 중간적인 자극들은 영향을 받고 있고 또 두 경우에 있어서 원인은 행동하도록 요구하는 것이 된다.

일상적인 호흡의 과정은 신진대사에서 필요로 하는 것들을 충족시키기 위한 것이고 또 유전과 자연도태에 의해서 매우 오랫동안 훌륭하게 확립되어 왔음을 우리는 명백히 알아야 한다. 이것은 현대적인 삶에 의해서 굉장히 방해되고 있고 때로는 나쁜 호흡의 습관이 만성이 되었다.

요가 수행자는 첫째, 건강에 좋은 적절한 습관에 의해서 나쁜 습관을 대체하고 둘째, 그가 명상을 할 때와 비영리적인 경우에도 언제나 중심으로 이끌고 감정적인 방해물들을 쫓아버리기를 바란다. 이런 궁극의 목적을 위해서는 그는 감각의 통제와 마음의 평정을 수행한다. 마음의 평정에 대해서는 앞장들에서 살펴보았다. 감각의 통제는 7장에서 다룰 것이다.

숨을 들이마실 때 공기는 횡경막의 수축에 의해서 허파 속으로 흡수되고 코의 통로와 기관을 통해서 몸 밖의 기압으로부터 허파가 결과적으로 채워진다는 것은 별 가치가 없다. 숨을 내쉴 때에는 그 같은 활동이 없고 가슴 근육은 단순히 이완되어 이전의 위치로 되돌아 갈 뿐이다. 심지어 그 과정은 허파를 완전히 비울 정도까지 진행되지는 않는다.

비우는 작용은 호흡의 중심부에 있는 중성자들로부터 자극이 다시 가슴 근육의 구멍을 팽창시키기 위해 필요한 수축작용을 하도록 할 때, 단지 반 정도 영향을 받을 수도 있다. 말하자면 허파의 아래에 있으면서 허파와 창자 사이에 있는 횡경막은 들이마신 공기의 압력에 의해서 내려가고, 숨을 내쉴 때 자체의 탄력성에 의해서 원래의 위치로 되돌아간다.

따라서 잠시동안 허파 속에 공기를 유지하는 것으로 혹은 숨을 내쉬는 동안 지속하는 것이 바람직한 수행에서는 일상적인 근육에 이완의 억제와 부분적인 억제가 있다.

허파를 매우 완전하게 채우는 동안에는 구멍을 확대하는 근육의 수축작용이 지속된다. 허파를 특별히 비우는 동안에는 이완이 보다 충분한 영역을 갖게 하도록 잠시 동안 근육의 수축을 본래대로 돌아가게 하는 억제가 있다.

'쇠로 된 허파' 같은 인공적인 호흡을 위한 장치에는 공기를 허파로 넣는 것은 없으나 단지 가슴의 바깥 벽에 대해 증가되고 감소된 공기압의 변형만이 있다. 따라서 프라나야마의 실제적인 수행에서 학생에게 가슴쪽 근육들을 인식하라고 권한다.

만약 호흡을 참고 있다면 그는 근육의 이완을 억제하면서 근육을 조용히 유지하는 것을 인식해야만 한다. 공기를 목구멍 안에서 밀폐하거나 숨을 들이쉬는 끝부분에서 기관을 죄는 방법은 별로 바람직하지 않다. 왜냐하면 그것은 가슴 근육이 주춤하고 '마개'가 공기를 배출시키려 하지 않을 때 쉽게 충돌이나 바람직하지 않은 압력을 초래하기 때문이다.

말하자면, 허파에 지나친 양의 공기가 호흡의 깊이나 비율에 의해 잠시 동안 공급되었을 때는 흡입을 잠시 보충적으로 중지하는 자동적인 경향이 있다는 것이 실제로 발견된다. 이것은 평소와 달리 탄산가스의 거대한 제거와 혈액 속에서 탄산가스의 표준적인 압력 이하로 줄이는 데 기인한다.

일상적인 탄산가스의 양 이상을 함유하고 있는 대기에서 '부자연스러운 호흡'에 대한 실험의 중지효과는 발견되지 않는다. 반면에, 그 대기에 산소가 지나치게 많을 때 실험은 증가된 중지효과를 보여준다. 이런 '부자연스런 호흡'에 의한 동맥피의 산화가 증가되는 것에 대해서는 별로 알려진 것이 없다.

이런 모든 것은 과다한 호흡이 혈액 속의 산소공급을 증진시키지 않는다는 것을 보여 준다. 또한 이것은 우리가 배출한 공기가 보통, 변하지 않은 채 바깥 공기로 되돌려지는, 흡인된 산소의 상당한 양을 포함한다는 사실에 의해서 입증된다. 그러나 허파 속으로 들어가는 혈액의 산소 요구량은 허파 속으로 들어가는 공기의 양은 평상시보다 4배에 달하고, 호흡의 비율은 2배에 달할 것이다.

예를 들어 달리기를 하는 사람들이 숨을 깊고 빨리 쉬지 못하기 때문이 아니라 그런 극심한 노력 속에서 충분한 산소를 얻지 못하기 때문에 매우 숨이 차서 헐떡거린다는 사실을 알고 있다.

자연히 명상 속에서 육체적인 운동에서처럼 왜 더 많은 산소를 필요로 하는지에 대한 의문이 생긴다. '긴장없는 집중'이라는 원리에서 우리는 다음과 같은 것을 추측할 수 있다.

즉 올바른 명상 속에서의 필요는 육체의 다양한 부분에 많은 긴장이 있는 일상적인 사고에서의 필요와는 아주 다를 것이다. 올바른 명상 속에서는 명백히 적은 양의 산소를 필요로 하고 또 이것은 의심의 여지없이 경험적으로 호흡은 반드시 길고 가늘어져야 된다는데 도달해야 하는 요가의 가르침 때문이다

파탄잘리같은 라자 요가 수행자들의 요가 구조에서 명백히 하고 있으나, 육체적인 에너지를 절약하는 원리가 두드러진다. 따라서 이 원리는 원하기만 한다면 피곤함에 기인하는 잠을 자려

는 경향없이 명상을 오랫동안 지속되도록 하기 위해서, 최소한의 에너지를 소비하며 올바른 양의 산소를 얻는 것이 목표인 호흡에 적용된다.

수면은 잠을 못 이루는 데에서 생기는 에너지의 소비가 수면 중에 일상적으로 소비되는 에너지 이하로 감소될 때는 필요하지 않다는 것을 고려해야만 한다.

어떤 사람이 잠을 자고 있건 깨어있건 간에 항상 에너지의 소비는 있다. 열량의 목록은 표준적인 사람이 8시간 동안 수면하는 중에 대략 600Kcal의 에너지를 소비함을 보여준다. 같은 시간 동안의 휴식 중에는 대략 750Kcal를 소비한다.

어떤 사람이 요가를 수행하면서 일상적인 수면에서보다 더욱 이완될 수 있고 또 600Kcal 이하로 에너지의 소비를 줄일 수 있다고 가정하면 그는 잠을 자지 않고 계속할 수 있을 것이다. 그러나 요가를 수행하지 않는 사람의 경우에는 그가 앉아서 생각하고 있을 때조차도 진정으로 쉬고 있다기보다는 항상 긴장하고 있는 것이다.

따라서 만약 요가 수행자가 '긴장없는 집중'을 충분히 잘 수행할 수 있다면 그는 오랫동안 잠을 자지 않고 명상을 계속할 수 있다. 만약 이런 비유들이 맞다면 우리는 왜 명상 후에 육체가 확실하게 상쾌함을 느끼는가에 대한 이유들 중의 하나를 알 수 있다.

사실 우리들은 명상과 이완 속에서 일상적인 수면보다 나은 상태, 즉 더욱 즐겁고 상쾌한 상태를 낳는 것이 가능함을 알고 있다. 이같은 상태는 또한 장수와 깊이 관계 있는 요인들 중의 하나일 수도 있다.

일반적으로 보다 천천히 호흡하는 동물들이 빨리 호흡하는 동물들보다 덜 흥분하고 더 오래 산다는 것은 보통 관찰되어 왔다. 예를 들어 암탉은 1분당 약 30회, 거위는 약 20회, 개는 약 28회, 고양이는 24회, 말은 약 16회, 원숭이는 약 30회, 거북이는 대략 3회 호흡한다.

명상은 잠을 자려는 것과 정반대임을 명심해야만 한다.

명상 속에서 집중은 최대한 주의 하도록 경계시키고 그때 이 최대한의 집중은 명상과정 보다 큰 정신적인 영역을 향해서 진행된다. 만약 그것이 수행의 어떤 것을 향해서도 진행되지 않는다면 학생은 명상을 중단하고 집중의 새로운 행위나 심지어 새로이 집중하는 대상을 가지고 다시 시작해야만 한다.

우리들은 앞 장에서 이미 파악과 터득으로써 두 단계를 명명했었다. 이 주제를 끝내기 전에 이 세상에서 벗어나기 위한 우리의 목적은 호흡과 이완과는 관련이 없고 또 정신적으로도 감정적으로도 관련이 없음을 알아야 할 것이다.

물질적인 대상물들은 우리의 의식이 그것들의 안정된 성질에 의해 자체의 현존하는 최대한 특질을 성취하는데 도움을 준다. 이것은 정신적인 힘을 성장토록 하는 이 세상의 가치이다.

예를 들어 음악작곡가는 한 소절을 얻고 곰곰이 생각하는데 그것은 그가 피아노를 치는 도중에 그의 머리에 스쳐 지나간 것을 기록할 수 있다.

우리들의 모든 지각할 수 있는 경험은 이러한 가치를 갖는다. 그리고 연속된 삶 혹은 윤회를 통해서 성숙으로 진화시키거나 성장하게 하는 미묘한 마음에 대한 요가 이론이 인정될 때 이런 경험에 대한 이유를 알 수 있다. 이것이 물질적인 조건들의 제약 하에서 우리가 사는 유용함이 있다. 이 조건들은 모든 자발적이고 정신적인 노력의 시초인 집중하는 행위에 도움을 준다.

호흡에 관한 우리의 육체적인 연구로 돌아가기 위해 우리는 여전히 호흡을 멈추는 것에 대한 영향을 살펴보아야만 한다.

공기의 유입과 유출이 반드시 규칙적이어야 하는데 여전히 가끔 내부의 억제 쿰바카를 수행하는 것은 정화하는 가치가 있다. 우리는 이것이 특별히, 허파 속에서 폐포 공기에 관련하여, 어떻게 작용하는가를 알 수 있다.

허파는 다음과 같이 세 부분으로 나눠질 수 있다. 즉 넓은 통로들인 기관지와 좁은 통로들과 매우 가늘고 심지어 머리카락처럼 가는 선들의 묶음인 폐포들로 구분될 수 있다.

일반적인 사람이 숨을 들이마시는데는 평균적으로 대략 2초가 걸린다. 만약 호흡이 얕다면 그것은 만족스럽게 폐포들에게 공기를 보낼 수 없다. 그런데 숨이 얕다고 하는 것은 들이마시는 시간이나 길이의 문제가 아니라 가슴 근육의 힘과 결정적인 행위가 부족하다는 것이다. 따라서 여기에 얕은 호흡을 하는 사람들에 의해 고려되어야 하고 또 몇몇 결정적인 근육을 부드럽게 하고 습관을 형성시키는 연습에 의해서 행동해야 하는 중요한 요지가 있다.

우리는 다음의 그림을 통해서 쿰바카의 사용을 나타낼 수 있다. 그리고 이 그림은 완전히 숨을 내쉰 A와 완전히 숨을 들이마신 B의 '기관지의 나무'의 크기에 있어서 거대한 차이를 보여준다. 깊은 심호흡은 평온한 호흡에서보다 대략 8배에 달하는 공기를 받아들인다.

완전히 숨을 내쉰 후에 허파에 공기가 전혀 없지는 않다는 것을 반드시 이해해야 한다.

대다수의 사람에게는 물론 공기 중에서 콧구멍으로부터 기관지를 포함해서 150입방세티미터(150㎤=150cc)의 공기가 있을 것이다. 그리고 이것은 '사각 공간'으로 이름이 붙여졌는데 그 이유는 그 속에서 공기는 비교적 두꺼운 벽을 침투하지 못하고 혈액과 어떤 가스의 교환도 하지 못하기 때문이다.

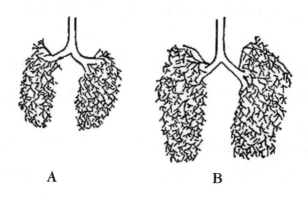

A                    B

숨을 내쉰 뒤에는 허파 안에 200cc의 공기가 남아 있을 것이다. 그러면 500cc의 새로운 공기가 숨을 마시는 중에 들어왔다고 하자. 혼합된 150cc의 공기는 여전히 '사각 공간' 속에 남아 있을 것이고 350cc의 공기는 배출되지 않은 폐포의 공기와 합류할 것이다. 그리고 배출되지 않은 폐포의 공기는 들어오는 공기보다 이산화탄소의 함유가 높고 산소의 함유는 낮다.

표준적인 수치는 다음과 같다.

들이마셔진 공기는 21%의 산소를, 내쉰 공기는 12%의 산소를 포함하고 있다. 혈액에 산화작용을 일으키는 것은 대부분 혈액이 대략 3분 이내에 허파를 통해서 흐르고 육체의 전체 무게의 1/5에 달하기 때문에 중대한 일이다.

어떤 사람이 쿰바카 연습을 해야하는 이유는 이렇게 들어오는 공기가 후광에 도달하기 때문이다. 정지 상태의 공기와 들이마신 공기, 즉 높은 산소의 함유와 낮은 이산화탄소를 함유한 확산이나 혼합이 시간을 요한다는 것을 나타내는 실험들이 행해져 왔다. 게다가 새로운 공기는 관의 중심에서 원뿔의 형태로 들어온다.

따라서 오래된 공기는 여전히 그 확산이 일어날 때까지 관의 안쪽벽 위에서 층을 형성한다. 이것은 다음과 같이 그림으로 설명될 수 있다.

나는 호흡의 정지가 숨을 마시는 것이 끝나자마자 숨을 내쉴 때 발생하는 것보다 더 완벽한 확산을 허락한다고 생각한다. 그

새공기　　　　　　　　　헌공기

러나 일반적으로 하타 요가 수행자들에 의해 이행되고 가르침을 받는 흡입, 멈춤과 배출(1 : 4 : 2)의 비율은 비록 이것이 과학적으로 건전하다고 보여진다 하더라도 최대한의 이익과 기능적인 경제성을 목적으로 경험적인 호흡 수행에 도달되었음에 틀림없다.

　호흡 수행의 또 하나의 이익은 숨을 내쉬는 것이 완벽한 때는 다음번의 숨을 들이마시기 전에 정지가 없다는 주장으로부터 생긴다. 이것은 매우 의식 있고 심지어 노력이 드는 숨을 들이마시는 것을 일으키는데 이것은 몇몇 사람이 다음 번의 숨을 들이쉬기 시작하기 전에 숨을 내쉬는 끝부분에 정지하려고 생각하는 경향을 없애는 데 도움을 줄 것이고, 또 이것은 어떤 사람들에게는 숨이 막힐 때까지 자연히 발생한다.

　나는 내가 아는 14살 먹은 한 소년을 기억하는데 그에게는 이것이 이따금 발생했고 또 굉장한 고민의 원인이기도 했다. 그는 천성적으로 삼매에 빠지는 습관을 갖고 있었는데, 그것은 숨막힘이 발생하는 상황에서였다. 그 상태는 조만간 요가의 호흡 수행에 의해서 치유되었다.

앞서 모든 연구에서 우리는 레차카나 숨을 내쉰 후에 호흡과
정을 정지시키는 가능성에 대해서는 언급하지 않았다.

케차리 무드라(Khechari Mudra)라 불리는 특정한 하타 요
가 수행이 있는데 여기에서 혀는 입의 천장에서 안쪽의 콧구멍
으로 밀어 올려지고 입은 공기의 출입이 완전히 차단된 채로 닫
혀진다. 그러면 요가 수행자는 오랫동안 예를 들면 40일 동안
동면한다.

내가 아는 한, 요가 수행자가 피부를 통해서 들어오는 적은 양
의 공기에 의해서 부양되는가의 여부는 확인되지 않았다. 이것
이 허파를 가득 채운 채 혹은 비운 채 시작되는가의 여부는 이
책에는 기술되어 있지 않고 나의 최대한의 지식으로도 이런 특
기의 오랜 수행자는 이 문제에 대해 어떤 특별한 주의를 기울이
지 않는다. 어떤 경우이든, 현대의 지식은 결코 허파에 완전히
공기가 없는 경우가 없음을 믿고 있다.

죽은 것으로 공인되었지만 숨이 끊어지지 않은 수많은 사람들
의 경우를 포함해서, 호흡은 멈추었지만 여전히 살아있는 사람
들의 경우와 다소 유사하다. 관을 열었들 때 산 채로 묻힌 사람
들의 관은 그런 불행한 사람들의 절망적인 몸부림의 증거들을
폭로했었다.

케차리 무드라를 설명하면서 하타 요가 프라디피카는 호흡에
대해서는 전혀 언급하지 않지만 혀를 길게 하는 준비과제가 있
기 때문에 혀는 '두개골에 있는 구멍'을 향해서 위로 구부려야

된다고 설명하고 있다.

이런 과정을 돕기 위해 혀 바로 밑에 있는 힘줄을 자르는 것이 가능하다. 자르는 상세한 내용은 다음과 같다. 날카로운 칼을 갖고 혀의 힘줄을 한번에 머리카락 너비 두께로 자른다. 그리고 베인 상처에 소금가루와 심황 뿌리의 가루를 뿌리고 문지른다. 이렇게 저자인 스와트마라마(Swatmarama)는 말한다.

그러나 주석자인 브라흐마난다(Brahmananda)는 소금등과 같은 것은 요가 수행자들에게는 금지되어 있으므로 이들은 대신 특정한 종류의 나무를 태워 가루를 낸 것을 사용되는 것과 비슷한 방식으로 손가락을 사용해서 마사지 되고 길어진다.

다른 몇몇 책에 있는 것처럼 이것을 위해 사용되는 수단으로 제안된 것은 없다. 훈련은 매일 반복해서 한다. 그러나 자르는 것은 단지 일주일에 한번만 필요하다고 언급된다. 전체 과정은 6개월을 요한다. 혀를 전혀 자르지 않고도 안쪽의 구멍으로 넣는 것으로 충분히 길어질 수 있다고 어떤 사람은 진술했다.

인도에는 항상 이런것과 다른 이상한 것들을 하는 몇몇 사람들이 있다. 이런 수행의 결과로써 자신의 혀를 갖고 이마에 닿을 수 있었던 하리다스(Haridas)라는 요가 수행자가 있었다. 나는 개인적으로 아침 내내 어떤 사람과 앉아 있으면서 정다운 이야기를 나누었는데 그는 잠시 동안 자신의 심장의 고동을 멈출 수 있고 또한 그의 피의 흐름을 통제할 수도 있음을 나에게 보여 주었다.

케차리 무드라에 관해서는 또한 게란다 삼히타에도 설명이 있다. 나는 이것을 알라하바드의 라이 바하두르 스리쉬 찬드라바수(Rai Bahadur Shrish Chandra Basu)에 의해서 다음과 같이 번역했다.

혀 밑부분의 힘줄을 자르고 계속해서 혀를 움직여라. 신선한 버터로 혀를 문지르고 쇠로 된 기구를 갖고 '혀를 길게 하기 위해서' 혀를 끄집어내라. 이것을 규칙적으로 수행함으로써 혀는 길어진다. 그리고 혀가 양 눈썹 사이의 부분에 이르를 때 케차리는 성취될 수 있다.

그러면 최대한 혀가 입을 향해서 열려 있는 콧구멍에 도달할 때까지 입천장에 닿도록 하기 위해서 혀를 위로 아래로 구부리는 수행을 하라. 혀로 콧구멍을 닫아라. '따라서 숨을 들이마심을 중지한다.' 그리고 양 미간 사이의 장소에 응시를 고정시켜라. 이것을 케차리라고 부른다.

스리쉬 바부(Shrish Babu)는 모든 힘줄을 잘라 내는데 약 3년이 걸린다면서 자신의 스승이 한 것을 다음과 같이 기술했다.

매주 월요일마다 그는 1/12인치 깊이로 힘줄을 자르고 소금을 뿌림으로써 잘린 부위가 서로 만나지 않도록 했다. 그후 버터로 혀를 문지르는 동안 그는 특별한 쇠로 만든 기구를 가지고 혀를 끄집어내곤 했다.

그런데 케차리란 용어는 '하늘을 걷는 사람'이나 '에테르'를 뜻한다. 이것은 의심의 여지없이 요가 수행자가 황홀경주에 그는 미묘한 육체로 여행할 수 있다는 생각과 관련이 있다.

미묘한 육체로의 이러한 여행은 공기 속에서 일상적으로 물질적인 육체의 부양을 의미하는 공중부양과 혼돈 되지는 않는다. 이런 여행은 주로 큰 길이로 이끌어서, 심지어 어떤 경우에는 1：4：2 정도에서 36：144：72 호흡의 1：4：2 체계에 의해서 획득되며 이런 수자들은 초 단위로 세거나 혹은 몇몇 스승들의 '어떤 사람이 자신의 무릎 위에서 손을 세 번 뒤집고 그의 엄지 손가락과 나머지 손가락을 한번 치는데 걸리는 시간'을 세기도 한다. 초를 천 일, 천 이 등등으로 세는 현대적인 의사의 방법은 보다 편리할 지도 모른다.

공중부양 혹은 땅으로부터 육체가 떠오르고 의자나 침상 위 몇 피트 공중에서 육체가 정지하는 것은 인도에서 보편적으로 인정된 사실이다.

나는 한 늙은 요가 수행자가 모로 누운 자세로 공개된 장소에서 대지 위 약 6피트쯤에서 대략 30분 동안 공중부양이 된 한 사건을 기억하는데 그때 방문객들은 사이의 공간에 지팡이를 이리 저리 움직이도록 허용되었다.

시킴의 왕의 마하라자(Maharaja of Sikkim)의 둘째 딸인 페나 초기(Pena Choki) 공주는 자신의 아저씨에 관해서 다음과 같이 이야기 했다.

그는 내가 만났던 사람들 중에서 가장 비범한 사람이었다. 내가 어린 소녀였을 때 그가 소위 말하는 공중부양 연습을 했던 것을 기억한다. 나는 그에게 약간의 쌀을 가져다 주곤 했다.

그는 공중에서 정지한 채로 있곤 했다. 그는 매일 조금씩 높이 떠올랐다. 결국에 그는 내가 쌀을 그에게 건네주기가 어려울 정도로 높이 떠올랐다. 나는 작은 소녀였고 발끝으로 서야만 했다.

여러분들이 잊어버릴 수 없는 특정한 것들이 있다.

이 장을 끝내기 위해 간단히 언급될 몇 개의 잘 알려진 다른 호흡 수행들이 그것이다. 그것들은 흔치 않은 것들로서 가끔 쓰이고 특별한 목적을 위한 것들이다.

풀무 호흡 즉 바스트리카(Bastrika)호흡이 수행에 붙여진 명칭은 자체의 행동을 묘사하고 있다. 이것은 노래를 가르치는 사람들에 의해 때때로 채택되는 훈련들 중의 하나와 유사하며 거의 헐떡거림으로 묘사하고 있다. 이것의 표준적인 형태는 다음과 같이 묘사된다.

마치 각각 들여오고 내보내는 대장장이의 풀무처럼 어떤 사람이 양 콧구멍을 통해서 공기를 빠르게 움직이도록 하라. 이것을 20번 행한 후 그는 쿰바카를 수행해야만 하고 그 후 앞의 방법에 의해서 공기를 배출해야 한다.

현명한 사람은 이 모든 바스트리카 쿰바카(Bastrika Kumbhaka)를 3회 수행해야만 한다. 그러면 풀무호흡 (Bastrika)은 좋은 건강과 병과 육체적인 고통이 없도록 하는 수단으로써 찬미된다.

그 밖의 훈련들은 이 장에서 설명된 것들의 변형이다.

몇몇에서는 양 콧구멍을 통해서 공기를 끌어들이고 왼쪽이나

오른쪽 콧구멍을 통해서 각각 공기를 배출한다. 어떤 것에서는 공기가 입을 통해서 안으로 들어올 때 굽은 통로로써 혀를 사용한다. 어떤 것은 소리를 내면서 행하는 호흡도 있고 또 숨이 차서 심지어 폭발적으로 배출해야 하는 호흡도 있다.

이 수행들은 자주 옴(OM)과 다른 만트라(Mantra) 혹은 진언들의 사용과 병행하며 행해진다. 여러 세기 동안에 많은 변형 동작들이 수많은 스승들에 의해서 첨가되어 왔고 심지어는 현재에도 첨가되고 있는 중이다.

# 제6장
## 요가의 자세

Ω가 자세인 아사나의 의미는 육체를 구부렸다 폈다 하는 여러 가지 자세를 포함하는 의미로 사용된다. 그리고 그것은 또한 육체의 유연성을 길러주는 의미로도 사용된다.

인도의 요가와 서양의 육체적인 운동 사이에는 상당한 차이가 존재한다. 서양의 운동은 근육 발달에 의미가 있지만 요가는 그렇지 않다. 어쨌든 요가 학교에서 가르침의 목적은 앉으나 서나 걸을 때나, 최소한의 물리적인 공력이나 노고를 전혀 들이지 않고, 신체적인 균형성을 배양하는 데 있다.

우리는 아사나의 자세를 두 부류로 나눌 수 있겠다. 첫째는 장시간 명상을 유지하기 위한 자세가 있다. 명상을 위한 자세에서는 머리와 목과 등을 일직선으로 유지하는 것이 선결과제이다.

그때 엉덩이는 완전한 휴식 상태로 들어간다. 이런 균형된 자세에서 다리는 여러 가지 형태로 꼴 수 있다. 몸이 수직된 형태는 단순히 앉아 있다기보다 앉아서 서있다는 느낌을 준다. 단순한 앉음에서 '선 앉음'으로 이동할 때 어떤 애로 사항을 느낄 것이다. 초심자는 일직선 앉음이 구부린 앉음보다 더 많은 에너지를 소비한다고 느낄 것이나 그것은 기우에 불과할 뿐이다. 반대로 균형된 육체의 자세는 앉아 있기가 쉽고 몇 시간 명상을 해도 육체는 잊어버릴 정도로 에너지가 적게 든다.

충분한 수련이 되면 육체는 거의 움직이지 않고 그런 완전한 이완 상태는 안온한 행복감을 가져다 주고 오히려 움직이는 것이 힘이 더 든다는 사실을 깨달을 것이다. 그러나 성공을 위해서는 몇 가지 조건이 필요하다.

많은 사람들이 늘 머리를 구부리고 다닌다. 그것은 척추 사이가 잘못 연결되어서 그런 것이 아니라, 순전히 잘못된 습관 때문이다. 그런 경우에 목의 근육은 일련의 운동이 필요하다.

몇 가지 자세는 이 장의 마지막에 나올 것이다. 두 번째 조건은 어깨를 습관적으로 펴고 걸어다니는 것을 바른 자세로 보아야 한다. 물론 앞으로 구부려도 뒤로 구부려도 안 된다. 목 뒤쪽에 옷깃이 닿는 느낌이 들어야 한다. 오래 앉아 있는 사람은 자신의 책상에서 종종 테스트를 해야 한다. 목과 어깨를 제외하고도 복부 근육도 주의를 기울여야 한다. 복부는 강해야 하므로, 매일 운동을 해야 한다. 앞뒤로 당기고 여러 번 밑으로 떨어뜨리는 연습을 해야 한다. 이 운동은 매우 활력을 주며 걸어갈 때나 차안에서 혹은 화장실에서조차도 할 수 있다. 밤에 침대에서 잠을 이루지 못할 때 이 운동이 효과적이다. 이 운동을 통하면 잠이 효과적으로 들 것이다.

이 운동은 의자에 앉아서든 바닥에 앉아서든 쉽게 편안하게 할 수 있다. 안락감이라는 감정을 잘 알아둘 필요가 있다. 이런 기분은 육체의 작은 부분, 즉 손이나 손가락에서 안온한 감정을, 반복된 훈련으로 배양할 필요가 있다. 의자에 앉아 있다고 가정한 후 의자는 움직이지 않고 높이는 수평이고, 대퇴부는 완전히 수직이고 발은 바닥에 힘을 빼고, 무릎을 수직으로 하여야 한다. 의자가 너무 높으면 바닥에 받침을 대도 좋고 여자는 높은 구두를 신어도 관계없다. 발은 가까이 붙이게 하는 것이 좋다. 그런 자세가 이완 중에 무릎이 벌어지지 않기 때문이다. 발은 사람에 따라 다르지만 벌어지지 않을 정도로만 벌리면 된다.

그 다음 등의 균형성에 유의해야 한다. 척추를 위에서 당긴다고 가정하고 똑바로 앉은 폼이 좋다. 목을 뻗어서 약간 흔들어주고 다시 올바로 균형을 잡는 것이 좋다. 어깨를 똑바로 하고 팔은 어깨 양쪽에 달려 있는 느낌을 주도록 해야 한다. 이때 팔은 수직을 유지하고 팔을 약간 구부려 팔의 길이에 따라 자연스럽게 손은 허벅지에 편안히 놓는다. 이제 팔을 완전히 이완시키고 허벅지가 앞 팔의 무게를 모두 유지하도록 한다. 이 상태가 이루어지면 명상을 위한 준비가 끝난 셈이다.

파탄잘리는 명상을 위한 어떤 특별한 자세를 기술하고 있지는
않다. 그는 단순히 편안하고 지속적인 자세만을 요구하고 여기
에 건강함을 덧붙이면 된다고 했다.

여기에 그 주제에 대한 그의 격언이 있다. "앉아 있는 것은 지
속적으로 편안히 있으면 된다. 노력을 적게 들이고 무한자에 대
한 생각으로써 이와 같이 하면 방해는 사라지게 된다." 많은 선
생들은 자신들이 좋아하는 자세를 가지고 학생들에게 가르치지
만, 파탄잘리는 수행자가 스스로 자세를 선택하도록 가르친다.
무한자의 표현은 영원한 뱀에 대한 상징이다.

시간은 멈춤없이 영원히 흘러가기 때문이다. 생명의 신인 비
슈누는 또아리를 틀고 꼬리를 입에 물고 있는 뱀의 형태로 종종
묘사된다. 시간이 존재하는 한 시간은 계속 존재하기 때문에 끝
없음을 상징하기 위함이다. 물론 영원이란 것도 사라지며 신성
에 의하여 사라질 수 있기 때문이다.

명상가가 명상 자세를 취하면서 무한자를 생각할 때 모든 성
급함은 제쳐두고 긴장감을 완전히 버린다. 바로 그 신과 함께
시간 위에 올라 탔을 때, 주어진 시간 내에 무엇을 이루어 내야
한다는 생각없이 전진할 수가 있다. 육체와 마찬가지로 감정의
안정도 중요하다.

이제 명상에 관한 매우 좋은 자세를 기술해 보기로 하자. 많은
사람들이 가장 좋은 자세란 다른 이견을 세시하지만 하타 요가
경전인 프라디피카에서는 성취자세인 시다사나(Siddhasana)

를 가장 좋은 자세로 받아들이고 있다.

　수행자는 바닥에 앉을 때는 스스로 선택한 방법에 따르는 것이 좋으나 의자에 앉을 때는 위에 기술한 방법에 따르는 것이 좋다.

## 1. 파드마사나(Padmasana)-연꽃좌

파드마사나 - 연꽃좌

다리를 앞으로 내고 무릎을 구부려 접고 왼발은 허벅지 위에 놓으며 오른쪽 발은 왼쪽 무릎 위에 놓고 발톱은 위로 향하게 한다. 손은 무릎 가까이 위에 놓고, 손바닥은 위로 놓기도 하고 아래로 놓기도 한다. 손가락은 엄지와 인지로 원을 형성한다. 턱은 가슴위에 놓고 시선은 코의 끝이나 앞으로, 수평으로 집중하지 않게 둔다. 팔은 등뒤에서 교차하여 큰 발톱을 잡고 있어도 좋다. 변형된 자세로는 손바닥을 앞 중간에 포개어 두어도 좋다. 다른 변형된 자세는 요가사나라고 하는데 손바닥을 위로 향하고 손은 땅에 두는 형태이다.

## 2. 시다사나(Siddhasana)-숙련된 자세

이 자세는 연꽃좌보다도 무릎을 넓게 벌리고 발 뒤꿈치를 몸의 중심부에 닿게 하고 다른쪽은 발꿈치에 닿게 한다. 이런 형태는 첫 번째 다리 발바닥이 두 번째 다리 허벅지와 장딴지 사이에 들어간다. 무릎 위에 손을 두고 턱과 눈은 파드마사나와 같은 형태를 취한다.

## 3. 슈카사나(Sukasana)-편안한 자세

이것은 모든 아사나 중에서 가장 쉬운 형태이고 다른 아사나를 행하기에는 너무 노쇠하거나 몸이 뻣뻣한 경우에 이용된다. 스카프나 접은 천을 등의 일부분과 무릎 밑 다리에 대고 무릎의 무게가 천에 의하여 지탱되도록 매듭을 묶는다. 손은 손바닥끼리 무릎 사이의 천 위에 올려놓는다.

시다사나 - 숙련된 자세

슈카사나 - 편안한 자세

## 4. 스와티카사나(Swatikasana)-성스러운 자세

이 자세는 왼쪽 발은 오른쪽 다리 장딴지와 허벅지 사이에 들어가고 오른쪽 다리는 왼쪽 다리 장딴지와 무릎 사이에 들어간다. 반대로 왼쪽 발꿈치가 오른쪽 허벅지 끝부분에 놓여도 좋다. 이 자세에서는 한쪽에 너무 기대지 않도록 한다.

스와티카사나 - 성스러운 자세

## 5. 비라사나(Virasana)-영웅 자세

이것은 여러 가지 변형이 있는 아주 간단한 자세다. 첫 번째, 한쪽발을 다른쪽 허벅지 위에 놓는다. 두 번째, 한쪽 발은 다른 쪽 허벅지 위에 놓고 다른 쪽 발은 한쪽 허벅지 밑에 놓는다. 세 번째, 한 쪽 발은 다른 쪽 허벅지 위에 놓고 다른 쪽 발은 바깥쪽으로 놓는다. 네 번째, 왼쪽발은 오른쪽 허벅지 밑에 놓고 오른쪽 발은 무릎을 하는로 향한 채 왼쪽 발목 앞에 놓고 손은 오른쪽 무릎 앞에 깍지를 끼거나 왼쪽 손이 왼쪽 무릎, 오른쪽 팔이 오른쪽 무릎 위에 오도록 균형을 맞추면 된다.

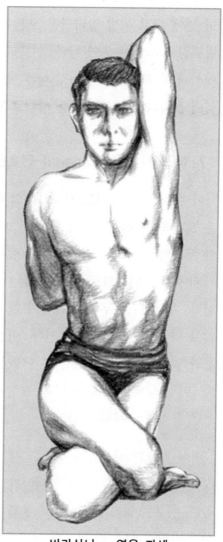

비라사나 - 영웅 자세

## 6. 고묵카사나(Gomukhasana)-소얼굴 자세

이 자세에서는 발목이 교차한다. 오른발 발바닥을 왼쪽 궁둥이 밑에 대고 왼발 발바닥은 오른쪽 궁둥이 밑에 댄다. 따라서 발뒤꿈치로 앉은 셈이 된다. 인드라 데비신은 손가락이 등 중앙에서 한쪽 팔은 어깨너머로 다른 쪽 팔은 허리에서 팔목 관절을 꺾어 올라와서 고리를 만든 형태로 묘사되고 있다.

## 7. 바즈라사나(Vajrasana)-단호한 자세

이 형태도 어느 정도 시다사나의 형태에 응용된다. 어떤 이들은 오른쪽 발꿈치는 성기 위에 두고 왼쪽 발꿈치는 성기 앞부분에 두어야 한다고 주장한다. 또 어떤 이들은 회교에서 기도하는 자세에 적용된다고도 하고, 일본인들이 자주 앉는 자세라고도 한다. 두 다리는 무릎을 가까이 한 채 구부려 한쪽은 발꿈치로 앉고 다른 쪽은 항문에 붙인다. 이런 무릎 앉는 자세에서는 무릎과 발등이 땅위에 있고, 무릎에서 발톱까지 수직선을 형성한다. 이런 상태는 무릎과 발목 관절에 긴장이 생겨 마사지나 운동을 통하여 극복해야 한다.

이상 기술한 자세들이 상당한 시간 지속될 수 있고 따라서 명상 중에 이용될 수 있는 형태이기 때문에 특별히 어떤 자세가 좋다는 것은 없다. 다만 쉽고 유쾌하고 에너지가 적게 드는 자세가 바람직하다. 각 자세에 알맞은 사람의 유형이 있다.

예를 들면 몸이 호리호리하고 관절이 약한 사람에게는 연꽃좌가 쉽게 어울릴 것이다. 이 자세 중 하나를 습득하기를 원하는 사람은 자신에게 가장 잘 맞는 방법을 선택해서 계속 유지시키면 된다. 의자에 앉는 것이 더 나쁘다는 것은 없다. 단지 미신일 뿐이다.

누워서 하는 것도 좋으나 잠이 들 가능성이 많을 뿐이다. 의자가 좋지 않은 것은 의자를 들고 다녀야 하는 단점이 있기 때문이다. 어떤 이들은 땅바닥에 앉을 때 사용되는 물질에 대하여 신경을 쓴다. 파탄잘리는 여기에 관하여 언급하지 않았지만 몇몇 권위 있는 책에서 언급하고 있다.

이 주제에 관하여 바가바드 기타에 다음과 같은 구절이 있다.

수행자는 쿠샤풀이 섞인 모피 감촉의 천을 덮은, 너무 높지도 낮지도 않은 깨끗한 장소에 앉아 감각과 생각을 통제하여 마음을 한 곳에 모으고 자신의 영혼의 정화를 위하여 요가 수련을 해야 한다.

육체의 머리와 목이 뒷부분을 적절히 유지시키고 움직이지 않게 확고하게 한 다음 코 앞을 물끄러미 바라본 후 모든 공포심을 떨어버리고, 생각의 주체인 나를 고요히 안정시킨다. 요기는 마음을 통제하여 자아에 대하여 명상하면서 궁극적인 평화인 니르바나의 상태에 도달한다. 그러나 요기는 과식주의자도 아니고, 음식을 지나치게 피하는 자도 아니며, 잠에 집착하지도 않고, 너무 깨어 있지도 않은 중도의 길을 걷는 자다. 음식과 휴양을 적절히 하는 자에게는 고통의 파괴자가 된다.

잠잘 때나 깨어 있을 때나 모든 노력이 적절한 자에게는 번뇌가 소멸된다. 마음이 일체의 외부적인 대상에서 멀어지고 자아에 몰입할 때 그는 비로소 신과 하나가 된다.

쿠샤(Kusha)나 다르바(Darbha)같은 종류의 곤충을 몰아내는 풀이나 향내나는 옷감을 사용하는 것이 여러 책에서 언급되고 있는데 같이 사용되기고 하고 따로 사용되기도 한다. 이것들이 명상에 필수 불가결한 것은 아니지만 상당한 도움은 된다. 부드러운 방석같은 종류도 많다.

사람들은 일상적인 생활에서 단단한 바위나 판자같은 것이 아닌 풀이나 땅바닥에 앉는다. 인간의 엉덩이에 있는 살은 부드러움의 필요성을 나타내는 징표지만, 단단한 물체에 충분히 대비시켜 주지는 못한다.

옛 스타일의 나무로 만들어진 의자는 단단하기만 했지 견고하지는 못한 단점이 있어서 의자를 부득이 사용할 때는 천으로 덮어서 사용하는 것이 좋다. 그러나 이런 스타일은 이 장의 나중에 언급될 송장자세인 사바사나(Shavasana)를 행할 때는 적용되지 않는다.

처음에 어떤 자세를 익숙해지려고 할 때, 갑자기 긴장감을 주지 말고 점진적이면서 부드럽게 진행시켜 가야 한다. 며칠이나 몇 주 동안 조금씩 시도해 보는 것이 자연스럽게 익숙해지는 지름길이다.

다른 사람에게 갑작스런 자극을 가하는 도움을 구하지 마라. 그런 경우에 힘줄이 늘어나거나 인대가 끊어질 위험성마져 있다. 허리를 갑자기 굽히는 자세에서도 발목 관절이 상하는 경우가 있다는 사실을 명심해야 한다.

이 책에서는 84가지 아사나 자세를 열거하고 있으나 대부분은 거의 사용되지도 않고, 심지어 어떤 자세는 전혀 사용되지 않는다. 인체의 모든 부분을 조절하고 건강에 요긴하게 자주 사용되는 10여 가지 정도의 체조가 있다. 대부분의 요기들은 4~5 가지 정도는 규칙적으로 연습할 필요가 있다.

## 1. 쉬르시아사나(Shirshassana)-머리로 서는 자세

이 자세는 소위 머리로 선다고 일컬어진다.

물론 앞발이 머리와 함께 체중을 지탱하면서 유지되는 자세다. 두개골에 과도하게 압박을 가해서는 도움이 없을 것이다.

가장 좋은 방법은 두 손의 손가락으로 깍지를 끼고 팔로써 머리 정수리 뒷부분을 감싼다. 이때, 접은 천이나 방석을 사용한다. 무릎을 꿇고 앉아 앞으로 몸을 기울여 머리와 앞 팔을 땅에 대고 몸통과 다리를 점차 들어올려 완전히 수직이 되게 한다. 벽이나 남의 도움을 청해도 좋다. 초심자는 두 벽이 만나는 모서리에서 해도 좋다. 이 자세는 5분 정도씩, 하루에 두 번 정도 하는 것이 바람직하다.

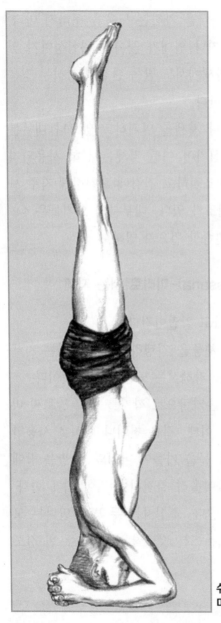

어떤 하타 요기들은 건강의 법칙에서는 불필요하지만 몇 시간 동안 이 자세를 취하는 경우를 볼 수 있다. 이 자세와 연결되어 거꾸로 연꽃좌 자세인 우르드바파드마사나(Urdhwapadmasana)라는 것이 있다.

이 자세에서는 머리와 앞발로 서는 것은 같지만 다리를 수직으로 세우지 않고 연꽃좌 자세로 꼰다.

**쉬르시아사나 –
머리로 서는 자세**

## 2. 할라사나(Halasana)-쟁기 자세

이 자세는 사르방가사나를 할 때 발끝을 땅에 닿도록 하면서 머리 위로 완전히 넘긴다. 이때 팔은 땅에 수평으로 놓는다.

무릎과 다리는 일직선이 되도록 한다. 이 자세는 처음 30초에서 4~5분 가량으로 늘릴 수 있다.

어떤 사람은 이 자세를 무릎을 구부리고 미리 양쪽 땅에 닿도록 해서 손으로는 장딴지를 잡고 하는 사람도 있다.

여기서 드러누운 자세를 열거하기로 한다. 그 대부분은 척추를 펴는 운동이다.

할라사나 - 쟁기 자세

## 3. 사르방가사나(Sarvanggasana)-어깨로 서기 자세

이 자세는 등을 대고 편하게 누워서 다리와 등을 어깨로 설 때까지 들어올린다. 이때 손의 도움이 필요하다. 손이 들어 올려진 육체를 지탱하는데 도움을 준다. 팔꿈치와 상단팔로써 땅에 대고 체중을 지탱하여 허리를 받쳐 이 자세를 유지한다. 턱은 가슴을 압박하면서 다리는 수직을 유지한다.

처음에 이 자세는 30초 가량 유지하다가 차차 4~5분정도 늘려도 좋다. 이 자세나 유사한 형태의 자세들은 스승들마다 각각 다른 형태의 자세로 가르치기 때문에 다음 장의 무드라 비파리타카리니(Viparitakarani)주제 가운데서 다시 언급될 것이다.

## 1. 사바사나(Shavasana)-송장 자세

이 자세는 팔을 몸 양쪽에 붙이고 누워 있는 시체를 연상한데서 비롯된 자세다. 이 자세의 실제적인 목적은 전 육체를 완전히 이완시키는 것이다. 먼저 발톱과 다리부터 이완시키고 손과 팔, 몸통, 목, 얼굴, 턱, 뺨, 마침내 두개골을 이완시킨다. 이 자세는 아주 단단한 바닥에서 하는 것이 가장 좋다. 몸은 바닥과 최대한의 접촉을 유지해야 한다. 그리하여 뼈가 바닥에 접촉하는 딱딱한 지점에서의 무게 압력을 덜 느낄 수 있도록 해야 한다. 동시에 최대의 효과를 올리기 위하여 감정과 생각을 이완시켜야 한다.

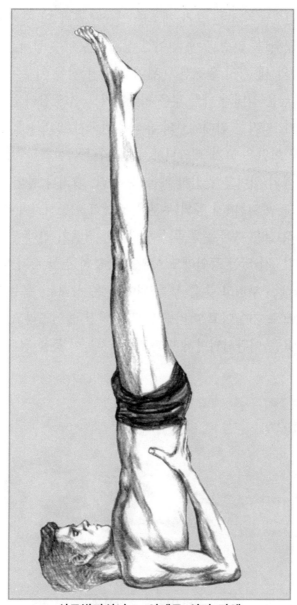

사르방가사나 - 어깨로 서기 자세

어떤 선생들은 모든 요가 체조를 연습한 후에 이 자세를 취하
도록 요구한다. 그런 후에 얻어진 상쾌함은 아주 크다. 몸과 생
각, 감정의 세 가지 완전한 이완이 잠들기 전에 이루어져야 한
다. 부드러운 침대가 나쁜 것은 이완되기도 전에 잠이 들기 쉽다
는 것이다. 딱딱한 침대에서의 휴식이 반드시 필요하다.

　휴식과 이완은 요가 테크닉에서 큰 역할을 한다. 사바아사나
에서 휴식의 의미를 완전히 배울 수 있다. 그러나 몸의 한 부분
을 사용할 때, 나머지 몸의 부분은 완전히 이완시켜야 한다. 얼
굴의 휴식 같은 종류는 종종 무시되지만 잠들기 전에 완전히 취
해야 한다. 서 있는 동안에도 이완을 충분히 취할 수가 있다. 무
릎을 약간 구부리고 손을 무릎 위에 놓은 상태로, 몸통의 상단
부를 앞으로 기울이고 머리를 앞으로 약간 늘어뜨리고, 얼굴의
모든 근육을 이완시키면서 턱과 뺨, 관자놀이 등을 점차로 이완
시킨다.

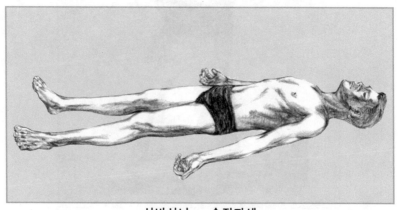

**사바사나 - 송장자세**

## 2. 파스치모타나사나(Pashchimottanasana)-뒤로 끌어 당기는 자세

두 다리를 쭉 뻗고 무릎을 구부리지 않고 눕는다. 그리고 다리를 움직이지 않고 앉아서 점차 앞으로 이동하여 발가락이나 발등을 잡는다. 이 동작을 멈추지 않고 해 나간다. 머리는 앞쪽 밑으로 구부려 앞 이마가 무릎에 닿고 얼굴이 무릎 사이에 들어오도록 확대시킨다. 이 자세를 처음에는 몇 초 동안 하다가 나중에는 몇 분까지 늘려나간다.

이 자세를 행하는 성공의 첩경은 처음에 한쪽 다리를 교대로 시행하는 것이다. 먼저 준비운동을 하는 것이 도움이 될 것이다. 이 자세는 누워 있을 동안 행한다. 먼저 한쪽 무릎을 구부리고 복부 위에 올려 놓는다. 양손으로 무릎 밑의 다리를 잡고 부드럽지만 강하게 여러 번 눌러 준다. 그 다리를 다시 뻗은 자세로 하고 다른 쪽 다리도 동일하게 시행한다.

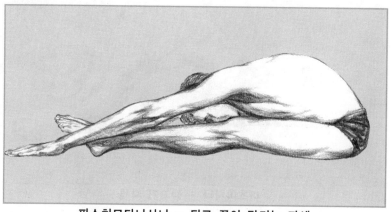

파스치모타나사나 - 뒤로 끌어 당기는 자세

## 3. 마츠야사나(Matsyasana)-물고기 자세

이 자세는 다리를 꼬고 연꽃좌를 취한 상태에서 유도된 누워 있는 자세다. 그러나 이 자세에서는 등의 중심은 땅에 닿지 않고 머리의 앞부분이나 정수리만 닿도록 해야 한다.

등이 아치의 형태를 그린다. 팔꿈치가 그 자세를 유지하는데 도와주어야 하며, 팔은 그 자세를 유지할 뿐만 아니라, 손은 앞으로 전진시켜 발을 잡든지 손바닥을 그 위에 올려 놓든지 해야 한다.

이 자세는 처음에는 30초 동안 유지하다가 2~3분 정도로 확대시킨다.

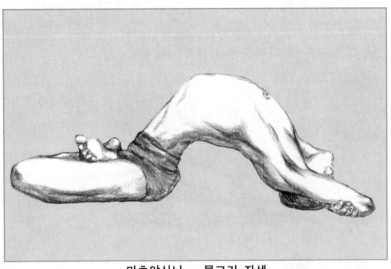

마츠야사나 - 물고기 자세

## 4. 골반자세

이 자세는 무릎 앉는 자세로 앉지만 바지라사나(Vajirasana)와 같이 발꿈치를 육체 밑에 두지 않고 발을 더 넓게 벌려 서로 위에 두고 엉덩이는 바닥에 대고 팔은 양쪽에 내려 손바닥이 땅에 닿도록 한다.

이 자체가 훌륭한 자세지만 팔꿈치의 도움으로 뒤로 몸을 기울여 행해지기도 한다. 그리고는 등을 수평으로 누운 다음 팔을 구부려 손으로 목을 잡든가 쭉 뻗기도 한다.

이제는 얼굴을 바닥으로 향하는 아사나를 고찰해 보기로 한다.

## 1. 부장가사나(Bhujungasana)-코부라 자세

먼저 얼굴을 바닥으로 향하여 누운 다음 손을 어깨 가까이 바닥에 대고 밀어서 상체를 특히 배꼽 위의 상체를 최대한 들어 올린다. 이 때 배꼽은 계속 땅에 붙어 있도록 한다. 머리는 뒤로 젖힌다. 이 자세는 일반적으로 30초에서 1분간 정도로 유지시킨다.

부장가사나 - 코부라 자세

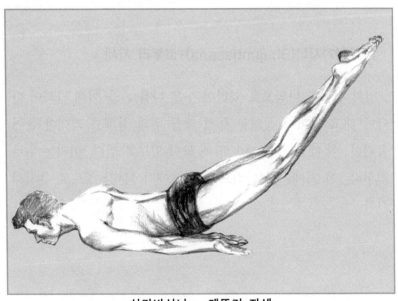

사라바사나 - 메뚜기 자세

## 2. 사라바사나(Shalabhasana)-메뚜기 자세

얼굴을 밑으로 향하고 누워서 턱은 땅에 대고 팔은 몸통을 따라 뻗은 다음, 한쪽 다리는 무릎을 구부리지 않고 다른쪽 다리 위로 올려 떨어뜨린다. 다시 원위치로 돌아온 다음 다른쪽 다리도 그와같이 실시한다. 이 자세는 30초에서 1분가량 유지한다.

## 3. 마유라사나(Majurasana)-공작 자세

엎드려 누워 무릎 안는 자세를 취한 다음, 손바닥을 땅에 대고 손가락은 발쪽으로 향하고 팔을 가까이 한 다음, 팔꿈치를 육체의 양쪽에 붙인다. 다리는 뻣뻣하게 쭉 뻗고 머리는 들어올리고 육체는 바닥에 평행하게 팔꿈치로 균형을 맞춘다. 이 자세는 몇 초에서 2분 가량 정도 유지한다. 이 자세는 서구 체조의 균형잡는 운동과 비슷하다.

마유라사나 - 공작 자세

## 4. 다누라사나(Dhanurasana)-활 자세

얼굴을 땅에 대고 다리를 붙이고, 무릎을 구부려 다리를 들어 올린다. 어깨를 들어 올려 팔을 뒤로 뻗어 발목 관절을 잡은 다음 땅으로부터 최대한 멀어진다. 이 때 중심은 복부로 균형을 유지시킨다. 이 자세는 보통 15초 가량 유지하는 것이 좋으나 빠르게 움직이는 동작은 몇 번 해도 관계없다.

다누라사나 - 활 자세

## 5. 쿠쿠타사나(Kukkutasana)-수닭형 자세

수닭형 자세는 완전한 형태의 자세는 아니지만 공작 자세 다음으로 비중을 둔다. 왜냐하면 이 두 아사나는 육체가 완전히 바닥에서 뜬다는 점에서 일치하는 점이 있기 때문이다. 다리는 연꽃좌를 취하고 손은 허벅지와 무릎 사이에 넣은 다음 땅 위에 전 육체를 띄운다.

## 6. 우카타사나(Utkatasana)-들린 자세

이 자세에서 육체는 발과 발톱만으로 어느 정도 땅에서 들어올려진다. 발뒤꿈치는 땅에서 떠서 뒤꿈치 위에 앉는다.

척추를 비트는 자세에는 몇 가지 좋은 자세가 있는데 가장 잘 알려진 것은 마첸드라사나(Matsyendrasana)-마첸드라 자세이다. 왼쪽발 뒤꿈치는 항문 가까이에 두고, 오른쪽 발을 왼쪽 발 위 무릎 가까이에 둔다. 그래서 오른쪽 무릎은 올라가고 발은 땅에 닿는다. 다음 왼쪽 겨드랑이 공간이 오른쪽 무릎 위에 맞춰진다. 이제 오른발은 왼손에 의하여 잡히는 형태가 되고, 척추를 비틀어 오른쪽으로 몸통을 돌리고 얼굴은 오른쪽 어깨 위에 일치시킨다. 오른팔은 돌아서 뒤로 가고 손은 왼쪽 허벅지를 잡는다. 다시 반대쪽을 되돌이 하여 전체 2~3회 실시한다.

마첸드라사나(Matsyendrasana)는 척추 비틀기 운동으로서 대단히 중요하다.

바닥에 앉기 싫어하는 사람을 위하여 다음의 자세가 좋다. 10 피트 정도 떨어진 물체에 등을 지고 선다. 등에 있는 물체를 정면으로 바라보기 위하여 왼쪽으로 비튼다. 동시에 왼발은 앞으로 내어 오른쪽으로 향한다. 서서히 원위치하여 반대로 되풀이한다. 이와같이 여러 번 실시한다. 양쪽으로 몸을 기울인다든지 허리 주위로 몸통을 회전시키는 연습도 상당히 도움이 된다.

**마첸트라사나 - 척추 비틀기 자세**

이 운동을 할 때 근육의 의식을 강조하기 위하여 단단한 벨트를 매는 것도 도움이 된다.

이제 몇 가지 잘 알려진 자세를 열거하여 결론을 맺기로 한다.

### 1. 묵타사나(Muktasana)-자유형 자세

이것은 양쪽 발꿈치를 접촉시킴으로써 앉아 있는 형태다. 이는 접촉한다고 하기도 하고 또 다른 어떤 이는 교차하여 앉기도 한다고 말한다.

### 2. 바드라사나(Bhadrasana)-성공 자세

발뒤꿈치는 고환 밑에서 십자가의 형태를 취한다. 무릎은 손에 의하여 묶여지거나 혹은 손이 등뒤에서 십자의 형태를 취하여 발가락을 잡는다.

### 3. 활 자세

양다리 쭉 뻗고 앞으로 구부려 발가락을 잡는 활 자세가 있다. 이 때 한쪽 팔을 뻗고 다른쪽 발을 귀 가까이 잡아당긴다.

### 4. 암석형 자세

다음 암석형 자세는 잠들기 전에 권할 만한 자세이다. 무릎을 위로 올려 손으로 무릎을 꽉 잡고 앞으로 기울였다 뒤로 제쳤다를 여러번 시도한다.

## 5. 신하사나(Sinhasana)-사자 자세

손을 무릎에 올려 놓은 상태로 교차된 발뒤꿈치 위에 앉아, 손가락은 뻣뻣하게 벌려 뻗어 놓고, 입은 벌리고 혀는 턱을 향하여 뻗고 눈도 또한 넓게 벌린다. 이 자세는 목이 쓰릴 때 대단히 좋다.

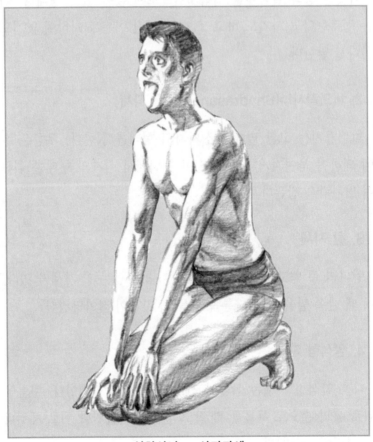

신하사나 - 사자자세

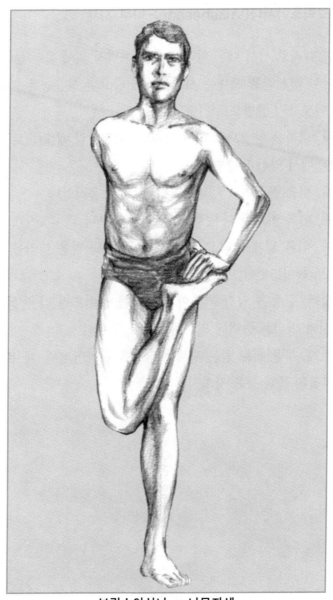

브릭스아사나 - 나무자세

## 6. 브릭스아사나(Vrikshasana)-나무 자세

한쪽 다리로 서서 다른 다리는 상대 허벅지 위에 올려 놓는다.

앉아서 장시간을 보내는 사람들에게 중요한 목운동은 다음과 같은 여섯가지 방법으로 기술된다.

첫째, 머리를 양옆으로 회전 시킨다. 회전시킬 때 최대로 기울인 상태에서 약간 멈춘다.

둘째, 턱을 올리거나 내리지 않고 앞뒤로 움직인다.

셋째, 한쪽 머리를 다른 쪽 머리 위에 기댄다.

넷째, 입을 넓게 벌리고 턱을 가슴 위에 댄 다음 머리를 앞으로 뒤로 늘어뜨린다.

다섯째, 몸통을 약간 기울이고 머리를 늘어뜨린 다음 몸통을 회전시켜 머리는 중력에 의하여 구르도록 한다.

여섯째, 목을 위로 뻗는 자세는 명상을 위하여 앉을 때 유용하다. 이것은 목과 등을 강화시킨다.

# 제7장
## 감각의 통제

**감**각을 통제하고 정화시키는 수행들은 앞서에도 기술했지만, 높은 수준의 요기나 요가 문학에 접한 서구인들에 의하여 자주 요구된다. 그들은 자신에게 만족을 느끼지 못하고 그들의 육체와 감정, 마음, 윤리, 도덕성, 영혼까지 향상시키기를 원한다.

일반적으로 서구인들은 자신이 살고 있는 환경과 물질적인 안락만 보장된다면 그 자체로 충분하다고 생각하는 사람들이 많이 있다.

오래 전에 인도의 철학인들은 그 상황을 대단히 과학적으로 분석했는데 그래서 그들을 상키야라 불렀다.

그 의미는 일일이 분류하여 분석한다는 의미이다. 상키야들이 첫 번째로 관찰한 것은 인류는 세 종류. 즉 물질세계, 살아 있는 존재체, 그리고 그들 자신에 의하여 고통을 받는다는 것이다. 그런데 그 중 가장 큰 고통은 자신으로부터 기인한다는 것이다. 인간은 궁극적으로 선을 찾는다고 생각한 비교적 후기 베단타 철학자들조차도 인간의 환경이 전쟁과 노동의 고통으로는 충분 치 않다고 결론지었다.

인간은 모든 면에서 자신을 정화하고 발전시켜야 한다. 보통 사람이 갑자기 열심히 고군분투해야 되는 환경 속에서 사치와 안락에 빠진다면 그는 곧 스스로를 파멸시킬 가능성이 높다는 사실을 우리 모두는 잘 알고 있다. 삶의 높은 수준에 도달하기 는커녕 오히려 많은 유혹에 빠질 것이다.

얼마전에 미국인 은행가협회에서 25세에 좋은 정신적 육체적 능력을 소유한 비교적 건강하고 활기찬 100명의 보통 사람들의 생활을 조사하였다. 10년 후에 95명이 생존했는데 그들 중 10 명만이 잘 살고 85명은 그렇지 못했다. 또 10년 후에는 3명의 잘 사는 사람만 남았고, 생존자는 84명이었다.

숙제가 여기 있다. 건강하고 부유하고 또한 지혜로운 사람을 찾아보라. 젊은 베단타 학자들은 영적인 이해의 강도를 높이기 를 원한다. 동시에 그들은 이래와 같은 용어로 표현된 자기 발 전의 프로그램 속에 들어가기를 원한다.

1. 마음의 통제.
2. 육체의 통제.
3. 자신의 발전이 외적인 대상에 의해 이루어질 수 있다는 미

신과 의존성에서의 탈피, 따라서 분노나 적대감 같은 감정에서 자유로움.

4. 자신에게조차 조금도 불평하지 않고 닥치는 일을 잘 견디고 잘 이용해야 한다는 사고 관념.

5. 그가 스스로를 내면에서 발견하는 삶의 법칙에 대한 확신.

6. 이러한 목표들을 추구하는데 있어서 꾸준함을 배양하는 것.


이상 여섯 가지 목표를 달성하는데 분별심이 각성되어야 하며 마음의 순수함과 내적인 자유에 대한 강한 열망이 전제되어야 함은 당연하다. 이것들은 인간이 그들의 전 삶을 물질적인 삶까지 포함하여 영혼의 각성이 만개(滿開)한 이상적인 삶으로 만들기 위하여 소유해야 하는 자질이다.

이들 베단타 학자들은 각 개인이 이러한 일을 할 수 있고, 지금 여기에서 시작할 수 있다고 믿고 있다. 이 중 네 가지 자질들이 어느정도 얻어졌을 때, 베단타의 실제적인 요가인 즈나나 요가(Jnana Yoga)를 할 수 있는 자질을 갖추었다고 여겨진다.

수행의 순서는 3단계로 나누어져 있는데 첫째는 가르침을 듣는 것이다. 물론 여기에 독서까지 포함한다. 다음은 그 가르침에 대하여 심사숙고하여 완전히 이해하고, 셋째로 요가의 체계에서 가르치고 있는 집중법, 명상법, 관조법을 포함한 세 가지 명상에 들어간다.

물론 일반적으로 요가의 체계에서는 많은 명상이 요구된다.

어떤 주제에 대한 글을 읽을 때 자신이 알고 있는 바를 읽기 전에 충분히 심사숙고하고, 다시 읽고 책을 덮기 전에 자신이 얻은 새로운 정보나 사상을 기존의 지식에다 접합시켜 생각해 보는 것은 좋은 방법이다.

이러한 방법은 마음을 의문의 상태로 일깨워 결국 끝까지 그 상태를 유지시키는 데 매우 유익하다. 이러한 독서 방법이 의지력을 요구한다면 더욱 좋다. 왜냐하면 의지력이 연습과 각성을 일으키기 때문이다.

요기는 육체적인 운동과 앉아 있는 자세들과 호흡법과 감각을 통제를 한다. 하타 요기들은 광범위한 정화법과 무드라와 감각의 통제법을 익히고 있다. 감각의 통제와 정화법은 이 장에서 한 데 묶어도 좋다.

분명히 요기적 기질을 지닌 사람들은 다음과 같이 말할 것이다. "우리는 우리 자신에게 만족을 하지 못하고 있다. 우리는 이 세상보다 우리 자신에게 더욱더 불만족하고 있다. 우리는 환경의 결점보다도 자신의 결점에서 자유로울 수 있는 필요성을 느낀다. 생각이 부족한 사람들은 세상의 고통은 될 수 있는 한 도피해야 한다고 말할지 모르나, 도피해야 할 대상은 우리 자신이라는 사실을 알아야 한다. 우리는 인생에 있어서 세 가지 차원의 고통이 있다는 것을 알고 있다. 즉 자연으로부터 타인으로부터, 우리 자신으로부터의 측면이다. 보통사람들이 가장 무시하는 세 가지 중 마지막 것에 강조를 두고자 한다."

어떤 종교인이 절대자의 편린을 조금이라도 인식하고 있다면 그가 높은 상태에 직면했다 하더라도 그 사실에 대하여 갈망하고 생각하고 상상하여 말이나 행동으로 그것을 표현하기 시작한다. 심지어 말이나 행동이 절대자를 더 잘 인식하게끔 도와준다고 믿는 단계에까지 나아간다. 그러나 보통의 근본 원인은 외적인 대상 세계나 타인이 아니라 바로 자신이라는 사실을 깨달을 때 진실한 요기가 된다.

그가 그러한 이상을 갖고 자기 자신을 바라볼 때, 즉 육체적인 습관이나 삶의 방식, 타인이나 자신에 대한 생각, 자신이 하고 있는 일에 주의할 때 나타나는 여러 현상을 목격하면 지금 매 순간 자신 속에서 발견된 사실에 대하여 그는 충격을 받는다. 따라서 모든 종교에서 신의 존재를 인식할 때 선행되어야 하는 조건으로써 힌두교에서의 분별심, 불교에서의 발심같은 것 등의 정화가 필요하다. 그런 뒤에야 직관과 깨달음이 가능하다.

이장에서는 정화에 대하여 관심을 가져보자. 우리 자신으로부터의 고통이란 의미는 육체와 마음의 두 가기 측면에서 오기 때문에 둘 다 다룰 필요가 있다. 하타 요기들이 행한 정화에 대한 가장 최근의 서술은 게란다 삼히타(Gheranda Samhita)에 다음과 같이 나와 있다.

'정화는 여섯가지 종류의 행위에 의하여 이루어진다. 요가아사나에 의하여 힘이 생기고 무드라에 의하여 꾸준함이 생기고 감각을 철수함으로써 육체적인 고요함이 생기고 호흡을 통제함으로써 빛이 생기고 명상에 의하여 자신에 대한 자각이 생기며, 관조에 의하여 때묻지 않음과 자유를 얻어 결국 의심없는 경지에 이른다.' 여섯 가지 종류의 정화법은 다음과 같다.

첫째는, 일반적 세척
둘째는, 내장기관의 세척
셋째는, 콧구멍 세척
넷째는, 복부를 느슨하게 하고
다섯째는, 눈을 청소하고
여섯째는, 두개골을 청소하는 것이다.

다시 세척은 내부 세척, 이빨 청소, 심장정화, 직장 정화의 4가지로 나뉘며, 이 가운데 첫 번째 내부 세척의 종류와 방법은 다음과 같다.

(가) 공기에 의한 정화
입을 까마귀 부리같은 형태를 취하여 조금씩 공기를 마신 다음 위가 가득해질 때까지 삼켜 서서히 직장을 통하여 배출한다.

(나) 물에 의한 정화
머리를 뒤로 젖혀 완전히 물로 채운 다음 서서히 삼켜 위장으로 보내 밑으로 서서히 내린다.

(다) 불에 의한 정화
배꼽 부위를 척추 뒤가 닿도록 백 번 정도 누른다. 배꼽 뒤쪽

부분이 완전히 정화된다. 누르기를 계속 반복하면 열을 증가시켜 에너지를 발생시킨다. 이것이 불에 의한 정화법이다.

(라) 기구에 의한 정화

까마귀 부리와 같은 행동을 취하여 위장을 공기로 가득 채우고 3시간 반 동안 유지시킨 다음 내장의 중간 부분을 누른다. 그리고 배꼽 높이의 물 속에 서서 두 손으로 내장까지 집어넣었다가 꺼내어 오물을 깨끗이 씻는다.

호수가 깨끗해지면 다시 내장 속으로 집어넣기를 반복한다.

두 번째는 이의 정화인데 이는 다시 다섯 부류로 나눈다.
(가) 이와 잇몸
(나) 혀와 뿌리
(다) 식도
(라) 두 귀
(마) 두개골의 피의 통로

(가) 이의 정화 아카시아나무의 액으로써 잇몸을 깨끗해질 때까지 문지른다. 이것은 이의 보존을 위하여 요가에 숙달한 사람이면 모두 시행하여야 한다. 이것과 다음에 계속되는 지시 사항들은 인도에서는 몇몇 광신자들에 의해서 자신의 육체에 가한 자학적 행위와 얼마나 대조되는가. 물론 육체와 마음의 행복을 위하여 요가 수행을 하는 많은 사람들과 비교해서는 숫자가 극히 미미하다.

(나)와 (다)는 혀와 목구멍의 정화이다. 약지와 인지와 중지의 세 손가락으로 목구멍의 가운데, 즉 혓바닥까지 밀어 넣어 혀의 바닥을 문지르고 불결한 담액을 씻어낸 다음 혀를 깨끗한 버터로 청소한 후 여러번 즙을 짜내듯이 한다.

(라) 두 귀의 지시사항은 아주 간단하다. 지켜야 할 사항은 엄지 손가락으로 두 개의 귓구멍을 막는 것이다. 이것을 규칙적으로 하면 내부의 소리가 명백해질 것이다. 이것은 신비스러운 내면의 소리가 자주 반복하면 들린다는 것을 의미한다.

그런 소리의 근원은 심장의 중심부에서 명상할 때 나타나기도 한다.

(마) 두개골 기공의 정화에서는 두개골 바깥쪽 구멍을 의미한다. 오른손 엄지 손가락으로 앞 이마의 구멍을 문질러라. 이 구멍은 앞 이마와 코 사이에 들어간 지역이다.

어머니가 자식들에게 이런 마사지를 해주는 것은 아주 자연스러운 일이다. 그리고 이런 마사지는 비강(鼻腔)을 청결하게 유지하는데도 도움이 된다. 또 이것은 투시력이나 내면의 빛을 개발하는데 도움이 된다.

매일 기상할 때, 식사 후에, 하루를 끝마칠 때 해야 한다.

세 번째는 심장정화이다. 그러나 심장이란 말은 목구멍 밑의 부분까지 포함하여 가슴의 앞부분을 의미하는 일반적인 의미로 사용된다. 이 종류의 정화에는 3단계로 분류되는데 (가) 막대에 의하여 (나) 배출함으로써 (다) 옷에 의해서이다. 두 번째는 토하는 것으로 인식될 수 있으나 입을 청소하는 것과 같은 식으로 해석하는 편이 더 정확하다.

(가) 막대기에 의한 정화

플랜틴 줄기나 심황이나 갈대 같은 것으로 서서히 심장의 중심부에 밀어 넣어 점액이나 기타 불순물들을 입을 통하여 제거한다.

(나) 입 안 청소에 의한 정화

식사 후 목구멍 안으로 물을 깊숙이 마셔 잠시 위를 응시한 다음 입을 통하여 물을 뱉어낸다. 유럽이나 미국에서 흔한 것처럼, 몸을 흔든다거나 거품을 일게 할 필요는 없으나 실제맹렬하고 시끄럽게 행해진다.

(다) 옷감에 의한 정화

3인치 정도 되는 넓이의 옷감을 서서히 삼켜 다시 끄집어낸다. 이것은 점액이나 담즙 혹은 여러 가지 피부 질환으로 고생할 때 도움이 된다.

네 번째로 마지막 내부 정화법은 직장의 정화를 심황의 줄기나 가운데 손가락으로 충분한 물로써 여러번 젖게 하는 것으로 설명된다. 이것은 변비나 소화장애가 있을 때 도움이 된다. 내부 정화의 절차에는 두 종류가 있는데 내부를 젖게 하느냐 혹은 마르게 하느냐의 두 종류이다.

젖게 하는 방법은 물의 압력을 이용한다는 것과 용기가 튜우브 장치를 하지 않는다는 점을 제외하고는 서구의 관장제와 비교된다. 그렇지만 물의 압력은 직접 이용한다.

이 방법은 발톱으로 서거나 양발을 벌리고 서서 배꼽이 닿을 정도의 깊은 물에 웅크리고 앉아 항문 괄약근의 팽창과 수축 운동에 의하여 물을 받아들이고 배출함으로써 정화한다. 이 운동은 소변 장애가 있다거나 비슷한 내장 장애가 있을 때 시행하면 상당히 도움이 된다.

마르게 하는 방법에 있어서는 물론 물로 하지 않고 땅 위에서 시행한다. 양발을 앞으로 쭉 뻗고 앉아서 서로 닿지 않게 한다음 앞이 마른 앞무릎 사이에 들어오도록 하고 나서 손으로 발가락을 잡는다. 이 자세에서는 창자의 밑으로 압력이 가해지고 젖은 방법과 마찬가지로 서서히 팽창과 수축을 반복한다.

네티 요가(Neti Yoga : 콧구멍 정화)는 한 뼘 길이의 깨끗한 실을 콧구멍 한쪽에 넣어 코로 숨을 쉬어 실끝이 입으로 나오도록 한다. 몇 번 움직인 다음에 실을 빼낸다. 이것은 코의 분비물을 제거하는데도 도움이 될 뿐만 아니라 투시력을 개발하는 데에도 도움이 된다.

라우리키 요가(Lauliki-Yoga : 복부를 이완시키는 운동)는 위를 활기차게 양옆으로 움직임으로써 이루어진다.

트라타가(Trataka 시야의 정화)는 눈을 깜박이지 않고 눈물이 나올 때까지 조그마한 물체를 쳐다보는 것이다. 응시하는데는 별다른 방법이 없고 단순히 주시하기만 하면 된다.

　여기서 주의할 점은 긴장감이 전혀 없어야 하며, 의식적으로 눈의 초점을 맞추지 않도록 거리가 좀 떨어진데 있어야 한다. 나는 이 운동에서 가장 좋은 자세는 눈과 물체의 높이가 같고 약 20피트 정도의 거리가 가장 좋다.

　여기에서 핵심은 눈의 깜박임을 피하고 물체의 여러 부분을 쳐다보는 것을 방지할 수 있도록 충분히 작은 물체여야 한다. 긴장을 가지고 응시함은 대단히 해롭지만, 지그시 응시함은 눈의 시력에 도움이 될 뿐만 아니라 투시력을 개발하는데도 도움이 되며, 소위 삼바비 무드라(Shambhavi-Mudra)에까지 들어간다. 삼바비(Shambhavi)의 의미는 시바(Shiva)신과 관련이 있는데, 시바는 영혼을 직관에 의하여 인식할 정도로 육체와 마음을 속박에서 벗어나게 하는 신성의 표현이다. 그 다음 무드라는 양 미간 사이를 응시하는 것으로 묘사되는데 바가바드 기타 5장 27~28절 사이에 다음과 같이 나와 있다.

　외부의 대상에 관심을 끊고 시선은 양 미간 사이에 둔 다음, 들숨과 날숨을 균등하게 하고, 감각과 마나스(Manas : 마음과 이지)와 부디(Buddhi)를 통제하고 그의 목표, 소망, 두려움, 공포는 멀리한 상태로 내적으로 자유로운 상태로 언제나 평정심을 유지하고 있는 자이다.

　여기에 덧붙여 위대한 축복에 의하여 쿤달리니는 각성되고 양 미간 사이의 통로를 통하여 빠져나가는 자아와 결합된다.

그리하여 왕도는 열리고 구도자는 기쁨을 누린다. 그러나 요기는 전에 설명된 삼바비 무드라를 연습한 결과로 말미암아 양미간 사이의 조용한 응시가 얻어지면, 그의 미묘한 육체가 빠져나가는 것을 의식하게 된다. 왕도의 의미는 육체 안에서의 미묘한 여행을 의미한다.

삼바비 무드라로부터 얻어지는 또 하나의 발전은 요기가 어떤 행법을 시행할 때, 자아를 직접적으로 인식하게 되고, 빈두(Bindu)에 의해 브라만을 보게 되며 그의 마음은 그곳에 정지된다. 여기서 목적은 육체 안에서 미묘한 여행을 하는 것이 아니라, 깊은 관조(삼매)로 들어가는 것이다. 이리하여 요기는 우주 가운데서 자아를 인식하게 되며 참나 가운데서 우주를 인식하게 된다. 우주는 공간이나 허공으로 해석 될 수도 있다.

이 때문에 삼바비 무드라는 창공 비행이나 허공 비행으로 불려지기도 한다. 게란다 삼히타는 "양 미간 사이를 보는 것은 참나(아트마라나 : Atmarana)를 보는 것이다"로 표현하고 있다.

아라마(Arama)는 보통 용어로 응시하기에 아주 평화롭고 기쁨의 정원이다. 우리는 여기서 단어에 감정적 느낌을 부여해야 한다. 이것은 아주 평화로운 응시가 되어야 한다. 이것이 브라만을 진아로써 인식하는 벙법이다. 물론 이 모든 것은 명상과 관조에 해당되는 이야기다.

눈을 감고 육체가 양 미간 사이에 있는 것처럼 본다. 응시에 있어서는 반드시 긴장감을 없애야 한다. 약간의 시야를 응시함은 필요하다. 트라타카 연습과 병행하여 눈을 고정시키는 것과 움직일 때 연속성을 유지하는 것은 중요하므로 몇 가지 연습이 필요하다. 외적인 응시가 성공적으로 이루어져, 내적인 응시가 외적인 응시와 마찬가지로 확고부동함을 유지할 수 있으면 그 연습이 눈에 좋듯이 마음의 눈에도 좋은 효과가 있다.

이 연습에 아주 좋은 장치는 다음과 같다.

1. 방의 끝에 앉아 멀리 벽을 바라본다. 머리를 움직이지 않고 벽과 천장이 만나는 수평선을 따라 움직인다. 그리고 모서리와 모서리 사이로 비스듬히 움직이고 벽을 따라 한 방향으로 또는 다른 방향으로 둥글게 움직인다. 모두 천천히 점프하지 않고 움직인다.

2. 한 점을 응시하면서 머리를 위 아래로 양 사이드로 둥글게 움직인다.

3. 양 손의 인지 끝을 눈과 같은 높이로 유지시킨 다음 책을 읽을 때와 같은 거리로 인지 접촉점을 지그시 응시한다. 이제 당신은 두 손가락 사이에 세 번째 손가락을 느낄 것이다. 그 세 번째 손가락은 가까이서 보면 사라지고, 시야를 멀리하면 다시 나타난다. 가까이서 멀리서 또는 뒤로 가는 연습도 여러 번 해 보라. 이 모든 연습은 눈이나 마음의 긴장없이 행해져야 한다.

몇 년전에 죽은 남인도의 유명한 라마나 마하리시는 조용한 지속적인 응시로 유명하였다. 그는 끊임없이 '나'를 응시하라고 가르쳤다. 이제 여섯 가지 정화법 중 마지막 단계인 두개골 정화에 이르렀다. 이것은 (가) 공기에 의한 과정, (나) 물, (다) 불의 세 종류로 구분된다.

(가)에서는 왼쪽 콧구멍으로 공기를 흡입하여 오른쪽 콧구멍으로 내뿜고, 반대 방향으로도 시행한다. 들숨(푸라카 Puraka)과 날숨(레차카 Rechaka)은 강제성이 없이 행해야 하고, 이 운동은 건강을 증진시키고 담액의 이물질을 제거하는데 도움이 된다. (나)에서는 물이 콧구멍을 통하여 들어 왔다가 서서히 입을 통하여 배출된다. 반면 (다)에서는 그 과정이 반대되어 입으로 물을 마셔 콧구멍을 통하여 배출한다. 물 그릇에 코를 담그고 물을 마시는 과정은 가끔 목격된다. 때로는 컵을 사용하여 콧구멍으로 물을 마시는 과정도 보아 왔다. 특히 (나)와 (다)과정은 노화를 방지하고 움직임을 쉽게 하는데 도움이 된다.

위에서 언급한 거의 모든 연습들은 다른 책에도 나와 있다. 이것과 관련하여 하타 요가 프라디피카와 시바 삼히타가 특히 잘 언급되어 있다. 앞에서 설명한 연습들에서는 정화가 강조되었는데 우리는 또한 '무드라' 라고 하는 연습도 고려해야 한다. 무드라는 호흡과 자세와 연결하여 6장에 나와 있다.

이제 이러한 종류에서 중요한 연습들을 기술해 보기로 한다. 복부 들어올리기(우디야나 반다, Uddiyana Bandha), 서거나 앉아서 복부를 안쪽으로 그리고 위쪽으로 끌어올린다. 하루에 백번 시행하면 근육이 강해지고 자연적인 긴장에 익숙해진다.

운동을 많이 했든지 조금 했든지 간에 운동이 전체적으로 끝날 때는 복부가 안으로 들어가서 위로 올려진 자세로 중단해야 한다. 물론 다른 자세를 하고 있을 동안은 근육이 다시 밑으로 쳐지겠지만 이 자세를 의지적으로 유지하진 말아야 한다.

요가쿤달리니 우파니샤드(Yogakudali Upanishad)에서 언급되기를 호흡운동을 할 동안에는 지식인(쿰바카 Kumbhaka)이 끝나고, 토식인(레차카 Rechaka)이 시작될 때 복부 들어올리기를 시행해야 한다고 이야기한다.

깊은 숨을 쉬는 연습에 들어가기 전에, 그 자세를 계속 유지시키는 것은 대단히 좋은 운동이다. 이것은 깊은 숨을 쉴 때 복부에 손상이 가는 것을 방지해 준다.

우디야나는 침대에서 행할 수 있는 운동이고 잠을 유도하는 휴식을 하기전에 도움이 된다. 깊이 주의하여 연습을 약간 해보면 우디야나를 왼쪽으로 혹은 뒤로 위로 시행할 수 있다는 사실을 발견할 것이다. 이것은 복부 들어올리기의 변형된 자세다. 더 깊이 있는 연습은 오른쪽 왼쪽으로 동시에 들어 올리는 것이다. 이 운동은 중심부에 능선을 만들어 낸다. 그것을 나우리(Nauli)라 부른다. 차례로 이 운동과 병행하여 전 복부의 기관을 움직이는 것이 가능하다.

이 운동과 관련하여 서양인들 중에는, 특히 여성들 사이에서 실제적인 의문이 제기된다. 코르셋이나 거들을 사용해야 하느냐 혹은 사용하지 않아야 하느냐 하는 것은 어려운 문제이다.

대답은 개인에 따라 다르다.

고무줄로 된 거들이나 코르셋 벨트가 날씬해 보이기 위한 것이 아니고, 공장 노동의 불균형스러운 움직임이나 앉아서 일하는 직업에서 형성된 좋지 않은 자세나 불규칙적인 가정일에 있어서, 적절한 자세를 일깨워 준다면 의심할 나위도 없이 좋다. 그러나 코르셋이나 거들 착용자는 복부 올리기 운동을 하고 있든지 아니든지간에 기회가 주어진다면 실행해야 하고 또 할 수 있다. 모든 사람이 그런 문제에 부주의한다면 언젠가는 인간의 표준적이고 이상적인 육체가 배와 비슷하다는 사실을 당연하게 생각할 날이 올 것이기 때문에 그런 대중적인 풍속도를 잊어버려서는 안 된다.

자세의 문제에서 주로 걷는 것과 관련이 있는 움직임의 자세에 의문을 제기해 본다. 요가 책에서는 앉을 때 꼿꼿함을 너무 강조해서 걸을 때도 마찬가지로 직립 보행을 강조할 것이라는 생각을 쉽게 할 수 있다. 여기서 목의 똑바름에 특별히 주의 할 필요가 있다. 목의 뒤쪽을 뒤로 조금 빼면 어깨가 쉽게 기울지 않고 좋은 균형으로 또한 호흡도 올바르게 이루어질 것이다. 물론 뻣뻣함이 아닌 자세의 균형이 조건이 된다.

복부 올리기와 관련하여, 태양과 달의 반전과 같은 역행 동작이 있다. 달은 구강 밑부분에 존재하고, 태양은 배꼽 밑부분에 존재하고 달로부터 온 감로수인 암리타(Amrita)는 태양에 의하여 흡수된다고 말한다. 이것은 상층부의 에너지가 일상 생활에서 하층부에 의하여 사용되는 경향성을 의미한다.

인간이 자신의 지성으로 동물적인 만족을 강화시키고 탐욕을 즐기려 하고 상상력을 하층부를 위하여 사용하기 때문에, 다른 어떤 동물들 보다도 대식과 감각적 쾌락에 빠지기 쉽다는 사실을 잘 알고 있다.

인간의 직립 보행 자세가 육체적 압력의 원인이 되어 하층부 욕구쪽으로 가려는 경향성을 항상 유지시키려 하기 때문에 거꾸로 선 자세를 취하는 것이 도움이 된다. 이 경우에 있어서 어깨로 서고 다리를 허공 중에 들어올리는 형태의 운동을 한다.

게란다(Gheranda : 삼히타)는 이 운동을 규칙적으로 하면 노화를 방지시켜 준다고 기술하고 있다. 이 자세는 등을 대고 누워 몸과 다리를 수직으로 들어올리고 팔꿈치는 땅에 대고 손은 허리 곁의 몸통을 떠받친다. 물론 턱은 가슴 가까이에 댄다. 이 자세에서는 단순히 깊이 숨쉬기만 해도 좋다. 다리를 들거나 내릴 때 압력을 감소시키기 위하여 무릎을 구부린다. 이것이 하나의 자세로 완성될 때 사르방가사나(Sarvangasana)라 불린다.

이 모든 자세들이 특히 변비나 천식이나 성적 감퇴에 대단히 좋다. 머리 서기에 덧붙일 것은 손바닥을 땅에 평평하게 대고 팔은 쭉 뻗은 상태로 머리 대신 팔로 서는 형태가 있다. 이것은 바즈로리 무드라(Vajroli Mudra)라 부른다.

벌이라 불리는 호흡법은 상당히 내적인 경험으로 인도되는데 하타 요가의 여러 책에 잘 서술되어 있다. 이것은 호흡이 쿰바카 상태에서 조용해질 때, 소리를 내는 것이 아닌 소리를 듣는 것을 의미한다. 이것은 밤에 주위가 조용해졌을 때 하는 것이 좋다. 게란다 삼히타는 시에서 다음과 같이 묘사했다.

밤의 반이 지나갔을 때,
모든 생명체의 소리는 멈춘다.
손을 귀에 대고
호흡이 점점 미세해 질 때
그때 들어야 한다.
오른쪽 귀에서 나는 소리를,
내면의 그 소리는 아름답도다.
처음에는 시끌시끌한 소리.
다음에는 미세한 갈대와 같은 소리.
그리고는 비와 구름이 치는 소리.
그리고 벨소리, 종소리.
그리고 여러 북소리가 심포니를 연주한다네.

비슷하지만 제각기 다른 소리가 다른 주파수를 가지고 들리지만, 이 소리의 들음은 그 자체가 목적이 아니고, 내면을 응시하여 외적 감각적 호기심을 잠재우고, 정신적인 동요의 경향성을 감소시켜 준다.

연습이 규칙적으로 성공하게 되면 마지막 소리가 들리게 된다. 가슴으로부터 아나하타(Anahata)의 소리가 들리면서 이전의 소리는 자취를 감추게 된다. 모든 주의력을 동원하여 거친 음에서 미세한 음으로 나아간다. 그리고 미세한 음에서 미지의 영역-의식 밑바닥의 경험으로 나아간다.

소리 그 자체가 가치있는 것이 아니라, 심장의 소리에는 공명이 있고 또한 그곳에는 빛이 있으며 마음이 그 곳에 존재한다. 마음이 사라질 때 생명을 떠받쳐 주는 바로 가슴 그 자체인 비슈누(Vishnu)신의 지고한 성소가 존재하게 된다. 교육받은 힌두인들은 비나(Vina)의 미묘한 음악을 좋아한다. 그 음악은 거의 영성적이고 미묘하다. 그 소리는 많은 청중에게 아주 놀랄만하게 옮겨 간다. 아마도 청중은 아주 조용하고 집중된 상태가 될 것이다.

나는 인도인 친구와 함께 그런 음악회를 구경간 적이 있다. 집으로 오는 길에 약간의 대화를 나누었는데, 그 친구는 음악의 경이로움에 대해 이야기하면서, 음악을 듣고 있는 동안은 아무것도 생각할 수 없었다고 말했다. 이 말은 음악의 성격을 잘 묘사했다.

보통 일반적인 음악은 혈관의 피나 신경 계통을 자극해 우리로 하여금 평화로운 장면을 생각나게 하지만, 여기서는 음악을 제외하고는 아무것도 없다. 에머슨이 지적한 바와 같이 음악이 음악을 탄생시키는 상태이다. 그것이 아나하타 음악의 상태이다. 그것은 영적으로 이해되어야 하고 음미해야 한다.

브라마리(Bhramari)와 같은 과정은 보통 하타 요가 명상으로 불려진다. 이것은 호흡을 편안히 하고, 마음은 양 미간 사이에 존재하고, 모든 외적인 대상으로부터 마음이 정지된 상태로 존재한다. 자아와 마음이 결합할 때는 큰 기쁨이 느껴진다. 육체가 아닌 마음의 사라짐에 주의해야 한다. 말하자면 마음과 기쁨이 함께 사라져간다.

이제는 육체적인 안정을 유지시키기 위하여 무드라 다음에 언급된 감각 통제의 문제에 방향을 옮겨 보자. 그것은 파탄잘리가 언급한 요가의 여덟 단계중의 하나이다.

이 주제에 관한 파탄잘리의 경구가 있다.

감각들은 그들의 고유 영역에서 벗어나, 마음의 성질을 모방할 때, 육체로부터 해방된다. 그때 감각의 완전한 통제가 있게 된다.

많은 것들이 우리가 의식하지 못한 상태에서 감각의 영역 안으로 들어오고 있다. 사소한 것들은 전혀 알아차리지 못한다. 나는 한 친구에게 그의 침실 벽의 빛깔이 무엇이냐고 물었을 때, 그는 모르고 있었다. 사실 우리는 사물의 많은 것에 지나치게 집중할 수는 없다. 책을 읽고 있거나 어떤 문제에 대하여 깊이 생각할 때 우리 주위에 있는 것을 전혀 의식하지 못한다.

나는 어떤 자동차 운전사가 익숙하지 않은 도로 위를 몰다가 어떤 물체에 부딪치는 것을 보았다. 그는 후에 나에게 충돌이 일어나기 전까지는 그 물체를 전혀 보지 못했다고 했다. 그는 다른 어떤 것을 깊이 생각하고 있었다. 이 문제와 관련하여 요기의 목적은 감각을 통하여 들어오는 메시지에서 의식적으로 주의력을 철수할 수 있을 뿐만 아니라, 감각을 자유롭게 통제하고 언제 어느 때든지 마음대로 작용할 수 있는 상태를 의미한다. 이것은 사지의 경우와 마찬가지인데 예를 들면 다리에게 걸어라 혹은 걷지 말라고 자유롭게 명령할 수가 있다.

통제라는 단어에는 여러 가지 다른 의견이 있지만 파탄잘리는 감각은 그들 자신의 고유한 기능에서 이탈되어 완전한 통제하에 올 수 있다고 명백히 이야기 한다. 이것은 우리가 어떤 대상이든 생각이든 한 가지에 집중할 때, 무의식적으로 일어나는 어떤 것을 의지적으로 조절할 수 있다는 사실이다.

예를 들어 내 친구 한 사람을 소개하겠는데, 그 친구의 아내는 심장병이 심하여 자주 밤중에 일어나곤 했다. 그 친구와 아내는 각각 다른 침대에서 잠을 잤는데, 그들 침대방 창문은 바닥에 접촉하고 있었고, 이른 아침부터 늦게까지 교통이 시끄러운 도로에 접하고 있었다. 그러나 이 친구는 이런 악조건 하에서도 잠을 퍽 잘자는 편이었다. 그러나 그의 아내가 조금만 기침을 하거나 신음소리를 내도, 그는 벌떡 일어나서 아내를 도와주곤 했다. 이 경우는 감각이 어떤 소리에는 완전히 깨어 있고, 다른 대상에는 전혀 깨어 있지 않은 경우이다. 취침하기전에 정해진 시간에 깨기 위하여 감각에 지시 사항을 내릴 수도 있다.

어것은 우리가 사지에게 조용히 하라고 말할 수 있는 것과 같이 감각 기관에도 명령을 내릴 수 있음을 뜻한다.

어떤 사람이 감각에게 다음과 같이 말 할 수 있다.

"나는 15분 가량 명상할 예정이다. 집에 불이 난 경우를 제외하고는 어떠한 대상에도 주의를 쏟지 마라. 그리고 정각 9시가 되면 나를 불러야 한다."

이 문제에 관해 또 다른 측면의 해석이 있다. 우리가 대상화 명상(Samprajnata)을 할 때는 감각에게 선택된 물체의 영상을 나타나게 할 수도 있다. 이것은 모든 적절한 감각을 모두 포함한다.

예를 들어 꽃이 있다면 그것을 생생하게 상상할 수 있어야 한다. 향기나 꽃잎의 감촉같은 것이 생생하게 느껴져야 한다. 사실 우리는 어떤 대상에 대한 메시지가 우리 마음 속에 들어올 때만 그 대상을 안다. 많은 경우에 있어서 떠돌아 다니는 경험을 겪기를 원한다. 우리가 상상을 재생하려고 할 때 그 그림은 대단히 빈약해지지만, 상상중에는 대단히 명백하다는 사실이 중요하다. 여기서 우리는 감각이 자신의 고루한 일에서 벗어나 마음속에 내재하는 것을 모방하는 경우를 예로 들었다. 이 모든 것들은 꾸준한 연습에 의하여 완전해진다.

# 제8장
# 요가의 잠재적인 육체의 힘

이제 라야 요가(Laya-Yoga)라고 명칭된 요가 자세 단계에 왔다. 이것은 보통 인간에게 척추의 밑바닥 부분에 잠재한 어떤 힘이 존재한다고 말한다.

이것은 꼬아 비튼다는 의미인 쿤달리니라고 불리어진다. 그러나 쿤달리니를 묘사하는 내재적인 힘이란 단어의 사용은, 과학적으로 잘못 사용하면 오도될 수도 있다.

요가 문학에서는 여신 또는 데비(Devi)로 일컬어진다.

어떤 독자는 여신이라는 단어가 힘이라는 단어에 우선하여 왜 사용되었는지를 이해하기 전까지는 비웃을 수도 있다. 여기에 대한 설명은 우리는 세 종류의 사실과 영향을 다루고 있다는 것이다.

첫째, 평형성을 유지하려는 물질.

둘째, 물리적 힘이며 그것은 아래로 흐르려고 하고 무질서한 평형성을 바로 잡으려고 한다. 물이 아래로 흘러가려고 하는 사항이나 뜨거운 물은 대기중으로 상승하려고 하는 물리적 화학적 작용들의 경우들이다.

셋째, 내부 기관을 발전 유지시켜 육체 의식을 키우는 역할을 하는 그 무엇이다. 이 세 가지 모두가 물질적인 사실들이며, 각각 다른 이름을 붙여져야 한다.

여기서 셋째는 물질도 힘도 아닌 다른 이름이 붙여져야 하는데 가장 적절한 이름이 "신성"이라는 설명이 꽤 괜찮을 것이다.

물질의 정의는 과거가 현재 속으로 끊임없이 묻혀 버리는 자연의 원리와 같다. 마음은 미래가 현재 속으로 끊임없이 옮겨간다는 자연의 원리로 비슷하게 정의할 수가 있다. 후자의 경우는 사람이 내일 무엇을 하려고 계획하면 미래를 계획하는 경우가되며 내일이 오면 계획된 일이 실제적으로 일어나는 경우를 보게 된다.

그러나 마음과 물질이 만나는 세 번째 원리가 있어야 하는데이것이 곧 삶이며 생명이다. 삶은 마음과 물질의 만남으로 이해될 수 있다. 만남이 인생인 삶의 연속선상에 존재한다.

사려가 없는 사람은 인생이 무엇이냐고 질문 받는다면 그는 대답하기를 아침에 일어나서 옷을 입고 식사를 하고 회사에 출근하고 등등 이와 같이 대답할 것이다. 그것은 사실이다. 왜냐하면 매 순간마다에 물질과 마음의 만남이 있으며, 과거와 미래의 만남이 있고 따라서 현재, 이 순간이 3박자로 이루어지는 시간의 한 단위이기 때문이다.

고대의 철학자들은 이것을 트리아누카(Tryanuka)라고 불렀다. 나는 신의 존재를 세 가지 방법으로 표현하려고 한다.

세 가지 방법이란 육체적 정신적 위의 둘 모두의 경우이다. 신이 항상 어디서나 존재한다고 한다면 사람들은 자비로운 주 아버지께서 인간을 내려다 보시면서 인간에게 선하고 좋은 일이 있으면 간여하는 그런 존재 정도로 생각하기 쉽다. 그것은 신을 위대하고 선한 마음과 전지 전능한 의지로 파악하는 모습이다. 여기에 덧붙인 것은 신의 중개자로서의 천사들을 통하여 그의 선한 일을 하고 계신다는 상상이다. 이런 경우에 있어서 천사들의 존재는 신의 실제적 현존인 다양한 표현들이다.

다음은 인간들이 이 천사들에게 여러 가지로 반응을 한다는 점이다. 물론 너무 우둔해서 전혀 반응를 못하는 경우도 있다. 그래서 천사들에게 주의한다는 것은 상식과 지혜에 속하는 일이다. 어떤 경우에 천사의 조언이나 도움을 받을 때는 감사함이 생겨나고 감사함이 사랑을 낳고 사랑이 숭배를 낳는다. 숭배는 점점 가까이 접촉하게 되고, 받아들이게 되며 어떤 경우에 있어서 신과의 일체감을 낳게 된다.

우리가 만물의 법칙 아래에 있고 그러한 법칙이 우리에게 유익하다면, 자연의 법칙조차도 우리의 지성과 정신적인 성숙을 길러주기 때문에 그러한 법칙들은 진실로 우주의 법칙이 되며 그것은 곧 천사나 신의 존재의 표현으로 볼 수 있다. 그러한 천사들은 자신의 의무를 이행하는데 그치지 않을 것이다. 아무도 물질이 물질의 원인이 된다고 생각하진 않을 것이다.

만약 물질이 물질자체의 원인이 된다면 그러한 물질은 우리가 알고 있는 물질과는 전혀 다른, 어떤 특수한 자연의 힘을 부여받은 물질로 생각될 것이다.

마음은 그 자체가 항상 일정한 법칙을 준수하고 있고 비록 창조성이 있다고 할지라도 법칙의 범위내에서만 작용을 할 수 있기 때문에, 물질과 마음을 넘어선 어떤 존재체가 있지 않겠는가라고 생각해 볼수도 있겠다. 그래서 이런 천사들의 존재는 신의 일부분이다. 즉 신과 동떨어진 존재도 아니고 다른 자연체도 아니기 때문에, 신의 다양성 속에서의 한 존재체인 것이다. 그것들은 또한 여러 차원의 생각인데, 그 생각은 모든 에너지 중심적인 차크라에 깃들인 불멸성을 믿게 하고 신 혹은 여신 또는 신성과 그들 모두의 어머니로 간주하는 쿤달리니에 대한 헌신을 일으켰다.

요기나 힌두교도들은 이러한 힘을 신이라기보다는 여신으로 부르기를 좋아했다. 왜냐하면 그들은 물질적인 모든 측면을 여성적이고 수동적으로 생각하고 마음의 측면을 남성적으로 여겼기 때문이었다. 남자는 정자를 여자에게 주고 여자가 그것을 보존하고 키워서 어린애를 생산한다.

인도에서는 위대한 신조차도 물질적인 일은 할 수 없고 그들의 아내들이 모든 일을 할 따름이다. 이리하여 여신이라는 원리로서 삭티(Shakti), 즉 힘이라고 불리게 되었다.

여성은 물질을 보존하고 가정을 만들고 물질적인 계속성을 유지시켜 나간다. 자연이라는 거대한 집도 물질과 에너지와 법칙을 가지고 있다. 삭티(Shakti)라는 단어는 능력을 의미한다. 자주 힘으로 묘사되기도 한다. 이런 개념에서는 물질과 힘만이 고려되는 서구의 물질 원인 학설에 도전이 되는 셈이다.

물질과 힘은 동시에 기계적인 작용을 하지만, 제 3의 존재체가 성장과 발전을 도와주며, 정화에 의하여 신성의 힘을 더욱더 겪게 한다. 이러한 육체내에 존재하는 여성적인 힘은 지고의 신성의 힘으로 간주되었는데 보통은 잠재되어 있다.

지구의 힘은 나디(Nadi)나 척추 왼쪽의 이다(Ida) 혹은 오른쪽의 핑갈라(Pingala)를 통하여 규칙적으로 작용한다. 그러나 중심 채널인 미묘한 치트리니(Chitrini)를 통하여는 작용하지 않는다. 이제는 그 힘을 각성시키고 일깨워 척추를 통하여 두뇌 겉으로 올라가게 해야한다. 그렇게 되면 척추 여섯 장소, 즉 차크라나 파드마(Padma)에 머물면서 통과하게 될 것이다.

그러나 이 차크라들은 대단히 미묘하다. 그러나 그 통과 부위들은 우리가 눈으로 보고 느낄 수 있는 그러한 저급한 척추가 아니라 그 속에 존재하는 대단히 미세한 통로인 나디이다.

설명을 하자면 보통 요가 척추에서 수슘나(Sushumna)라고

불리는 척추선내에 더 미세한 선인 바즈라(Vajra)라는 선이 존
재한다. 그 속에 더욱 더 미세한 치트리니(Chitrini)라는 선이
존재한다. 그 선을 통해 쿤달리니가 올라가면서 여섯 차크라가
각성된다.

쿤달리니를 각성시켜 여섯 차크라를 통과하여 머리 상층부로
올라오게 하는 수련이 라야 요가라고 불린다. 이 부분은 하타
요가나 탄트라 요가에서 주로 많이 언급되고 있다. 하타 요가는
쿤달리니 각성에 의하여 신체의 기능이 어떻게 자극되는가를
언급하는데 탄트라 요가에서는 집중과 명상과 헌신의 방법에
대하여 세밀히 묘사하고 있다. 탄트라의 일반적인 개념은 철로
의 철길이나 옷의 위선과 날선같은 선의 집합체이다. 쿤달리니
에 대해서는 잘 확립된 연구 과정이 있다.

이 요가에 대하여 설명하기에 앞서 잠재성이라는 개념을 조사
해 볼 필요가 있다. 현대 물리학에서 위치 에너지라는 개념을
우리는 잘 알고 있다. 이 에너지는 어떤 작용이 일어나지 않게
끔 균형을 유지시켜 주는 내적인 에너지를 의미한다. 이 에너지
의 가장 잘 알려진 형태는 물체를 들어올리는데 소비된 에너지
가 그 물체 속에 잠재적으로 내재하고 있다. 그래서 그 물체를
테이블 바깥으로 떨어뜨리면, 떨어질 때 소비된 에너지가 똑같
이 들어올릴 때 나타난다.

원자가 갈라질 때 나타나는 힘은 잠재된 에너지의 또 다른 경
우인데 그것은 자연이라는 공장내에서 원자들 속에 들어 있는

힘이나 힘의 균형성이 소위 물질 세계나 감각세계로 불리는 외적 세계가 점차적으로 건설될 때 원자들 속에 저장되어 있다고 추측할 수 가 있다.

이제 말아 올려진 잠재 에너지에 대하여 고찰해 보자. 현대 물리학에서 정적 관성 혹은 동적 관성이라는 개념에 대하여 우리는 잘 알고 있다.

당구공이 테이블 위에 멈추고 있을 때, 외부적인 자극이 없으면 계속 머물러 있게 된다. 그것이 움직일 때 외부적인 자극이 없으면 계속 수직선을 따라 움직인다. 그래서 그 공이 어디로 갈 것인지를 추측할 수가 있다. 그러나 곡선으로 움직이면 그 공이 어디로 갈 것인지를 추리하기가 대단히 불가능하다. 그래서 나는 코일 모양의 쿤달리니의 그림을 생명력이나 곡선 관성력으로 감히 말하고자 한다.

동물이든 식물이든 살아 있는 생명체들은 특징이 모두 곡선형태이다. 육체내에 존재하는 쿤달리니 에너지는 외부로부터 육체내로 흡수되는 것이 아니라 내부로부터 솟아나는 것임을 알아야 한다. 편의상 서로 충전된 배터리의 경우를 연상하면 좋다. 에너지가 방출된 때는 정해진 선을 따라 나간다. 즉 치트리니선을 따라 차크라를 차례차례 통과한다. 차크라는 육체의 기능과 관련을 맺고 있지만, 그 자체가 에너지의 원천은 아니다. 그것은 기계와 같다.

여러 차크라를 생각할 때는 프리즘과 스펙트럼간의 유사성을 생각해 보면, 여러 차크라를 통하여 작용하는 힘의 효과와 기능을 이해하는데 도움을 준다. 혹은 한 회로내에 있는 다른 빛깔의 전구나 다른 전기 기계로 생각 할 수도 있다.

라야 요가의 훈련은 육체적인 에너지의 의지적인 진화로 간주할 수 있다. 아주 원시적인 생물의 피부에 있는 감각, 지각, 점이 환경과 노력에 의하여 눈이라는 복잡한 형태로 발전했듯이 우리의 현재의 감각도 라야 요가에 의하여 발전될 수 있는 단순한 감각, 지각, 점으로 볼 수가 있다.

씨와 나무와 같이 정해진 패턴에 따라 자발적인 진보를 할 때, 연꽃 줄기가 물을 통하여 위로 상승할 때와 연꽃이 공기와 태양을 받아 완전히 만개하는 것과는 차이가 있다.

라야 요가의 이론에 있어서 쿤달리니가 여섯 개의 차크라를 통과한 후, 정수리에 도달하여 천개의 연꽃잎에 도달할 때는 여성적으로 묘사되는 육체의 에너지는 정수리에서 영적인 배우자와 결합하여 모든 차크라에게 새로운 빛을 비추며, 척추의 밑바닥에 있는 자신의 고향으로 다시 되돌아 간다. 이제 육체의 기능들은 완전히 꽃이 피어 새로운 미와 힘을 갖추어 정화된 삶으로 인도하는 영적인 자유 의지를 갖추게 된다.

따라서 육체적인 기능이 단순한 준비 단계를 벗어나 이제는 영적인 힘에 의하여 모든 육체의 기능들이 정화되어 새로 탄생되는 기쁨을 맛보게 된다.

내가 알고 있는 라자 요기들은 지금까지 설명한 배암의 또아리와 같은 쿤달리니 각성 방법을 전혀 인정하지 않고 있다. 라자 요기들은 쿤달리니 각성을 어머니가 어린 아기를 걷게 하기 위하여 다리를 잡아주는 것이나 정원사가 장미꽃이 더 잘 피게 하기 위하여 외부적인 힘을 사용하는 것으로 간주한다.

그들은 깊은 명상 상태에 들어가 더 미묘한 세계를 이해하려고 노력할 때, 쿤달리니는 저절로 상승하여 영적인 황홀감 속에서 차크라가 차차 개발된다고 한다. 파탄잘리는 척추선이나 차크라, 쿤달리니에 대해서 전혀 언급을 하지 않고 있다. 숭배나 헌신의 기능이 이 속에 있음을 느낄 수 있다.

서구인들은 미나 진리나 선에 대하여 종종 헌신한다. 그러나 라야 요가에 있어서는 헌신이라는 개념이 단순히 경건한 대상에 대한 것이 아니고 쿤달리니 각성을 가져오는 어떤 구체적인 대상에 국한된다. 똑같은 원리가 생물학적인 진화의 과정에도 작용했다. 즉 진화하는 생물체가 자신을 위하여 살아 있는 육체기관을 정형화 시키지 않고, 자신의 삶의 경험을 증가시키기 위하여 다양한 환경 속에서 살기를 갈망했다. 우리가 가진 생각이나 힘에 의하여 사지가 생겨났다고까지 말할 수 없고 살려는 의지에 응답하여 생겨난 것일 수 있다.

탄트라 수행자들이 종종 말하는 바와 같이 인간이 영적인 성장과 병행하여 완전히 고양된 육체적인 기쁨을 맛보아야 하며 영적인 성장이 육체적인 기쁨의 포기가 되어서는 안 된다고 말한다면 이에 대한 라자 요가의 대답은 육체적인 고양된 기쁨이 영적인 정화와 통찰력과 병행하여 이루어지는 정도에서는 '사실이다' 라는 대답이 나올 것이다.

그러나 현재의 모든 삶이 영적인 삶을 위한 단순한 학습에 불과하기 때문에 영적인 삶을 완전히 터득한다면 육체적인 기쁨들은 자아 실현의 기쁨과 비교할 때 아무것도 아닌 것이 된다.

파탄잘리가 언급하였듯이 "깨달은 자에게는 모든 것이 괴로움이다."물론 우리는 깨달음만을 강조해야지 자신을 불행하게 해서는 안된다. 그리고 이것은 완전히 열린 영적인 직관력으로 인도하는 즐거움에 몰두하지 않고 열린 마음과 열린 가슴에 집중하는 라자 요가의 방법과 일치한다.

이 사실을 이해하고 맛의 즐거움만을 위해서 먹지 않는 사람은 건강을 위한 식사 중에 미식가적인 맛의 추구에서 얻을 수 있는 것보다 더 큰 만족을 얻을 수 있을 것이다.

우리가 차크라의 목록과 기능에 대해서 설명하기 전에 먼저 차크라 안에 거주하는 것으로 간주되는 신과 여신에 대해서 언급할 필요가 있다. 왜 자연적인 힘이나 기능이 인격적인 의미로 묘사되어야 하느냐? 대답은 이와 같다. 의식의 다양한 경험을 결정짓는 근원을 여러분이 모를 때는 비인격적인 개념보다 인격적인 개념으로 이것들을 설명할 때 더 이해하기가 쉽기 때문이다.

만일 어떤 사람이 절대자와 신들을 인간과 동일하다고 묘사하는 것에 이의를 제기한다면 그는 또한 광물적인 묘사에 빠지지 않으려고 주의를 기울임에 틀림없고 그는 자신이 '힘' '광명' 그리고 '공허'에 대해서 이야기하고 있음을 발견할 것이다.

인격화된 신들을 숭배하는 사람은 자신의 영상과 조상(彫像)이 단지 대용물임을 잘 알고 있다. 그러나 그는 그 대용물을 자주 언어를 초월하는 것으로 여긴다. 세 위대한 신들을 예로 들어보자.

쉬바(Shiva)는 절대자의 의지나 목적이고 비시누(Vishnu)는 절대자의 사랑이나 상냥함 그리고 브라마(Brahma)는 절대자의 물질적이고 창조적인 실존이다. 그리고 심지어 이 같은 의지, 사랑 그리고 사고는 단순히 마음을 초월하는 하나의 신성한 실체(사트 Sat) 자각(치트 Chit), 기쁨(아난다 Andnda)을 표현하거나 명시하는 것으로 여겨진다.

이 숭고한 힘들을 의지, 사랑, 사고라 부르는 것은, 신(神)을 인간과 동일시하는 실수를 범하는 것이다. 신들의 개념은 육체와 정신을 능가하지만, 육체와 정신에 모두 적용되는 어떤 것을 포함한다.

실제 한 사변학파에 따르면 어떤 사람이 자신의 지성과 사랑과 의지를 완성했을 때도, 여전히 그는 신의 지도 아래서 이 재능들을 이용하여 더욱 훈련 받을 필요가 있다고 주장한다. 따라서 이것을 기독교적 사고와 비교하면, 인간의 완전한 지성이란 충분치 못하다. 이는 사람이란 성령의 주입을 필요로 하기 때문이다. 인간의 사랑이란 완벽하지 못한데 이 또한 사람이 그리스도의 주입을 필요로 하기 때문이다. 인간의 완전한 의지는 충분치 않은데 그것이 신성한 존재의 주입을 필요로 하기 때문이다. 물론 이런 기독교적 사고는 구약시대에서였고, 지금은 또 다른 귀중한 사상으로 가득 찬 새시대이다.

이런 다양한 신들은 그림으로 그려지고 상상된 차크라의 내용 속 뿐 아니라 사람들의 집 안을 장식한다. 사람들은 끊임없이 그런 그림들을 벽 위에다 걸고, 붙이고 할 것인가?.

그리고 이신들은 대화 중에 '상상의 것들이라고 지시되는 것을 발견하는 것은 교훈적이다. 신들은 우리 마음이나 이 세계의 어떠한 개념을 통해서도 비교하거나 설명될 수 없다.' 따라서 이들은 알려지지 않은, '잘 상상되어진' 어떤 것이다.

그리고 여기 쓰여진 대명사 '어떤 것'은 주의깊게 사용되어야만 하는데 이는 실체란 단지 '이것'이 아니라 '저것'으로만 말할 수 있기 때문이다. 스스로 창조하고 또 지속하는 실체가 아니다. 그럼에도 불구하고 세상은 분류할 수 없는 잡동사니들이 모인 곳이 아니다. 세상은 모든 것에 법칙, 질서, 분류와 명료함이 있는 곳이다. 신들은 '마음을 초월한 법칙들'을 가르치고, 이들의 그림들은 집중과 명상과 삼매를 위한 정신적인 집중적 역할을 한다.

자! 이제부터 차크라에 대한 설명과 명상 그리고 이들에 대한 수행으로 넘어 가기로 하자.

6개의 차크라, 혹은 연꽃(파드마 Padma)은 척추를 따라서 다음 순으로 있다.

1. 아즈나(Ajna) : 양 눈썹 사이
2. 비슈다(Vishuddha) : 목구멍
3. 아나하타(Anahata) : 심장
4. 마니푸라라(Manipurara) : 배꼽
5. 스와디스타나(Swadhisthana) : 회음부
6. 물라다하라(Muladhara) : 척추 밑부분 항문과 회음부 사이

편의를 위해 우리는 이들을 눈썹 중심, 목구멍 중심, 심장 중심, 배꼽 중심, 골반 중심, 기초 중심으로 부르겠다. 그러나 이것들이 척추인대 안에서 매우 가는 치트리니관 위에 꿰어져 있는 아주 미세한 기관이고 또 활동이나 작용 영역은 육체의 상당한 부분에 걸쳐 있다. 이들은 감각기관의 감각이 아니고, 또 신체에 있는 신경조직 혹은 신경절이 사고로부터 생기는 신경의 충동의 원천이 아니라 단지 이것들을 위한 수단인 것처럼 육체와 마음 사이에 교류하는 매개물이다.

몇몇 저술가들은 차크라를 신경조직과 같은 것으로까지 여긴다. 이들은 순서대로 공동, 인두, 심장, 상복부, 하복부, 골반, 다른 이들은 신경조직과 차크라 사이에는 단지 '어떤 관계'가 있을 뿐이라고 주장한다.

요가 수행자들은 일반적으로 마치 우리가 보행 중에 다리의

근육과 신경을 무시하듯이, 육체적인 세세한 것들은 무시하고, 센타 즉 차크라로 하여금 자신들의 활동에 주의하도록 한다.

그러나 차크라 속 혹은 차크라에 대한 사고가 경우에 따라서 자신들을 자극하거나 고요하게 한다고 모든 하타 요가 수행자들과 밀교 수행자들이 주장하는 이런 관점 뒤에는 그들의 명상수행과 차크라 내부에 대한 숭배가 있다.

이런 믿음은 사고의 영향 속에서 일반적인 경험에 의해서 생긴다. 왜냐하면 우리가 어떤 것을 들으려고 집중한다면 우리는 본능적으로 우리의 의식을 귀에 둔다고 한다. 즉 귀에 우리의 주의를 집중한다. 소년시절 내가 다른 소년들과 근육발달을 위해 산도우(Sandow)운동)을 하였을 때, 좋은 성과를 얻기 위해서 마음을 이두근(二頭筋)등에 두고, 또 우리가 운동을 하고 있는 동안 확실하게 마음이 다른 주제로 벗어나지 않게 하라고 지시했었다. 실제 육체에 대한 마음의 영향력은 아주 잘 알려져 있어서 두말할 필요가 없다.

다음으로 연꽃의 구조가 꽃잎과 핵심 혹은 과피로 영상화 되었다는 것을 알아야 한다. 눈썹 연꽃에는 2개, 목구멍 연꽃에는 16개, 심장 연꽃에는 12개, 배꼽 연꽃에는 10개, 골반 연꽃에는 6개 그리고 기초 연꽃에는 4개씩의 꽃잎들이 주어진다.

알파벳 중에서 문자 하나하나가 이들 꽃잎들 각각에 새겨진다. 이것은 산스크리트 철자의 모든 문자(산스크리트어는 이 세상에서 음성학적인 배열을 위한 가장 과학적인 언어이다)가 기본적인 소리를 나타내고 또 마치 어떤 영상이 기본적으로 바꾸어질 수 없는 색채들의 복합물인 것처럼, 구어(口語)는 단지 이기본적인 소리들의 복합물이라는 이론에 근거한다.

다음으로 소리는 창조적인 표현의 토대이다. 처음에는 정신적이고, 그 다음 입을 통한 소리로 표현되는 명령이 온다. 소리로부터 형식이 생긴다. 또한 형식은 소리 특히 우리의 육체를 구성하는 감각들과 감각조직들에 의해 영향을 받는다. 다시 말하면, 이 세상에서 모든 움직임은 우리 귀가 들을 수 있는 범위를 넘어섬에도 불구하고 소리를 생기게 한다고 여겨진다.

이같은 소리에 대한 이론은 만트라 주의의 근거이다. 아름답고도 적절히 표현된 특정한 문장들은 매우 영향력 있는 것으로 여겨진다. 또 사고를 마음 앞에 두어, 즉 사고의 활동을 끊기 위한 목적 뿐 아니라, 단어 자체는 소리처럼 집중된 생각과 조화를 이루면서 영향을 미친다는 인식을 갖고 반복되고 있다.

만트라의 암송은 차크라 속에서 행해지는 숭배의 중요한 큰 부분을 차지한다. 알파벳에서 개개의 문자들은 만트라적인 힘을 갖고 있다. 그러나 각각의 차크라는 특별히 기본적인 만트라를 갖고 있어서, 이것은 종자 만트라(비자 만트라 Bija Mantra)라고 불린다.

우리는 여기에서 대표적인 것으로, 기본 차크라의 종자 만트라를 설명하고 다음으로 나머지 것들을 열거한 것이다. 이 종자 만트라는 르암(Lam : 옴)이다.

발음을 설명하기 위해서 이 산스크리트 형상을 아는 것이 필요할 것이다. 자음은 그 위에 점이 있는 작은 초생달을 갖고 있다. 모든 자음은 다른 어떤 모음이 표시되지 않은 경우에 짧은 모음 '아'로 발음된다. 따라서 이 경우 주요 기호는 라(La)이다. 초생달과 위에 있는 점은 지속되는 '므'를 나타낸다.

그러나 이것은 우리가 입술을 붙이고 다음에 글자를 발음할 때 입술을 라(La)를 발음하는데 입술은 열리지만 우리가 '므'를 발음하려고 시작하자마자 입술은 닫힌다. 그리고 이 경우 소리는 우리가 원하는 만큼 계속될 수 있다. 그때, 입술은 다시 열리지 않고 일반적으로 3음절 길이 만큼 계속된다.

또한 꽃잎 위에 새겨진 문자들은 각각 같은 후음(喉音)이 주어진다. 모음 '아'는 항상 짧다. 람(Lam) 속에서 '아'는 영어의 Lamb과 같지 않고 India에서의 'a'와 비슷하다.

이들 소리들의 만트라적인 영향력을 살펴봄에 있어서 특정한 소리는, 특별한 요소들이다. 예를 들어 대지(땅, 물, 불)등과 같은 특별한 색채들, 특별한 육체의 감각들과 친근한 관계가 있음을 고려해야 한다. 따라서 람(Lam)은 특별히 대지요소, 노란색깔 그리고 육체의 말단부분과 관계 있다.

6개의 차크라에 대한 종자 만트라는 각각 아래와 같다.

1. 눈썹 중심 : 옴(OM)
2. 목구멍 중심 : 함(Ham)

3. 가슴 중심 : 얌(Yam)

4. 배꼽 중심 : 람(Ram)

5. 골반 중심 : 밤(Vam)

6. 기본 중심 : 르암(Lam)

이들 종자 만트라는 눈썹 중심의 옴(OM)의 경우를 제외하고, 특정한 동물을 타고 있는 것으로 묘사된다. 동물들은 중심의 만트라들과 친밀한 관계의 어떤 속성을 나타내 준다.

리스트는 다음과 같다.

함(Ham)은 흰 코끼리 위에 있다. 얌(Yam)은 영양 위에, 람(Ram)은 숫양 위에, 밤(Vam)은 악어와 유사한 물고기 위에 르암(Lam)은 또 다른 종류의 코끼리 위에 있다.

이것들의 목구멍 중심은 에테르 성분과 청각과 관련이 있고, 가슴 중심은 공기 성분과 쉬운 동작과 촉각, 배꼽 중심은 불 성분과 열과 시각, 골반 중심은 물 성분과 미각, 기본 중심은 대지 성분과 후각이 각각 관련이 있다는 서술을 다소간 설명해 준다.

우리가 성분 지역, 성분 능력 혹은 마음 속에서 감각을 지닌 어떤 중심에서 명상할 때 종자 만트라는 처음부터 사용되어야 한다.

연꽃의 과피에 있는 종자 만트라와 더불어 연꽃 성분의 속성을 나타내 주는 상징적인 형태들과 이들은 자체의 색깔을 갖고 있고 그것은 다음과 같다.

목구멍 중심 : 흰 원

심장 중심 : 검푸른 육각형

배꼽 중심 : 빨간 삼각형

골반 중심 : 흰 초생달

기본 중심 : 노란 사각형

빨간 삼각형은 뒤집혀 있고 각각의 측면에 스와티라 (Swatira)무늬가 있다. 노란색 사각형에는 각 귀퉁이와 측면의 중앙에서 투사된 8개의 창이 있다. 개개의 연꽃의 과피에도 또한 색깔이 부여되어 있는데 아래와 같다.

목구멍 연꽃은 검붉은 색의 꽃잎을 갖고 있는데 이들은 후음 므(m)을 지닌 모음 아(a), 이(i), 우(u), 이리(iri), 리(ri), 르이 (li), 에(e), 아이(ai), 오(o), 아우(au)와 이 모음들 뒤에 약간 내쉬는 흐(h)를 붉은색으로 포함하고 있다.

가슴 연꽃은 오렌지빛 붉은색 꽃잎을 갖고 있고, 각각의 꽃잎은 검은색 자음 크(k), 크흐(kh), 그(g), 그흐(gh), 느(n)(in에서 n발음) 츠(ch), 츠흐(chh), 즈(j), 즈흐(jh), 느(n),(inch에서의 n 발음) 트(t), 트흐(th)를 포함한다.

배꼽 연꽃은 녹색의 꽃잎들을 갖고 있고, 이들은 밝은 청색의 자음 드(d), 드흐(dh),느(n) (into에서 n 발음) 트(t), 트흐(th), 드(d), 드흐(dh) (앞에서 나온 t, th, d, dh보다 치음이 많다), 느(n)(India에서 n발음) 프(p), 프흐(ph)를 포함한다.

골반 연꽃은 주홍색의 꽃잎들을 갖고 있고 이들은 번개의 색 같은 자음 브(b), 브흐(bh),므(m), 으(y), 르(r), 르흐(l)를 포함한다.

기본 연꽃은 진홍빛의 꽃잎들을 갖고 있으며 이들은 황금빛 문자 브(v),스(sh)(ensau에서의 발음처럼 가볍다. 스흐(sh)(shovel에서의 발음처럼 무겁다) 스(s)를 포함한다. 모든 경우에서 개개의 꽃잎에는 하나의 문자가 있다. 앞의 것으로부터 독자는 차크라 속에서 문자, 상징, 색채에 대해서 명상하는 사람은 생각할 것과 관계와 조화에 대해 고려한 것이 많을 것이라고 이해한 것이다.

우리는 여러개의 차크라 속에서 열중과 숭배를 위해 제공된 상징물, 즉 남신과 여신을 모두 첨가해야만 한다. 이들 남신과 여신들은 가지각색의 머리와 손을 갖고 있는데, 이들은 육체의 다른 부분뿐 아니라 손들도 상징적인 도구나 무기를 쥐고 있고 또 다양한 몸짓과 동작을 보여주고 있다.

목구멍 중심에는 5개의 머리와 10개의 팔이 있는 남신 사다시바(Sadashiva)가 있다. 손에는 삼지창, 싸움용 도끼, 칼, 번개, 불 뿜는 무기, 코부라, 종, 막대기, 올가미를 쥐고 있고, 이들 각각은 용맹이나 두려움 없음을 표시하고 있다.

먼지로 더럽혀진 육체에 그는 호랑이 피부와, 목 주변에는 배암과 같은 꽃무늬가 있다. 이마는 아래쪽을 향하고 감로수를 발산하는 초생달 모양의 것을 쓰고 있다.

이 중심에 여성적인 신격(神格)은, 사키니(Shakini) 사다쉬바의 삭티(Shakti)이다. 혹은 세상에서의 힘이다.

그녀는 희고, 노란색 사리를 입고 있으며 4개의 팔과 각각 3개의 눈을 가진 5개의 얼굴을 갖고 있다. 그녀의 손에는 활, 화산, 올가미 그리고 막대기가 있다. 심장 중심에 있는 신격은 이샤(Isha)와 카키니(Kakini)이다. 한 손은 은혜를 주는 듯한 손짓을, 또 다른 손은 두려움을 없애는 손짓을 보여준다.

카키니도 또한 3개의 눈을 갖고 있지만, 팔은 4개를 갖고 있는데, 이 중 2개의 손은 이샤와 같은 손을 보여주는 반면에 나머지 두 손은 각각 올가미와 두개골을 들고 있다.

그녀는 노란색이고 영양과 같은 가죽과 많은 장식물을 입고 있다. 게다가 이 중심에는 황금색 머리장식으로 초생달 모양의 것을 쓰고 있는 바 자신이 실종하는 역삼각형이 있다.

또한 심장 중심 바로 아래에 심장 중심보다 작은 중심이, 즉 8개의 꽃잎을 가진 빨간 연꽃이 있고, 그 속에서 열성적인 사람이 깊은 명상 속에서 자신의 스승을 공경하는 제단을 포함하고 있는 보물섬이 묘사되어 있다는 것도 반드시 언급되어야 한다. 이것은 모든 산스크리트 문학에서 헌신적인 명사에 대한 설명 중 가장 아름다운 것들의 하나로 여겨진다.

그로 하여금 자신의 심장에서 감로의 넓은 바다를 찾도록 하라.
덩신의 마음 속에 아름다운 보불섬이 들어 있다.
모래는 밝은 황금색이고 보물들이 흩어져 있는 곳.

아름다운 나무들은 수많은 꽃들과 해변을 따라서 열을 지어 있고,

후각에 가장 감미로운 향기는 사방으로 퍼진다.

숭고한 완성의 감미로움을 맛 본 사람은,

반드시 그 황홀경 속에서 가장 놀라운 나무를 마음에 그려 본 것이다.

멀리 뻗친 나뭇가지들이 모든 맛의 과일을 기르는 것에 대해서,

거기 과일과 꽃들은 죽음과 슬픔을 모른다.

반면에 그들에게 벌들은 윙윙거리고 뻐꾸기는 부드러운 소리로 노래를 불러준다.

지금 저 평화스러운 정자 그늘 아래에,

가장 밝게 빛나는 루비로 된 사원이 보인다.

그리고 그곳을 찾는 사람은, 진귀한 자리를 찾게 될 것이다.

그가 지극히 사랑하는 존재는, 그 속에 귀중하게 모셔진다.

그로 하여금 그의 스승이 명확히 말했듯이, 자신의 마음에 머물도록 하라.

자체의 형태와 몸짓을 갖는 저 신성한 모습에 대해.

배꼽 중심에서는 루드라(Rudra)와 그의 삭티(Shakti), 라키니(Rakini)가 있다. 루드라는 시바의 다른 형상이다.

이 형상은 오래되고 또 실제로는 빨간색이지만 먼지가 덮여 있기 때문에 하얗게 보인다. 그는 3개의 눈과 은혜와 겁없음을 보여주는 2개의 팔을 갖고 있다. 라키니는 각기 3개의 눈을 가진 3개의 얼굴을 갖고 있고, 팔은 4개이고 검은색이지만 많은

장식물과 노란 고유의상을 입고 있다. 두 개의 손은 루드라와 같은 몸짓을 보여주고, 다른 손들은 번개와 불을 뿜는 무기를 지니고 있다. 비록 무서운 모습으로 보여주고는 있으나, 그녀는 사실상 자비심이 많다.

골반 중심에는 푸른빛이고 노란색 옷을 입은 하리(Hari) 혹은 비슈누신이 있다. 그는 4개의 팔을 갖고 있는데 각각 소라, 원반, 철퇴, 그리고 연꽃을 지니고 있다. 그의 특별한 표적은 물질적인 원리를 나타내기 위해 받아들여진 가슴의 곱슬곱슬한 털과, 황금빛을 띠는 붉은색의 찬란한 보석장식이다.

이 장식은 세상에 들어온 신처럼 그의 존재의 부분이고 또 이 세상을 죽은 사람들의 것이 아닌 살아있는 사람들의 것으로 만드는 삶을 유지하는 영혼을 나타낸다.

이 중심에는 비슈누와 함께 역시 푸른색인 여신 라키니가 있다. 비슈누의 경우에서 이 푸른색은 자주 어두운 비구름색으로 묘사되는데 이 구름을 인도에서는 대지에 생명력을 주는 비를 뿌려 줄 때 축복으로 여겨진다. 그러나 라키니의 푸른색은 그녀가 성스러운 장식물로 치장되고, 손에 다양한 무기를 쥐고 앉아 있을 때 푸른 연꽃의 색과 다른 것으로 묘사된다.

마지막 기초 중심에는, 에테르 요소나 하늘의 일을 책임지는 여신 인드라(Indra)와 함께 물질세계의 창조자 브라마가 있다. 브라마는 4개의 머리와 4개의 팔이 있는 것으로 표현된다.

남신과 여신에 대해서는 충분히 언급하였는데, 이것은 신에 대해 명상을 헌신적으로 하는 사람을 위해, 믿을 수 없을 만큼 많은 상세한 것들이 있고, 명상을 하는 사람들은 우주론 및 철학과 심리학의 분야에서도 많은 위대한 개념들로 이끌었다는 것을 보여준다.

마음을 계속해서 수행함으로써, 헌신은 숭배자들 앞에 훌륭하고 풍요로운 삼매에 의하여 격려되며, 이것을 더욱더 자각함으로써 무질서와 혼돈의 세계를 성스러운 근원과 삶의 부분을 더욱 그의 생각과 일치하게 한다.

쿤달리니의 각성은 단순한 생각의 차원을 초월하여 광명과 직관을 가져다 준다. 사차크라 니루파나(Shatchakra Nirupana)에 의해 이 영역에서 상징적인 자극의 부분들을 언급하기에 불가능하다.

두 가지는 차크라의 완전한 이야기로 남아 있으며 이마의 중심부위의 설명에서 다른 다섯 개의 부위와 다른것의 중요성이 지금 설명되는데 머리 꼭대기의 사하스라라 차크라이다. 이것은 쿤달리니의 여행을 따지는데, 분리해서 나중에 다루기로 하자.

우리는 물질원소의 연관성과 그 주제를 떠나, 즉 비자 만트라에서 차크라까지, 만트라들과 이러한 구성요소에 대한 생각의 다른 구조가 그 상태이며, 몸의 부분과 이 명상의 코스에 대한 연결적인 분배이다. 이러한 시스템은 간략하게 요가타트바 우파니샤드(Yogatattwa Upanishad)에서 가장 간결하게 요약 설명되어 있다.

발에서 무릎까지 땅의 영역이며, 그 요소는 네 군데이며 노란색이며 글자는 1자이다. 호흡과 함께 발에서 무릎까지 만트라 람(Lam)을 하며, 브라마의 네 얼굴을 명상하며 색깔은 황금색이다. 이런 종류의 집중을 두 시간 동안 하면, 확고한 위치를 줄 수가 있고 위험부담이 적다. 무릎에서 항문까지는 물의 영역이다. 초생달 모양이며, 흰색이며, 만트라는 밤(Vam)이다. 여기에서 명상은 나라야나(Narayana)이며 네 손과 왕관과 오랜지빛 옷 색깔이다.

이것(비슈누)은 부서지지 않는 물질과 대조되는 또는 지상적인 것이다. 두 시간의 집중에서 얻어지는 것은, 피로부터 자유로우며 액체를 다스릴 수가 있다.

항문에서 가슴까지는 불의 영역인데, 이것은 삼각형이며 빨갛고 비자 만트라의 람(Ram)이다. 호흡을 높이고 만트라(람Ram)에 의해 찬란하게 빛나며, 이 영역은 루드라를 명상하며 세 개의 눈과 재로 인하여 얼룩져 있으며, 즐겁게 바라본다.

여기에서 결과는 불의 사용에 의해 더없는 지복을 누리며 구성요소들부터 위험에 자유롭다. 가슴에서 양미간 사이는 공기의 영역이다. 이것은 육각형이며, 검은색이며, 빛나며 글자는 '이' 이다. 호흡이 이 영역을 만트라 얌(Yam)과 같이 두 시간 동안 옮겨다니는데 이스와라(Ishwara)를 집중한다.

눈썹 사이에서 머리꼭대기까지는 에테르(아카샤 Akasha) 모든곳에 퍼져 있는 요소)이다. 이것은 둥근 공모양이며, 회청색이고 글자는 '흐'이다. 여기에 두 시간 동안 만트라 Ham을 호흡을 높이는데, 사다 시바(Sada Shiva)의 비전이 닥쳐왔을 때, 여덟까지의 초능력을 얻는다. 이것은 한계가 없는 작은 것, 큰 것, 빛, 무거움, 움직임, 창조성과 통제성이다.

시바는 여기에서 위대한 신 마하데바(Maha Deva)이며, 행복을 가져온다. 한점인 빈두(Bindu)의 특성과 순수한 수정체처럼 빛나며, 초생달을 머리에 달고, 다섯 개의 얼굴을 가지고, 열 개의 손과 세 개의 눈, 즐거운 표현과 모든 무기를 사용하며, 모든 장식들은 화려하다.

우마(Uma 그의 반려자 삭티)는 그의 반쪽의 몸이다. 그는 모든 원인 중에 원인이며, 거대한 즐거움과 결코 실패하지 않는 축복을 준다.

이 다섯 가지의 명상에 의해 그는 말하기를, 숙련된 요기는 죽음을 극복한다. 깊은 잠으로 빠져들어 결코 의식을 잃지 않는다는 애기이다.

마하 반다(Maha Bandha)와 마하 베드하(Maha Vedha)를 수행할 때에 7장에서 이미 방법을 얘기했듯이, 옴(OM)을 반복하여 세계를 기억하고, 더불어 삶의 세 부분이 충만된다.

즉 위대한 전달자와 신과 천사들의 성격과 일치하여 기본적으로 분류된다.

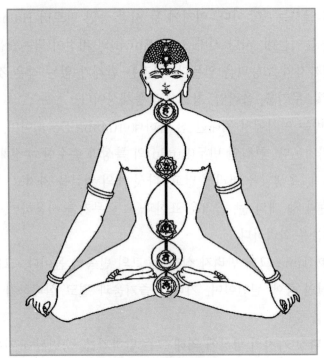

우리몸에 형성된 에너지센터인 챠크라

# 제9장
# 잠재능력의 개발과 수행 과정

**코**일처럼 휘감긴 힘의 수행과정을 이해하기 위하여, 우리는 이마 중심부위을 첫 번째로 지적하지 않을 수 없다.

앞에서 다섯 가지 물질 요소와 감각 기관들을 이미 설명하였으며, 이것은 마음의 차크라에서 감각의 다섯 기관을 관장하고, 행동의 다섯 기관을 관장하며, 동시에 그 다섯 개의 펼쳐진 영역을 통합하는 목적을 동시에 가지고 있으며, 이들의 중심부를 지나면서 쿤달리니에 이익과 좋은 결실을 맺게 하며, 순수의식과 합일되게 한다. 시바의 머리꼭대기에는 '천개의 연꽃잎'의 중심이 머물고 있다.

세속의 경험과 연결해서 이해하려는 것은 불필요하다. 그러나 의식의 팽창이나 확산의 한계성에 의해 분명하게 짜여지며 의식은 존재의 특질과 그 자체의 고유성들로 풍부함을 더욱더 깨어나게 만들어 준다. 이것을 우리가 소녀와 인형의 비유에서 그 둘 사이의 심리적인 예를 들은 적이 있었다.

가끔 지식(즈나낸드리야스 : Jnanendriyas)을 위한, 오감이나 기관들과 함께 '마음을 포함한 여섯기능'을 인용한다. 다섯 차크라에 대해서는 마지막 장에서 설명되며 항문위 중앙에서부터 목 중앙까지, 후각에서부터 청각까지, '지상적'인 데에서 '에테르적'인 데까지이다.

지금 우리는 이마부위 차크라를 감각의 전달을 연결시켜 세상의 지성적인 이해를 얻게 한다. 예를 들어 눈은 책상을 '본다'고 할 때, 오직 우리는 그 물건에 담았던 느낌의 기억과 함께 본다.

만약 우리가 꽃에 대한 명상을 한다면 꽃 냄새를 함께 자각하게 될 것이며, 그 잎을 느낄 것이며 단지 그 외양만이 아니라 본성을 알기 위해서는 다른 것과의 연관된 것을 알아야 한다. 고양이에 대하여 근본적인 명상을 학생들에게 가르칠 때,

첫째, 나는 고양이를 안다.
둘째, 고양이의 특성은 몸과 마음 둘 다이다.
셋째, 고양이의 부분들.
넷째, 등급을 매겨 어떤 종류의 다른 구성으로부터 유사한 것과 가지고 있는 것,

이러한 방법으로 모든 다양한 종류를 묶어서 알고 있거나 혹은 고양이의 생각을 한다. 이러한 자세한 것은 단지 연결시키지 않으며, 다만 사실과 이상을 긍정적으로 하나로 묶는다. 그것은 고양이의 구성요소들을 만들고, 그 특성과 행동이 다른 다양성들과 연결되어 있다. 예를 들어 우리는 집에 대해서 이야기할 때 단일화된 관념을 보여준다. 전체를 대변하는 것은 부분에서 발견되지 않으며 모든 기저에 분산되어 있다.

이마 중심부인 아즈나 차크라(Ajna Chakra)를 설명하고, 명상은 사랑스럽게 빛난다. 명상은 새롭고 더욱 주관에 빛을 주고, 의식의 힘이 인지되도록 촉진시킨다.

이 차크라를 아즈나라 부르며, 명령한다는 뜻으로 해석하는데, 영적 스승의 지시를 따른다는 것이다. 스승의 객관성은 지식에 의해 대치될 수 있으며, 그의 '명령'은 행동을 명령하는 것보다 더 큰 명령을 이해하게 된다. 스승은 제자에게 정보를 주고, 그 자신이 지식을 발견하지 못할 때, 그의 개념을 정확하게 세우고 올바로 살도록 유도하고 이끌어 준다.

이런 이유로 붓다는 자신을 타타가타(Tata Gata)라 하였다. 그뜻은 이러한 방법으로 먼저 가서 길을 설명하는 자이며, 그의 여신적인 측면에서 주고 그들은 받는다. 다른 방법으로 사물을 보면 우리의 행동은 마음이 모든 기관의 명령자이다. 우리는 오직 언제나 바르게 습관적인 구조와 부분적인 기능을 사용되도록 한다.

그러나 그것은 마음의 결정에 의해서, 생각이 일어나는 것이다. 다르게 얘기하면 단순한 반응이나 필요한 절차를 순전히 수용하는 것만은 아니다. 운전을 배울 때 많은 반응들이 습관화되어야 한다. 그러나 처음에는 계속해서 지시를 내려야만 한다. 즉 마음이 무의식적으로 깨어 있는 상태에서 지시할 때까지.

이마 차크라는 아름다운 흰색이고, 달과 같으며 두 개의 하얀 잎이다. 크샴(Ksham)의 목적은 하나의 소리를 내는 것인데, 흐(h)단어와 크스(ksh)는 빨갛거나 다양한 색이다.

이 차크라의 신상은 시바 그 자신이며 남근인 링감(Lingam)의 형태를 묘사하였다. 이 상징은 서양 독자들에게 자극을 준다.

사고는 위대한 성스러움의 하나로 대변되고 이러한 창조적인 힘은 위대한 선견지명이 있는데, 많은 독자들이 열정적인 쾌락이나 흥분 또는 상상을 유발시켜 요즘의 일반 책자들을 자극하고 있다. 그 완전한 뜻은 마음이 창조적이란 뜻이며 새로운 형태, 기계의 설계, 에너지 변혁이며 창조적이란 두 가지 뜻을 내포한다. 물질적인 측면과 창조적인 측면 둘 다 필요하다. 시계를 설계할때는 반드시 능동적이고 변하지 않는 재료와 형태를 써서 바퀴와 지렛대, 용수철 등을 사용하는데 창조적인 상상이 필요하다.

우주는 이러한 방법으로 두 갈래로 나뉘어져 있는데, 수학과 논리의 법칙을 물질적인 쪽에 적용하고, 더 이상 물질과 삶이 결합되지 않는다. 두 사람이 결혼하면 1+1=3이 되며 모든 수학 법칙의 개념이 깨어지게 되어 있다.

언어의 다른 감각성은 차크라 안에서, 시바신은 그자신의 현존으로부터 표현된다. 요가의 실천은 헌신자들에게 쉬바신의 뜻을 실현시킨다. 신은 생활의 완성을 지배한다. 우리의 삶은 생활과 영적 생활 양면에 걸쳐 영적으로 존재이다.

브라마는 물질적인 삶을 관장하고 있다. 비슈누는 삶의 부분들을 관장하고 감각의 충만한 마음이다. 그러나 시바는 결과만을 본다. 이러한 세 원칙은 몸, 마음, 영혼에서 다시 달, 태양, 물의 상징으로 나타난다고 하타 요가 문헌에 언급되어 있다.

명령을 내리는 부분은 내면 관조의 직관에 가장 핵심이며, 깨달음으로 연장시켜 준다. 마음은 수용적이지만 창조적이지 못하다.

우리는 첫 번째로 어떤 것의 밖(外)을 알고 그것의 안(內)을 알고, 그 다음 그것을 안다. 마지막으로 생각은 사라지고, 마음이 확실히 확고해지고 마치 시의 상징인 감로수를 마신다는 뜻을 알게 된다. 물질과 마음은 객관과 주관의 일상사이지만 결국은 두 경험을 다 초월한다. 물론 우리의 삶 속에서 자그마한 측정을 할 수는 있지만 마음은 빠르거나 늦거나 내면 의지의 하인으로 발견된다. 단순히 사는 것이 아니고 완성을 지향한다.

인간은 언제나 축복에 가득차 있으며 길을 가다가도 축복을 받는다. 그 자신의 '성스러운 만족'이 그를 당황하게 하는데 이러한 것이 축복이다.

마음의 초월적인 것은 베단타 철학에서 분명히 지적되는데, 마음은 그 의지나, 느낌이나, 생각과 상상력을 내면의 도구라고 부른다.

우리의 삶에서 진정한 짝은 영혼과 육체이며 마음은 그 중간이다. 참으로 진정한 결합은 영혼과 세계이다. 마음은 그 중간이다. 몸은 오직 외부적인 도구일뿐이다.

요가 시스템에서 마음의 수행인 집중, 명상, 삼매는 단순히 내면적이 아니라 '보다 더 내면적인' 것이며 몸에는 자세, 호흡, 감각통제등이 있다. 파탄잘리 경구에는 '그 셋은 하나보다 더욱 심도가 깊으며, 바깥 수족의 상태에서 무종(無)의 상태까지이다' 라고 하였다.

이런 모든 것은 쉬바신이 직접 행하는데 옛날의 모든 것을 제거하고 소멸시키고 전환시키고 파괴하는 의지이다. '단 한번에 이루어진다' 는 것이 우리 생활의 변칙이다. 마음은 선택할 여지가 없이 복종한다. 이러한 마음의 독립성 그 자체는, 어떤 실제 상황을 뛰어넘은 더 높은 마음이다.

시바는 이마 중심부에 있는 여신 하키니(Hakini)와 함께 묘사되어 있다. 그녀는 여섯개의 머리와 팔을 보여주고 네 손에는 책과 해골, 두 개의 조그마한 작은 북, 염주 등을 들고 있다. 다른 둘은 공포를 없애는 표시와 축복을 준다. 작은 북은 시바의 춤에서 손을 보여주는데 서양에서는 익숙치 않기 때문에 설명을 잘 해야만 한다. 두 개의 북이 붙어 있는 끝부분은 가늘다.

염주도 중심부위에 연결되어 손으로 치거나 염주를 번갈아 가
며 끝부분까지 이리저리 친다.

그전에 우리는 이러한 상징적인 의미를 밝히려고 노력하지 않
았다. 시바와 밀접하게 연결되어 있는 두개골을 제외하고 설명
하였으며, 모든 형태들을 지나쳐 버렸다. 북을 울리는 시간과
연속적인 삶을 표현한 리듬, 염주에 집중되는 이익과 경전의 기
억들이 집중과 가치들이다.

하키니의 마음은 정화된 것으로 불린다. 이 마음(마나스 :
Manas)과 의식(치타 : Chitta)의 구별은 베단타 철학자들의 내
면의, 네가지 종속적인 전개의 두 부분이다. 마나스는 생각의
일이며, 치타는 생각들의 일이다.

다른 말로 마나스는 생각의 일이며 치타는 기억, 감지능력 사
고의 흐름이며 다른것들과 연결된 인지들이며 그 개념들을 모아
그들은 거기에 이름을 붙인다.

이마 차크라의 중심의 역삼각형 안에, 소리의 씨앗(비자 만트
라 : Bija mantra)이 담겨 있는데, 그것은 옴(OM)소리의 표시
이다. 옴은 모든 힌두교의 기본적인 만트라이다.

만트라를 설명하는 장에서 상세히 설명되어 있으며 성스러움
의 현존을 표현하는 것이다. 삼각형과 연결되어 있는 것은 어디
에나 있는데 한 존재의 세 본성이며 모든 분류의 총집합이며,
생각을 초월한 실상이며, 주관과 객관을 호칭하는 특수한 등급
을 뛰어넘은 것이며, 현재와 부재(不在)의 개념도 넘어선 셋의

형태이다.

이마 차크라 안에 삼각형이 있으며 모든 곳에 삼각형의 형태가 펼쳐진다. 마음은 언제나 그것을 계산한다. 지고의 실상, 그 자체는 베단타 학자들이 기본적인 삼각형이다. 즉 실체(사트), 의식(치트), 기쁨(아난다)을 설명한다.

푸라나(Purana) 경전에는 시바, 비슈누, 브라마신들을 표현하였다. 세상에 알려진 철학인 상키야(sankya)는 기본적이고 보편적인 구성(프라크리티 : Prakriti)과 특성과 지연시키는 힘, 에너지, 질서(타마스 Tamas, 라자스 Rajas, 사트바스 Sattvas)의 요소인 구나(Guna)들이다.

가슴 중심부의 밑에 특수한 명상을 하기 위한 자그마한 부위가 있는데 그것은 앞장에서 설명하였다. 그것은 자그마한 중심 부위인 소마 차크라(Soma Chakra)이며 아즈나 차크라 위에 있으며 좋은 특성과 이상과 연결되어 있다. 그러나 우리는 다시 본래 주제로 되돌아와서 설명하기로 한다.

이마 차크라는 마지막 차크라라고도 하며, 여섯 번째 차크라이다. 그러나 그것이 쿤달리니여행의 마지막은 아니다. 그것은 아즈나 차크라를 넘어서 있으며 대뇌의 가장 꼭대기에서 중심적으로 지휘하고 있다. 이것을 사하스라라 차크라라 칭한다. 차크라라고 부르지만 다른 것과는 전혀 다르다.

쿤달리니의 여행의 목표는 삭티의 남편인 시바와 연결하는데 있다. 삭티는 가장 밑의 중심에서부터 시작되어, 하나의 차크라에서 다른 차크라를 통과하여, 그 전에 에너지의 순환이 하향성이던 것을 상향성으로 바꾸어, 삭티의 풍요로움이 활짝 피어나고, 병적인 열이 가라앉아 차가워진다.

심리학적 측면에서 말하기를 중심부위로 모여들면서 무행위와 반응이 사라진다. 그전에 마음의 집중은 몸의 표현으로 나타내며 상상의 격렬함을 첨가시켜 인간의 마음에 강한 빛을 주며 그들이 가지고 있는 지상에서의 힘에 반응을 주는 원인이 된다.

이것은 하향적으로 꽃피울 수 있는 계기가 된다. 그러나 지상의 힘이 우리의 존재의 영적인 목적에 헌신한다. 다른 말로는 쿤달리니의 삭티 여신이 시바를 그리워하면, 차크라와 기의 흐름이 위로 솟구치고 높아져서 내면의 인간에 높은 동기가 된다.

우리는 명상을 통하여 높은 목적을 대변하는 시바와 삭티, 즉 음과 양의 조화가 내적인 신과 여신의 헌신에 대한 일들로 일어난다. 이러한 헌신은 지상의 힘으로써, 극단적으로는 머리꼭대기의 영적인 힘의 완전한 조화로까지 올라갈 수 있다.

명상이 세상사의 일들을 뛰어넘어, 쿤달리니의 가장 밑의 부위에서부터 삭티와의 가장 밑의 부위에까지 삭티와의 합일을 통하여, 감로수를 마신다고 표현되어 있으며, 영혼의 내면적으로 그 너머에 위대한 힘의 중심부위를 활성화시킨다.

그러나 개개의 명상에서 계속되는 수행들은 요기의 활동중에도 완전히 영성이 의식되는 영구한 상태로까지 발전된다.

쿤달리니와 삭티는 아르다나리쉬와라(Ardhanarishwara)라는 존재에 영구히 합일된 상태라는 이름이 지워지며, 반은 양성이고 반은 음성인 시바와 삭티의 합일이라고 묘사된다. 명상과 실천의 다른 경우에 객체는 궁극적으로 영구한 상태로 전환된다.

아르다니리쉬와라는 가끔 힌두 가정에서 보는 종교적 사상 안에서 시바와 삭티의 관계가 성적인 관념이라기보다, 우리의 실존의 두 극단의 조화라고 개념을 표현하는데 충분하다.

우리가 링감과 요니를 묘사할 때 단지 양적이고 음적인 상징과 아르다나리쉬와라 조화의 단순한 형태인데 일반 힌두 종파에서는 사실상 우리의 영적인 기능을 위해 가르치며 방탕적인 것을 배척하기 위해서이며, 몇 사람을 제외한 대부분의 탄트라 추종자들이나 베탄타와 요가의 가르침에 의해서 비난을 받고 있다.

쿤달리니의 여행의 영적인 본성은 세 가지 부위를 가르치는 것을 보여주며 가장 밑의 중심부의 브라마 부분과, 비슈누 부분인 배꼽 중심부와, 루드라의 부분인 목 중심부위를 나타낸다. 세가지 수준의 의식적인 행동 즉 각 행동의 유형과 효과의 변화를 지적하는 것을 보여준다.

첫번째 제일 밑에서부터 셋의 중심부위는 육체적인 효과를 다루는 브라마의 영역이고, 다음 그 위의 둘은 마음 또는 영혼을 다루는 비슈누의 지배권이며, 그것을 넘어서 진리의 사랑의 성소에 도달하는데 시바의 영역, 이 셋의 영역은 달(밤을 다스림)

과 해(낮은 다스림)와 불(자아를 다스림)이다.

이 세 가지의 영역은 삶의 물질적인 일을 담당하는 마나스(Manas), 삶의 재생에 이익을 주며, 이성 부다(Buddhi)와 진리의 사람인 아트마(Atma)로 나눈다. 셋의 모든 영역은 샥티와 쿤달리니와 시바의 합일과 각 차크라 중심의 영적인 씨앗에 영적 구조적인 영향의 여행으로 연속적인 탄생에 의해 더욱 효과적이다.

중심부위는 마치 자궁과 같아 그 중심부위는 힘이 커지고 그들의 새로운 봉사 안에서 감각적이며 반응과 습성에 대한 성공적인 내면의 충돌을 대신한다. 이러한 것이 세가지 부위들이다.

머리, 정수리, 중심부위(사하스라라 차크라 : Sahasrara Chakra)는 천개의 연꽃으로, 모든 알파벳을 20번이나 표시할 정도로 묘사되어 전 존재가 밝게 빛난다.

그 중간은 다른 삼각형 안에 만월이며 속은 비어 있다. 그것은 '신들의 모든 집단들에 의해 위대한 비밀 안에서 봉사한다'는 것이다. 이 안에서 우리는 몸과 마음을 뛰어넘은 경험의 상태를 암시하며 그것은 텅비어 있는 상태이다. 이 빈두(Bindu) 작은 공이나 점, 후음(後音)을 나타내거나 아누스와라(Anuswara)점을 표시하며 최상의 시바가 거주하는데이다. 그가 자신의 감로수와 같은 말로써 사람들에게 자아통제를 가르치는 것이다.

그것은 점이나 쉼표를 상징한다. 다만 한 가지는 쉼표 자체가 무한성을 대변하며 누구도 그것을 상상하거나 지어낼 수가 없다. 우리는 선을 계속해서 줄여 나가고 무한하게 반복하면 나중에는 점도 아니게 된다.

선 안의 모든 점은 신비이며 똑바른 일직선 또한 신비이며 굽은 선 또한 마찬가지이다. 거기에는 작은 점의 자유에 대한 신비가 있으며, 직선도 곡선도 아닌, 즉 직선의 죽은 비활동이나 곡선의 살아 움직이는 것이 아니다. 그래서 점은 빈두에 의하여 표현되고, 점이나 쉼표는 시바의 무한한 거주지를 나타낸다.

아누스와라(Anuswara)의 소리는 엠무의 점이나 끝을 필사할 수가 없으며 소리 자체는 질질 끌려서 묶음으로 되어 소리가 짧아지거나 길어진다. 그러한 점을 생각하는 것이 높은 수준의 명상이며 시간과 공간척도를 초월한 새로운 영역에 대한 의식적인 경험이다.

우리는 그것의 가장자리에 있고 오직 의식적인 노력을 요구하며 의식 안에서 모든 것을 이룬다. 쿤달리니와 같은 의식은 삶과 물질을 수용하여 그녀의 남편인 시바와 결합된다. 그녀의 청아한 의무 홀로가 아닌 그러나 시바의 아들을 임신한 언제나 아르단나리쉬와라(Ardhanarishwara)이다. 만일 당신이 시바를 보면 삭티를 봐야 하며, 삭티를 보면 시바를 봐야 한다.

'쿤달리니의 상승'의 의미나 육체적인 방법의 고찰은, 하타 요가나 탄트라 문헌에서 찾을 수 있는데 지금은 요기들에 의해서 전해 내려온다. 라자 요기들은 고전적으로 파탄잘리와 그 위대함은 전승되어 내려오며, 외부적인 방법들로서는 아무것도 할 수가 없다.

파탄잘리는 그의 '삼매'(생각을 초월한 명상)는 그 경지에 이르기 위하여, 옴(OM)을 반복하라고 한다. 그러나 '그 뜻을 집중함과 같이' 라고 하는 것을 첨가한다.

육체의 변화가 없는 것이 아니며 그 육체의 기능에서 변화를 돌보며 우리의 모든 진화를 통하여 변화가 일어나며, 욕망과 욕구를 점차적으로 전환시켜 환경으로 주의를 준다.

마음 속에서 이러한 생각과 함께 특히 독자들에게 강하게 추천하며, 이러한 것의 첫 번째로 우리는 쿤달리니가 그녀의 척추의 시작인 동굴이나 둥근 근육 안에 잠자는 상태를 기억하며 그녀는 사브다 브라만(Shabda Brahman)의 본성이며 그것은 브라마가 형체 안에서 작동하며 그것은 가장 기본적인 소리, 즉 의미심장한 소리이다.

그것은 아래와 같이 묘사할 수 있다.

'두 손가락을 항문 위에 두 손가락을 생식기 밑에 대는 것을 칸다물라(Kandamula)라 하는데, 새알크기 만큼 네 손가락 폭만큼 넓다. 나디는 72,000 숫자이며 거기로부터 에너지가 방사된다.'

하타 요가 프라디피카 1장 113절에, 그것은 마치 부드러운 하얀 천 한조각이 덮여 있는 것같다고 하였다.

얘기하였듯이 쿤달리니는 마치 배암이 3번 반이나 또아리를 틀고 잠자는 것 같으며, 그녀가 명상이나 적합한 요가의 행위에 의해 깨어나 상승되면, 마치 배암의 소리를 내는 것처럼 브라만 드와라(Brahma Dwara)의문인 치트리니 채널을 통하여 일어나는 이런 상승은 어쨌든 비정상적인 것이 아니다. 요가의 실천을 통하여 아주 자연스럽게 조금씩 시간이 경과됨에 따라 일어난다.

그것은 모든 사람을 더욱 진보된 길로 이끄는데 인간성의 회복으로 이끌며 인간의 성장을 통하여 직관을 향상시키고 충족시킨다. 이것은 또한 아주 자연스러운 상태이며, 그 결과 요가의 실천은 결코 비정상이거나 특수한 트릭을 쓰거나 속임수가 아니다.

어떤 교사들은 쿤달리니를 각성시키는데 쉽다고 말을 하지만 그러나 높은 차크라로 향상되기 위한 길은 결코 쉽지가 않다. 명상과 자세, 호흡 등 다양한 실천으로 쿤달리니를 깨운다.

쿤달리니를 깨우는 하타 요가 방법의 묘사가 하타 요가 프라디피카에 나와 있는데, 쉬린 바사 아이엔가(Shrin Vasa Iyangar)가 번역하였다.

연좌 자세로 앉아 손바닥을 위로 올리고 가슴을 세우고 턱을 당겨, 브라마에 대한 집중과 명상과 가끔 항문을 조이고, 아파나(Apana)를 위로 하고, 마찬가지로 목의 힘 프라나(Prana)를 밑으로 한다. 이것에 의해서 그는 쿤달리니의 성향을 통하여 특수한 지식을 얻는다.

산스크리트 주석에서 다음의 설명을 첨가하면;

프라나와 아파나의 위(胃)의 불에 대한 합일은, 잠자는 에너지인 쿤달리니를 깨운다. 이것을 느끼고 움직일 때 그 자체가 직선으로 되는데 위로 상승한다. 그 다음 프라나와 아파나는 수슘나관을 통하여 힘이 전달된다.

이와 같은 방법을 게란다 산히타에 의해 설명 된다.

완전 포즈(Siddahasana)로 앉아 두 콧구멍을 통하여 폐에 공기를 가득 채우고 숨을 멈춘다. 직장(直腸)을 천천히 움츠리고 내려간 공기를 위로 상승시킨다. 쿤달리니는 그 때 위로 상승된다. 이러한 방법을 샥티-찰라니(Shakti-Chalani)라 부른다.

그 중요성은 전번에 언급했던 아쉬니 무드라(Ashwini Mudra)인데 설명한다면 계속해서 항문을 수축하고 팽창해서 쿤달리니가 각성 된다.

샥티찰라니를 수행함으로써 그는 완전한 활동을 할 수가 있다. 요니 무드라(Yoni Mudra)를 행위함으로써 간략하게 설명한다면 완전 포즈로 앉는다. 엄지손가락으로 귀를 막고 집게손가락으로는 눈을 막고 중간손가락으로 코를 막고, 네번째 손가락으로 윗입술을 막고 새끼손가락으로 밑의 입술을 막는다. 만트라 함(Ham)이나 한사(Hansah)를 반복하여 잠자는 쿤달리니를 깨운다. 순서적으로 차크라를 명상하고 결국은 삭티를 천개의 연꽃으로 옮긴다. 이 자리가 바로 이세상에서 시바와 삭티가 하나가 된 삼매이며 다른 말로는 '나는 브라만이다'를 기쁨의 호수에서 실현한 것이다.

이 경우 공기는 내면으로 모아지고 손가락으로 막고 호흡한다. 그러나 하타 요가 프라디피카로부터 이것은 그 전에 인용되었다. 공기는 가슴과 턱을 압박함으로써 모아지는데 그것을 잘란다라 반다(Jalandbhara Bandha)라 부른다. 완전 자세는 위에서 언급했듯이 항문을 조이고 생식기관의 뿌리 뒤쪽을 압박한다.

하타요가 프라디피카의 같은 목적 안에 다른 방법이 제시되어 있는데 마하 무드라(Maha Mudra)라 부르는데 이 경우는, 왼쪽 뒤로 항문을 누르고 오른쪽 다리를 곧바로 펴고 양손으로 발가락을 잡는다. 호흡을 멈추고 공기가 목 위로 가는 것을 끌어당긴다.

쿤달리니는 뱀이 막대기로 침으로써 바로 되는 것과 같다. 그리고 중앙 통로를 통하여 공기도 상승되고 통로 좌우는 진공 상태같은 것이 있다. 그리고 아주 천천히 호흡한다. 실습은 왼쪽 다리를 펴고 항문을 오른쪽 다리에 의해서 연결시킨다.

마하 반다(Maha Bandha)라는 방법이 있는데, 한쪽 다리를 쭉 펴지 않고 다리를 넓적다리 위에 올려 발목으로 항문을 압박시킨다. 잘란다라 반다는 잘 사용하지 않는데, 혀를 잇몸과 이

빨에 강하게 대고 누른다.

이 방법을 더욱 연장시켜 마하 베드하(Maha Vedha)라 부르는 방법이 있는데 마찬가지 방법으로 앉아서 손을 바닥에 대고 몸을 일으켰다가 한쪽 엉덩이를 가볍게 떨어뜨려 마찰시킨다.

다른 방법은 더욱 격한 운동인데, 바스라 아사나(Vajr Asana) 자세로 앉는다. 발은 이것과 바스트리카(Bastrika) 호흡을 통해 쿤달리니를 움직이는 원인이 된다.

다음에 요기는 배꼽 부분을 수축하여 쿤달리니가 한 시간이나 20분 정도 움직여서 수슘나관 위로 조금씩 상승한다. 쿤달리니는 바스트리카를 간헐적으로 씀으로서 움직인다.

'독신수행과 영양가 있는 알맞은 음식으로 40일 쿤달리니 수행을 성공시킨다.'

시바난다(Shivananda)는 쿤달리니 각성의 전과정을 단순하게 언급하였다. 그는 계속 소리를 중얼거리거나, 옴(OM)만트라를 길게하는 디르가 프라나바(Dirgha Pranava)를 노래할 때, 당신은 물라다라 차크라(Muladhara Chakra)로부터 강한 진동을 느낄 것이다.

그리고 유사한 수행적인 것을 다시 인용한다면, 마치 사자나, 코끼리, 호랑이를 점진적으로 길들이듯이, 생명의 공기인 바유(Vayu)를 다스리지 않으면 수행자들을 해친다.

그러므로 사람들은 일반적으로 라자 요가를 권유하며 그 지식과 지혜와 가르침이 허락될 때 육체적인 수행을 한다.

그리고 언제나 기억해야 될 것은 수행과 실천의 시작과 끝이 뒤섞이지 않는다면 과정에서 오는 지속적인 긴장은 없을 것이다

# 제10장
## 요가와 에너지

**모**든 요가 학파들은 그들에게 보이지 않는 다른 모든 것을 보는 개개인들에게는 일종의 자아 즉 '영적 자아인인 안타 바트만(Anta Vatman)' 또는 원초적 존재인 '푸루샤(Purusha)'가 있다는 것에 동의한다.

단순한 존재에 의해서 육체적 조직과 사고하는 정신, 고차원적인 지성은 하인과 같이 그들 자신의 적절한 형태와 행위를 유지한다.

그와 같은 모든 진술에 의해서 정의내릴 수 없는 것이 언급 되는데, 그것은 비유를 포함하기 때문에 정말로 설명하기 힘든 것이다. 니르바나가 있을 때 무엇이 일어나는지 말한다는 것이 불가능하듯이 이것에 대해 말하는 것도 매우 어렵다고 하겠다.

그러나 이것 없이 단일성 유기체는 존재하지 않을 것이다.

우리는 다양한 부분들을 보고, 상호 이익을 위해 그것들이 작용하고 있는 조화를 본다. 그러나 비록 그것이 거기에 있어야 할지라도 단일성은 모든 인식을 회피한다. 그러므로 짐승들의 서커스에서는 일종의 링의 지도자가 있다. 선은 비슈누이고 실체의 형태는 브라마이며 이 조화와 대조되는 것은 시바이다.

바로 그 육체 안에 쿤달리니와 몸과 감각과 모든 것의 생명력인 시바의 아내가 있다. 그 육체의 왼쪽과 오른쪽에는 생명력의 기운이 흐르는데 왼쪽의 통로를 '이다(Ida)'라 하고 오른쪽의 통로를 '핑갈라(Pingala)'라 한다.

중앙에 있는 수슘나 통로가 그런 것처럼 이것은 쿤다(Kunda)에서 발생하고, 그 곳에서부터 몸 안에 있는 72,000개의 미세한 통로로 퍼져 나간다. 그것들은 번갈아 가면서 일어나며 의사와 의술의 상징이고 신들의 사자(使者)인 머큐리(Mercury)의 지팡이와 닮았다.(註-두 마리의 배암이 감겨있고 꼭대기에 두 날개가 있는 지팡이이며 평화와 의술의 상징)

시바를 희구하면서 쿤달리니가 상승한다고 말할 때 중앙 통로의 신비 속에 실마리가 있다. 이 흐름은 요기들이 차크라에 집중된 모든 기능을 시바의 의지에 헌신할 때 일어나며, 한 기능에서 다른 기능으로 헌신하는 숭배와 같이 모든 중심에 유사한 숭배가 있을 때 일어난다. 이 점에서 요기들은 잠재의식이나 무의식적 반응의 충동과 본능에 자신을 내맡기는 대신에 그의 생활과 운명을 지배한다.

다섯 가지 작은 기운은 트림하는 것과 구토하는 것, 눈꺼풀이 감기고 열리는 것, 항문, 배꼽, 생식기와 연관된 것으로써 손이나 발처럼 자발적 행위 기관의 기능과 연관되어 있음을 알게 될 것이다.

하타 요가 책 뿐만 아니라 여러 다른 책에도 이 생명력의 기운이 지적되었다. 예를 들면 상키야 철학이나 카필라(Kapila) 경전에서도 이것들을 언급하고 있는데 프라나(Prana)는 심장 부위에 있고 아파나는 골반 아래쪽에 있고 사마나는 배꼽 부위에 있고 우다나(Udana)는 심장과 목구멍 사이에 있고 브야나는 몸 전체에 있다고 지적 기록되어 있다.

결론적으로 말하자면 그것이 생식 기능과 연관되어 있다는 것을 믿는 것은 어렵지 않다. 즉 정액의 몸 전체에서 그 요소를 끌어낸 다음 다른 유기체에 몸의 모든 부위에서 나온 어떤 것을 전달하는 것과, 이 유동체의 소모 혹은 과다한 생성은 몸 전체를 텅 비게 하고, 다른 한편으로 그것의 보존은 매우 이롭다는 것을 기억할 때 이것은 육체의 이로움을 위해 작용하지 않고 육체의 한 가지 기능으로 여겨진다.

그러나 다른 사람이나 또 다른 사람들을 위해 정액을 끌어낸다. 그러므로 그것을 사용하지 않는 것은 몸에 해를 끼치지 않고 반면에 몸에 이롭다. 이것은 금욕이나 독신 생활에 동조하는 요가들의 절대적인 믿음을 뒷받침하고 있다.

다른 근거들의 다양한 특성과 구분하고, 일반적인 묘사를 나타내면서 생명력의 기운과의 관계를 인용할 수 있었다.

각각의 스승들은 자기 자신의 변화를 가졌었다. 그러나 모든 경우에 이 기운에 대해 고의적인 속임수나 잘못된 이론은 없었다는 것에 일치한다. 심리적 치료에서 일어나는 것은 치료자는 정신 감응과 공통점을 가지고 있는 과정에 의해서 혹은 그와 같은 저장소의 그물망을 위한 구실을 하는 것으로써 자기 자신에게 어느 정도의 생기를 부여해 주는 것이다.

그러한 치료의 약점은 일시적이라는 특징이 있다. 그러므로 그것을 받아들인 사람은 더 이상 죄를 범하지 말아야 한다. 만약 그렇지 않으면 그는 그의 잘못의 원인이었던 과거의 상황을 재현할 것이다. 어떤 경우이든 명상과 집중이 있는 곳에는 어린애가 걸음을 배울 때처럼 활기찬 힘이 솟는다.

건강이나 생명력의 느낌은, 단지 육체 여러 부위의 다소 정적인 구조와 다소 동적인 구조의 정확한 작동에 기인된 것이 아니라 내부에서 생성되는 것에 기인한 것이다. 덧붙이면 생명력은 외부로부터 몸 속으로 들어오는 것이 아니라 몇몇 중심부를 통하여 몸 내부에서 분출되는 것이다. 그러므로 프라나는 단순한 호흡이 아니라 생명의 호흡이다. 호흡이 육체의 중요하고 기본적인 기능이듯이, 모든 유기체의 생명력을 위해 이 전류가 요구된다.

노련한 스승들은 이미 알려져 있는 용어 즉 자신의 것과 다른 어떤 것을 한마디로 설명하지 못한다 할지라도 생명의 기운 혹은 생명력이라 부르면서 거의 흡사하게 설명하며 가르칠 수 있었다.

오늘날 우리는 끌어내는 전류의 개념을 잘 알고 있다. 우리 육체는 마치 배터리와도 같이 생명력에 따라 건강하거나 그렇지 않다고 할 수 있다.

현대 과학의 진화론을 이 전반적인 개념과 연관시키면서, 우리에게 정신의 존재는 생활 속에서 필수의 요소이며, 다시 말해 생존하기 위한 기능 구조의 단계적 형성에 역할을 하는 구체화된 의지는 그들의 영속을 위해서 존재되어야 하고, 자연에서 그들이 진화하는 동안 그들의 형성을 뒷받침해 주던 조건과 상반되지 말아야 한다. 간단히 나쁜 생각은 부자연스러운 생각이지만 중심부에서 명상을 하는데 제공되고 다양한 상징과 이미지에 의해 조장된 선한 생각은 자연스러우며 또한 성장과 발전에 전도력이 있다. 진화의 과정에서 구조와 기능의 유익한 성질은 개발 보존되고 나쁜 것은 퇴화한다.

이 모든 것은 요기들이 믿고 있는 한 가지 진술로 요약된다. 즉 한 섬세한 육체인 숙스마 사리라(Sukshma Sharira)가 있는데 그 육체의 일부분은 어떤 의미에서는 육체의 행복과 관련되어 있다. 이 부분은 어떤 의미에서는 육체의 두뇌이며 그것은 그들의 특별한 장소에서 음식과 공기로부터 새롭게 받아들여진 요소들은 정돈하는 기억력을 포함하고 있으며 그것들이 몸 안으로 소개될 때 그들은 결코 탈선하여 벗어나지 않고 그들의 임무를 수행할 것이다. 왜냐하면 새롭게 받아들여진 요소들이 육체의 두뇌가 자연에서 진화하는 오랜 과정에서 저장해 두었던 기억력의 순종에 반응을 해야 하기 때문이다.

예를 들어 한 어린이가 어머니의 자궁에서 성장하는 과정에서 태내 교육되면서 얻는 수많은 성질들에 대해 생각해 보라. 모든 것은 내부의 자동장치의 지시에 따라 일어나고 있다. 사람들은 그것을 자동조작 혹은 기계적 두뇌라고 부르고, 심지어 유전이라 하며 그것이 아마 생명 혹은 정신의 요소로 혼합되었다는 사실만 아니라면 단순히 그렇게 되었을 것이다. 그러나 그것은 언제나 거기에 있고 앞으로 일어날 일에 반응을 한다.

이 예민한 육체인 프라나야마 코사(Pranayama Kosha)는 외부와 내부 두면에 방해가 되는 본질적인 기능도 동시에 가지고 있다는 것을 쉽게 볼 수 있을 것이다. 음식, 옷, 휴식처, 운동, 휴식등과 같은 외적인 것들이 만약 육체의 본질적 법칙과 상반된다면, 육체의 적절한 기능 조건을 유지하는 링의 지도자 격의 두뇌 혹은 육체 원래의 기능과 충돌하게 될 것이다.

다른 한편으로 나쁜 생각과 부자연스러운 생각은 내부로부터 생명체 그것에게 또한 상처를 입힐 것이다. 그러므로 요기들은 건강을 위한 음식을 먹는 것이 필요하며 저속한 것이나 자극적인 것을 피하고 밝은 색의 옷을 입고 온도가 알맞은 깨끗한 장소에서 바른 자세로 앉으며 약간의 운동인 아사나를 해야 한다. 동시에 그들에게는 좋은 생각을 하는 것이 필요하다. 그것이 요가의 다섯 가지 금지사항과 규칙을 따라야 하는 이유이다. 파탄잘리가 명상 혹은 다른 시간 동안에 일어날 수 있는 나쁜 생각을 다루는 방법에 대해 문제를 제기한 것은 아주 중요하다. 그는 전에 다른 교재에서 인용했듯이 이렇게 말했다.

'나쁜 생각에 의해 고통을 받을 때 그와 상응하는 반응이 있게 하라. 상응하는 반응이란 육체에 해를 주는 나쁜 생각 등이며 육체적 삶의 방법이 좋고 생각이 좋으면, 충만한 생명력의 축복이 찾아온다. 이것은 과학적 논리가 정연하며 현실에서 증명된다. 이것이 진정한 건강이며 이 건강함은 그것 자체로써 느껴진다. 이 건강과 생명력이 프라나이다. 이 개념이 제 3의 어떤 것이며 육체적 삶과 정신적 사고와 구상이 건전할 때 더 부가된다. 이 제 3의 어떤 것이란 육체 내부에 있는 신성한 생이다. 여러 가지 물질적인 것들에 의해 제공되는 것이 아니고, 어떤 정신력으로 제공된 것도 아니며, 단지 육체적 삶과 정신적 사고의 조화에 비례하여 분출된다. 그러므로 몸과 마음을 잘 다스려야 한다.'

이런 개념은 현대의 정신 상태의 무질서에서 우리가 갖는 관심과 깊은 관계가 있다는 것이 주목되어 왔을 것이다. 요즘에는 매우 많은 수의 정신병원이 있다.

요가 과학은 새로운 섹스 이론을 가진 현대 인간의 경향을 미리 지적하면서 이러한 상태를 다루고 있다. 그리고 이런 것들은 종종 부자연스러운 방종에 대한 변명을 한다. 다음 그것은 귀중한 우리 몸의 각기 다른 부분들의 과소 사용이나 과다 사용에 대한 해결책으로써 자연스러운 생활, 좋은 생각, 바른 자세로 서고, 앉고, 걷고, 눕는 연습은 상당한 가치가 있고 부수적으로 기쁨이 온다는 것을 가르쳐 준다.

이 과학은 희망의 빛이 된 것이다. 그것은 인간의 질병이 매우 광범위한 정신 작용이라는 것을 발견한 현대인들에게 커다란 기쁨의 소식을 가져다 줄 것이다. 왜냐하면 이제 그들은 질병을 피하는 방법을 알고 언젠가는 확실히 지금의 우리 세대보다 더 현명하고 자연스러운 치료가 될 것이기 때문이다.

이러한 것들은 깨어 있는 삶을 위한 일이며, 또한 육체를 적당한 휴식과 함께 잠 속으로 빠져들게 하면 좋은 생각으로 기인한다. 감정과 정신의 적당한 휴식은 육체적인 신성한 축복과 현실의 진정한 참여로써 기술될 수 있는 깨어 있는 상태의 상쾌함과 원기 회복 및 육체적 삶의 생명력을 맛보게 될 것이다.

이것은 현대 의학과 관련하여 육체에 관한 요기의 견해에 대해 몇 가지 반응을 포함하고 있는 적절한 입장이 될 것 같다. 그러므로 우리는 다양한 손발과 조직들이 어떻게 생겨났는지 깊이 생각해 봐야 할 것이다.

수행하는 요기들은 보통 그들 스스로를 괴롭히지만, 그럼에도 불구하고 과학적 이론을 수반함으로써 흥미있어 한다. 이 점에서 요가는 과학적이고 체계적인 학문이다.

육체의 손발과 조직들이 '퇴화한 기관'이라는 것은 현대의 생리학적 개념에서 잘 알려진 이론이다. 기초적인 유기체는 구조보다 기능을 더 가지고 있다. 예를 들어 아메바의 무정형 운동은 섭취, 추진력, 배출과 같은 다양한 기능을 한다. 진화의 과정에서 조직들과 손발들은 감각의 수취와 행위의 실행을 위해 구조가 분산화되도록 점차적으로 발달되었다.

이런 구조들은 아주 오랜 여러 번의 반복적 사용에 의해 형성되며 차차 실제적인 성질로 변화된다. 그래서 처음에 주의력이 요구됐던 것이 나중에는 반작용 자동 장치가 되어진다. 그러므로 육체가 혈관, 근육, 신경조직과 함께 성장했고, 그 후 육체의 작용은 완성된 자동 장치에 대해 의식적인 지식없이 광범위하게 진화 변형되었다.

21세기의 모든 사람들은 그들의 수족과 기관들이 어떻게 작용하고 있는지를 알지 못하며, 하물며 눈과 귀, 숨쉬기, 소화, 피의 흐름 등을 알지 못한다.

우리 손발과 조직 기능들을 형성한 지력은 특별히 형성에 제시되었고, 무엇인가를 하려는 의식적인 노력은 환경과 적응하도록 만들어졌다. 그러므로 먹고자 하는 욕망이 입을 만들었다. 그런 입은 스스로 원했던 것은 아니다.

우리는 지식과 행위 사이에 분명한 경계선을 그어야 한다. 시행착오 조직하에 생긴 기관은 살며 인생을 즐기고자 하는 본능과 욕망과 충동에 의해 후퇴할 뿐이다. 또한 대부분의 사람들은 그들의 자동 장치 기능에 대한 지식도 없이 그것들을 사용한다 심지어 발달된 지력에 의한 행동의 계획은 시행착오의 조직과 대치되었고 단지 기관의 사용에 대해서만 알고 있을 뿐이다. 오늘날 그것은 약간 수정되었고 사용에 의해 보다 감각적이고 섬세해 지고있다. 예를 들어 팔의 끝 기관사용에 있어서 남자는 보통 연장을 잡을 때 손가락보다는 손바닥을 많이 사용하고 여자는 손보다는 손가락을 많이 사용하는 것이 주목할 만하다.

시행착오를 하는 과정에서 약간의 다른 목적을 가지고 반복해서 시도하려는 의지는 성공에 이르러 용기를 얻게 되었다. 그것은 한계가 있으며 용기를 잃게 될 수도 있었지만 대체적으로 성공과 생존의 가치를 지니게 되었다.

짚신벌레가 먹이를 잡다가 실패한 후에 각도를 약간 바꾸고 계속 시도하려는 것과도 같이 약간의 다른 방법으로 다시 도전하려는 유기체의 성향 자체에도 기본적인 근거가 의심할 여지없이 많다.

이성이 발달함에 따라 시행착오의 방법을 감소하고 지식은 점점 증가했다. 기억력은 정신 속에서 형성된다. 즉 이론은 기억들을 기초 토대로 하고, 다시 행위는 이 기억들 중에 성공적이었던 것들에게 근거를 둔다. 그래서 이성은 발달되었고 우리는 그것을 고차원의 정신 이라 한다.

이성과 모든 다른 구조들은 특별한 기능내에서는 효력도 있지만 반면에 또한 한계가 있다. 그리하여 인간의 다리와 발은 걷도록 되어 있으나, 캥거루의 뒷다리는 단지 점프를 위해서만 있다. 이런 손발을 가지고 있다는 것은 이점일 뿐만 아니라 어떤 면에서는 불편한 점이기도 하다.

이런 사실에 비추어 인간은 그의 몸이 어떻게 움직이는지를 알지 못한다. 그러나 분명히 그의 욕망에 반응을 하며 이것은 아기가 걷기 시작할 때 모든 가정에서 볼 수 있는 것이지만 나중에까지 다리가 무엇에 적당한지를 알지 못한다.

다양한 수행으로 그들의 학생을 지도하는 인도의 요가 스승들이 학생들에게 무엇을 해야 할 것인가를 간단하게 말해주고 경험에 의해 그 결과를 발견하도록 하는 것은 놀라운 일이 아니다. 그것은 자연스러운 방법이다.

이런 결과 우리가 하타 요가에 대한 고전 설명을 읽으면 우리는 수행하는 동안, 몸 안에서 실제로 일어나는 것에 대하여 불

확실성과 혼동과 의견의 차이를 발견한다 그러나 그 결과에 대한 혼동이나 차이점은 없다는 것을 안다.

우리는 진화의 과정에서 육체에 대한 생각은 그것에 효력이 있다는 점에 이르렀다. 육체의 기관에 대한 일정한 집중은 그것을 자극한다. 예를 들면 일정한 집중력은 숨어서 존재하거나 척추의 기반 근처에 있는 중심부에서 거의 숨어 있다고 한다. 그리고 그 위치에 대한 주의 집중은 행동으로 그것을 자극한다. 그것은 무엇인가 깨어나게 될 것으로 알고 있지만, 그것이 깨어나면 중앙에서 제 마음대로 될 것이며 자신의 효력을 발생할 것이다.

이와 관련하여 뱀의 힘인 쿤달리니와 생명의 기운인 바유와 프라나는 이것들이 흐르는 통로인 나디(Nadis), 그리고 다른 사랑에 관하여 앞의 두 장에서 신중히 다룬 표준 지식은 이치에 맞는 것으로 보여진다.

인도의 고대 심리학에서 우리 자신에 대해 사고하고 계획하는 정신은 10가지 기관인 다섯 개의 감각기관과 다섯 개의 행위기관의 하나로 간주된다. 그것은 그들에게 보조를 하며 발달하였다. 정신 안에 있는 모든 내용물인 형상이나 생각은 감각에 의해 그 안으로 들어오게 되었다. 세상의 물체들은 그 정신 속으로 반영되고 카메라처럼 받아들인 상들은 기억되고 저장되며 손과 다리가 그에 맞는 적당한 행위에 사용될 때 일어나는 것과 비슷한 의지의 행위에 의해 기억의 스크린 위에 나타난다.

이 정신은 육체의 편의를 위해 매우 발달되었으며, 11번째 조직인 인드리야(Indrya)로 불려지게 되었다. 이것으로 전에 보여졌던 것과 지금 보여지는 것이 비교가 될 수 있고 인식한 것을 후에 추억에 의한 상상의 스크린에 상기시키는 것이다.

현재 육체의 기관들이 정신적인 고요와 휴식으로 될 수 있다. 비록 그것이 육체보다 훨씬 더 아메바와 같다해도 손발처럼 특별한 행위로 여겨질 수 있다.

그러나 특별한 대상에 길고 일정한 훈련이나 정신 훈련을 해왔을 때 그것은 믿음과 편견 혹은 일반적으로 성향과 선례의 결정, 마음에서의 착오된 지성의 성향에 빠지는 결과가 초래 되었다. 그래서 우리는 육체를 위하여 다양한 수행이 필요하듯이 또한 정신을 위해 명상인 드야나가 필요하다.

그러나 명상은 정신적인 성향을 완성시키는 것에 목적이 있다. 4장에서 설명했듯이 그와 같은 명상은 기본이라는 사고의 대상을 선택으로 시작해서 그것에 관한 모든 가능한 생각이 제시되고 고려되었을 때까지 그 대상에 계속 반영한다.

육체적 수행에서 정해진 시간에 기본은 목, 눈, 척추, 허파 등이 될지도 모르며 정해진 수행에서 우리는 기본의 모든 기능을 계속 활동하도록 한다. 그렇지 않으면 그것들 중 몇몇은 특별히 앉아서 일하고 또한 특수화된 현대의 생활에서 소홀해지는 대상이 될지도 모른다. 이 기관들은 정신적 감각도 적당하지만 오히려 육체적 감각이기도 하다.

우리는 소리와 느낌, 색깔, 맛, 향기를 경험한다. 이런 것들은 감각 기관보다 훨씬 더 내부에 있다. 이 의식 속에서의 경험은 다양한 지식이거나 의식 혹은 환경의 총체로부터 혹은 총체내에서 구분되는 어떤 것인 '탄마트라스(Tanmatras)' 이다.

지식의 다양성을 이해하는데는 어려운 점이 있다. 그것은 보여진 대상에 대한 특정한 성질이 없고 어떤 사물의 존재에서 발생하는 의식의 깨달음에 본질이 있기 때문이다.

그래서 정말로 내부는 이 탄마트라스(Tanmatras)이거나 우리의 의식에서 구분되는 것으로 몇몇 경전들은 우리의 기관이 단지 탄마트라스에만 봉사하는 것으로 설명한다. 신성하다는 것은 귀 없이도 듣고 눈 없이도 보는 것을 뜻한다. 이것은 우리가 존재하는 것을 받아들여야 할 경우이다.

이 문제에 관한 인도 철학과 심리학의 이론은 개개의 사람은 조만간 영적이거나 신성한 경지에 도달할 것이며, 귀 없이도 듣게 될 것이라는 것이다.

우리의 현재의 생활 방식은 단지 학교 수업에 의존하고 의식의 능력이나 타고난 잠재력을 학교에서 발달시켰다. 학교 수업에서 우리는 한가지 것에서 또 다른 것으로 관심을 집중한다.

한 반의 아이들은 9시에 수학, 10시에 역사, 그리고 11시에 문학 수업이 있을지도 모른다. 그리고 학생들은 10시 역사 시간에는 9시의 생각과 기억을 모두 잊어야 한다. 수학를 하면서 얻어진 생각이 역사 시간에도 약간 작용을 하지만, 그 시간 동안 산수의 지식은 낮은 차원의 마음에서 퇴화된 지식이 될 뿐이다.

이 탄마트라스나 기본 감각은 어떤 의미로는 유사체를 스펙트럼으로 나누거나 분리된 것으로 간주될 수 있다. 그것은 최후에 순수한 의식의 빛으로 나타날 것이며 우리를 그 진술에 동조하도록 한다.

그와 같은 단일성은 어떤 손실을 의미할 뿐만 아니라 완전한 분리의 부족을 의미하기도 한다. 이것은 내부의 완성 혹은 정신 내부의 완벽을 의미한다.

꿈 속에서 우리의 시각은 신중한 구상에 의해 생긴 시각보다 훨씬더 사실적이다. 장미를 머리 속에서 구상화시키면 약간 비슷함을 느낄 것이다. 그러면 꿈 속에서 똑같은 장미를 본 것과 같이 선명하고 강하게 느껴질 것이다.

또 최면 상태에서 장미를 연상할 때 진짜 장미에서 느낄 수 있는 외향, 촉감, 냄새의 모든 성질을 느낄 것이다.

이 이론은 잠재 의식 속에 남아 있는 감각 경험을 했었던 것만큼 성질이 훌륭하다는 것을 주장한다. 거기에는 변함이 없다. 우리가 본질적으로 보고 듣는 것은 시각의 기관을 넘어선 것이라고 인식할 수 있다.

생명력(Prana)이 있을 때 우리는 우리 몸 속에 감각과 행위에 특징을 주는 어떤 것이 있다는 것을 인식한다.

이 두 가지는 생명력에 포함된다. 두 가지는 한번에 하나라는 학교 수업의 방법에 의해 향상되고 있으며 그들이 조화를 이룰 때 삶의 생명력은 더해질 것이다.

# 제11장
# 요가 수행에서의 소리의 사용

**인**도에서는 사람들이 만트라의 주문을 외는 것을 자주 볼 수 있다.

때때로 걱정이 있거나 괴로운 일을 당한 사람이 스스로 람(Ram)이라는 말을 반복하는 것을 볼수가 있는데 이것은 마음에 효과가 있는 것으로 생각되어진다.

주문을 외운다는 것을 단순한 말의 반복으로 묘사하기에는 아마도 너무 극적인 표현일지도 모른다. 그 표현은 소설 멕베드에 나오는 마법사의 모습을 생각나게 한다. 그러나 람이라는 주문은 판에 박힌 의미 이외에도, 육체적으로나 정신적으로나 어떤 영향을 미친다고 널리 알려져 있기 때문에 주문을 반복하는 의미가 분명해진다.

라마(Rama)는 아주 오랜 옛날 인도의 왕이었다. 사람들은 그의 용맹과 덕과 지혜 때문에 그를 이상적인 왕이라고 불렀다. 후대에 그는 모든 생명의 유지자인 비시누신의 진정한 화신으로까지 기록되어 있다. 위에 제시한 경우에 고통을 겪는 사람은, 아마 툴시다스(Tulsi Das)가 집약한 라마야나(Ramayana) 이야기나, 혹은 라마의 일생을 어머니의 무릎 위에서 어린시절에 여러번 들었을 것이다.

그래서 이 특별한 자파(Japa) 또는 반복하거나 중얼거림은 어린시절 기억의 편안함을 가지고 있고 또 라마가 지금 그의 높은 천상의 세계나 신비로운 현존으로부터 도움을 줄 것이라는 생각도 나게 하고 세번째로 반복된 주문이 육체와 정신을 진정시켜 준다는 느낌도 들게 한다. 그러나 이 자파는 엄격히 말해서 주문을 외는 것이라고 부를 수 없다. 요컨대 그것은 너무 수동적이다. 요기는 매우 적극적인 사람이다. 그리고 그의 만트라가 항상 신의 형상으로 향해지고 만트라들이 자주 은혜를 구하는 신에 대한 관계의 면에서 나타내지만 요기의 생각은 명백히 어떤 결과를 낳기 위해 계산된 노력을 요구한다.

신의 이름은 그가 명상에서 삼매 그리고 그 신의 특질을 흡수하는 삼매로 넘어가는 동안 그가 한 생각에 마음을 집중시키고 다른 생각은 떨쳐버리는 것을 도와주는 것 같다. 이런 상황에서는 그 신이 무엇을 의미하는지에 대한 명백한 의지없이 삼매에 들어가는 것은 매우 무의미한 노릇일 것이다.

깨달음 그것은 삼매에 집중하는 명상 속의 생각과 삼매 속의
직관에 의해서 증진될 수 있겠지만 힌두 요기들은 누구나 이미
가지고 있다고 믿고 있다.

나는 구도자가 신의 이름이나 신앙 형식을 사용할 때 그가 단
지 인지적인 삼프라즈나타(Samprajnata) 삼매를 하고 있을 것
이라고 생각한다. 즉 그는 마음에 한정된 객관적 대상을 가지고
있는 것이다. 이 상태를 이해하기 위해 이 시점에서 잠시 벗어
나서 이 종류의 삼매의 중요성을 다시 살펴보는 게 좋을 것 같
다. 이를 증명하기 위해서 우리는 다시 파탄잘리를 되짚어 언급
하게 된다.

가장 저명한 요가의 권위자가 제시한 삼매란, 먼저 다음과 같
은 것들이 수반될 때 인지적이라고 불리는 종류가 될 수 있다.

첫째, 대상에 대한 검열 혹은 대상의 분별 둘째, 대상을 분류
하는 뿌리인 미묘한 감각들을 포함하여 대상의 가치 속성 분류
에 대한 조사나 숙고 셋째, 희열 넷째, 자기 자신의 힘이나 성취
물에 대한 느낌, 즉 자기 정체감이다. 또한 삼매는 비인지적인
종류가 될 수 있다는데 그것을 아삼프라즈나타(Asam-
prajnata)라고 한다. 이것은 알려고 하거나 이해하려는 동기도
없고 대상의 존재나 대상에 대한 생각을 즐기지도 않으며 깊은
자기 이기주의를 감추고 있는 개인적 만족의 희열감도 없이 삼
매가 되었을 때 가능하다. 그것은 세속적인 어떤 욕망도 없이
정신 너머의 피안의 세계에 도달하려는 시도이다.

그러한 동기는 정신적인 것이든 아니든 초월세계에 대한 믿음으로부터 생길 수 있다. 그러나 그 동기는 한번 넘겨봄에 대한 기억과 용기 삼매에 들어갈 수 있는 능력이며 앞서 말한 인지적 삼매의 실행에서 나오는 이해 등에 의해서 도움을 받을 필요가 있다. 이 통찰과 믿음에 실패하면 파탄잘리가 신에 대한 주의집중이라고 부르는 이스와라 프라니다나(Ishwara-Pranidana)라는 것에 의해 인도될 수 있다.

　어떤 번역가들은 프라니다하나(Pranidhana)라는 말의 의미를 '신에 대한 적극적 순종'이라고 받아들였다. 어원상 그 해석을 그 말의 의미 중의 하나로서 맞다고 볼 수도 있다. 만약 우리가 마음에 관한 일, 고도의 정신작용인 삼매를 시도하고 있다는 것을 이해한다면, 그 해석에는 별 문제가 없다.

　이 경우엔 정말로 요기가 직관 속에서 순간적으로 신을 느꼈든지, 단지 신에 대해 들었거나 읽었든지, 요기는 할 수 있는 한 최대로, 모든 상황에서 신에 헌신하고 주의를 집중하게 되었다는 것이 내포되어 있는 것이다.

　신에 대한 완전한 주의집중은 예수께서 다음과 같이 말한·것에 대한 통찰을 의미한다. 예수는 다섯 참새가 2파딩에 팔리는 것을 보고, '참새들 중의 어느 하나라도 내 아버지의 허락 없이는 땅에 떨어지지 않는다'. 그러한 통찰은, 요기는 절대적 존재를 인식하려고 사력을 다한다는 것을 의미한다.

　앞서 언급한 것은 요가수트라 속에서 신에 대해 말하고 있는 경구와 일반원리를 소개하려고 의도된 것이다. 그것들은 요가 수트라 제 1장 16~23절에 나와 있고 그 바로 뒷장에 다음과 같은 글귀가 있다. '신은 고통의 운반자인 육체와 행동 그리고 그것의 결과들에 영향받지 않는 완전한 영혼인 푸루사 비사하(Purusha Vishaha)이다.' 이것은 신이나 완전한 영혼은 사람과 다르다는 것을 의미한다.

물론 사람도 가장 깊은 내면에 있어서는 영향을 받지 않지만 세상에서는 그들의 진정한 본질에 대한 무지를 통해서 영향받게 되고 요가는 바로 이 무지를 없애고자 하는 것이다. 모든 육체나 정신은 서로 의존하고 있지만, 신은 독립되어 있고 스스로 존재하며 스스로 원인이 되는 존재이다. 요기는 이 요가의 목표인 영적 독존인 카이발야(Kaivalya)를 획득했을 때, 자기 자신도 그것을 알게 될 것이다. 심지어 지금도 그렇지만 자신의 게으르고 공포에 가득찬 눈으로부터 가려져 있다. 사실 모든 사람스스로가 결정을 내린다.

왜냐하면 우리가 다른 사람의 결정을 따른다 할지라도, 그것은 우리가 그렇게 하기로 선택했기 때문이고, 우리가 매에 굴복하고 복종한다 하더라도 그것은 우리가 고통 대신 복종하기로 스스로 선택했기 때문이다. 그러므로 라자요가 시스템에서, 요기는 신을 자기 자신이 앞으로 될 수 있는 모델로 여기며 또한 그러려고 노력한다. 고통의 근원은 무지, 자기 중심주의, 욕구, 혐오심 그리고 소유인 것이다.

사람의 마음 안에 지식의 최고 원천이 내재해 있다. 신은 시간에 제한받지 않는 고대인들의 스승이기도 했다. 여기에 은총의 원칙이라도 한 음식의 원칙이 숨겨져 있고 드러나 있다. 우리는 몸과 정신과 영혼을 위해 음식을 먹는다. 영혼은 하늘로부터 내려온 빵이다. 여기에 있어서 우리가 할 모든 일은 자연의 영역과 생각의 영역에 우리를 위해 널려 있는 것들을 단지 취하기만 하면 된다.

과학자들과 철학자들은 그들이 발견하고 해석하는 진실들을 창조하는 것이 아니라, 신에 의해 창조되고 단지 발견, 해석되는 것이다. 그리고 이제 우리는 모든 힌두 경전 속에 있는 가장 힘있는 말인 만트라를 만나게 된다. 그를(신) 알려주는 것은 신성한 말(Pranava)이다. 바차카(Vachaka)는 단지 말이 아니라도 말하는 자이다. 신성한 말은 옴(OM)이라는 단어 혹은 '옴(OM)을 나타냄'을 의미한다. 옴은 그것이 ॐ 혹은 ॐ 라고쓴다. 의미에 생각을 집중하고, 그 말을 반복해야 한다. 이 만트라를 완전히 이해한다면 다른 모든 만트라의 본질 역시 이해하기에 쉬울 것이다.

먼저 요가에 쓰이는 만트라들은 물질적 소득을 얻기 위함이 아니라, 무한한 존재를 향한 목적으로 쓰인다는 것을 명백히 짚고 넘어가야 한다. 영원히 존재하는 창조자인 브라흐마를 향한 것이 아니라, 파괴자인 시바신을 향한 것이다. 정말로 인도의 모든 종교는 비시누나 시바를 향한 헌신이다.

즉 비시누는 생명의 유지자로서 시바는 초월적인 것의 완성자이다. 그것을 입증하는 것으로 인도 전역에 브라마에게 바쳐진 사원은, 부바네스와르(Bbuvaneshwar)에 있는 단 하나뿐이며, 그 사원에서도 숭배 의식은 전혀 없다. 그것은 브라흐마가 물질 세계의 물질성을 부여하는 신성의 면을 나타내기 때문이다.

그러므로 만트라들은 영적 목표의 달성에 도움을 주기 위해 쓰인다는 것으로 이해되어야만 한다. 따라서 옴(OM)은 높은 곳으로 가기 위해 암송되며, 그것은 옴의 세 부분인 아(A), 우(U), 음(M)이 각각 제각기 육체, 정신, 영혼을 대표하는 이유이다. 옴 소리는 입의 뒤쪽에서 발음되는 알파벳의 첫 글자인 아(A)로 시작하며, 그것은 입의 가운데서 만들어지는 우(U)로 계속되고, 마지막으로 입으로 나오는 음(M)으로 끝나는데, 발성 기관의 앞쪽 끝에 있는 입술을 닫음으로써 발음된다. 그러므로 이 글자들이 연속적으로 미끄러지듯 부드럽게 발음될 때, 비로소 입에서 나오는 모든 소리의 축소판이 된다고 주장된다. 그리고 그것은 옴(OM)이 신을 나타낸다고 간주되는 이유이다.

옴(OM)의 음(M)은 보통 입술을 연 채 발음되는 평범한 자음인 음(M)이 아니고, 입술을 다문 채 발음되어 콧소리가 나며 특히 길게 발음할 때 그러하다. 이것은 점과 점 밑의 작은 초생달(∪)표시로 쓰여진다. 이 표시는 계속되는 소리를 나타내는데, 보통 단어에서 음(ㆍ)이 쓰일 때처럼, 한음절의 길이의 한계 안에서 끝나지 않고 항상 어느 정도 길게 발음되기 때문이다.

이 발음연장을 나다(Nada)라고 부른다. 다음에는 그 뒤에 빈두(Bindu)라고 부르는 점이 있는데, 보통 방울 작은 구체 혹은 점을 의미한다. 여기서 점은 말의 가장 정밀한 의미로 그 소리가 한 점에서 끝나는 것을 지시한다. 그 소리는 끊어지지 않고 감지되지 않는 점까지 서서히 이어진다. 그러므로 옴은 다섯 가지 아, 우, 음, 나다, 빈두로 이루어 졌다고 말할 수 있다.

앞의 세 가지는 물질적 발음의 영역 안에 있고, 마지막 두 개는 요기가 열망하는 물질 이상의 세계를 가리킨다. 그 신성한 음절들은 크게 혹은 부드럽게 심지어 침묵으로까지 발음될 수 있는데, 크게 부드럽게 보다는 되도록 침묵으로 하는 것이 바람직하다. 그것은 요기는 내적이고 초월적인 것을 추구하기 때문이다. 세 글자 중에서 옴(M)은 시바를 나타내지만 그는 빈두에 위치하고 있다.

옴은 모든 영적인 수행의 시작에 사용된다. 바가다드 기타에 17장 대화편에서 이것에 대한 명백하고 권위 있는 진술이 있다. 옴 탓트 삿트(OM Tat Sat) 이것은 브라만의 세 부분으로 되어 있는 명칭이라고 가르치어 왔다. 그러므로 '옴' 을 암송한 뒤 브라만의 구도자들에 의해 희생과 보시와 검소의 행동이 시작된다. 규칙에 나와 있는 대로 '탓트' 는 어떤 결과든 부정하고, 희생과 금욕의 행위와 다양한 보시와 베푸는 행위로써 해탈을 향한 이들에 의하여 행해진다. 실체와 연결지워진 절대를 삿트(Sat) 라고 쓰는데는 이와 유사하게 '신에게 헌신한다' 는 말로

서도 쓰이고 있다. 보시와 희생과 금욕의 확고성 또한 샷트라 불리며 다른 그 행위들도 또한 샷트라 불린다. 이 모든 설명의 목적은, 인도에서 보편적으로 최고의 만트라로 여겨지는 옴의 의미를 보여주는 것이다.

이와 관련해서 우리는 또한 모든 만트라의 네 가지 면을 고찰해 보자.

1) 그것의 소리

2) 그것의 의미

3) 그것이 구현하는 표상

4) 그것의 영혼의 소리 옴(OM)

의 경우에 다음과 같을 것이다.

첫째 그 소리, 그 소리 속에는 발음연장과 감지되지 않는 점에서 끝냄에 의해 소리가 내포하는 모든 것의 물질적 표현이 있게 된다. 둘째 그것이 진술하는 것, 이 경우에는 신의 현존은 주의 집중의 근거가 된다. 셋째로 그 안에 들어 있는 모든 개념, 이것은 명상의 근거가 된다. 넷째는 그것의 뿌리 혹은 영적인 의미, 소리의 파장과 색깔이며 창조의 축을 이룬다.

기독교에서 말하는 '야곱의 사다리'를 통하여 천국에 이르듯이 만트라는 누구나 가르칠 수는 없다. 만트라는 유능하고 자격 있는 만트라카라(Mantrakara)만이 할 수 있다. 옴의 경우에 그것의 근원은 그 세 신성과 다름 없다고 여겨지고 있다. 그것은 사람이 만든 것이 아니라 계시로써 다가온다. 그러므로 옴은 네 가지 면에서 모두 강력한 만트라이다.

이제 소리내는 법에 관해 말하자면, 그 길이는 선택할 수 있고 요기는 이에 관하여 자신의 느낌과 직관을 사용해야 한다. 그러나 한 음절로서만 발음되어야 한다. 그리고 대개 음(M)의 소리는 적어도 오(O)의 소리보다 두 배는 더 길어야 될 것이다. 또 오(O)소리는 소리를 둥글게 모아줘야 한다. 끝낼 때의 이상적인 발음법은 느끼지 못할 점까지 천천히 가늘게 하는 것이다. 모든 그려진 선들은 선에서 끝나며 점에서 끝나지 않는다. 이것은 바꿔 말하면 갑자기 끝난다는 것이다. 그러나 옴은 그렇게 갑자기 끝내서는 안 된다. 이렇게 길게 하는 것은 누구나 가능할뿐더러 천천히 가늘게 하는 것은 특별히 길게 할 필요도 없다. 그것을 길게 하거나 짧게 하거나 그렇게 하는 것은 암송자에게 달려 있다. 보통 경우에 오(O)는 약 2초간 그리고 음(M)은 약 4초간 지속되는게 좋다.

드야나빈두 우파니샤드(Dhyanabindu Upanisad)에는 음(M)의 발음은 기름이 흐르듯 부드럽게 이어지며, 방울소리 만큼 길어야 한다고 쓰여 있다. 물론 그것의 의미에도 열중하여 생각하기도 동시에 해야 한다. 이것은 다른 잡념이 일어나는 것을 막아줄 것이다. 거기에는 이전의 명상에 의해 증가되고 배양된 옴의 의미의 완전한 이해가 뒤따라야 한다. 그리고 만약 완전하게만 옴을 발음한다면 그것이 끝날 때쯤, 요가의 영적 뿌리를 경험하게 될 것이다.

옴의 세 부분은 단일한 신성에서 나온 세 위대한 신에 해당된다. 아(A)는 창조자인 브라마(Brahma)를, 우(U)는 생명의 유지자인 비슈누를, 그리고 음(M)은 파괴자 시바를 나타낸다. 브라마와 비슈누는 같이 일한다.

다른 만트라들은 한계가 있지만 옴은 모든 것을 포함하며, 신인 브라만(Brahman)을 완전히 표현한다. 이 만트라에 꾸려 넣어진 명상을 위한 재료나 사색의 양을 알기 위해서 세 신성의 중요성을 고려해 보자. 브라마와 비슈누, 둘의 관계는 다음과 같이 전개되는 이야기에 잘 나타나 있다.

브라마가 그 말인 옴과 소리에 대한 명상으로 세계를 창조한 뒤, 그는 그의 창조물을 보고 기쁘지 않았다. 왜냐하면 그것은 생명이 없고 움직임이 없었기 때문이다. 그러자 그는 그것에 생명이 깃들기를 원했다. 생명은 그가 만들 수 없었다. 이에 대한 응답으로 비슈누는 그 브라마의 세계에 들어와 생명을 가득 채웠다.

고대전설에 관한 많은 이야기 중에 다른 하나에는 그 둘의 관계가 더욱 명백히 드러나 있다. 그것은 다음과 같이 전개되면서 시작한다. 천개의 눈을 가지고 있고, 우주의 영혼이자 생명인 전지(全知)의 위대한 신 나라야나(Narayana)인 비슈누가, 거대한 뱀인 세사(Sesha) 또는 아난타(Ananta)의 몸통인 그의 잠자는 의자에 기대고 있었다. 그 때 삿트(Sat)라고도 불리는 세계의 창조자인 브라마가 그에게 다가와서 손으로 건드리며 물었다.

그대는 누구인가? 이로 인해 그들 사이에는 누가 더 위대한가에 대한 논쟁이 벌어졌다. 그러자 그때 갑자기 그들 앞에 거대한 빛과 불의 기둥이 나타났다. 그 기둥은 형언할 바 없었으며 비길 바가 없었다. 논쟁자들은 너무나 놀란 나머지 그들은 싸움을 잊고 그 경이로운 것의 끝을 찾기에 합의했다. 비슈누는 밑으로 천년 동안이나 내려갔으나 그는 그것의 바닥을 찾을 수가 없었다.

한편 브라마는 천년 동안이나 위로 날아 올라갔으나 그도 그것의 꼭대기를 찾을 수 없었다. 그래서 둘은 낭패한 채 기운없이 돌아왔다. 그러자 그 거대한 기둥이 열렸다. 그리고 희열이 그의 본질인 시바가 그들 앞에 나타났다. 시바는 빛의 기둥으로서 우월성을 과시한 뒤 다음과 같이 설명했다.

자기와 그들은 단일한 최고 존재 브라만의 세 가지 기능적 측면이며 셋 중에 시바 자신이 최고이며 다가오는 시대에 일이 끝나고 다시 셋이 함께 하나이게 될 때까지 그들이 새 세상의 일들을 할 것이라고 말했다. 이 삼위일체에서 시바는 파괴자로 불리며 인간세상의 모든 것을 결말 짓는 신성의 형태라는 것을 기억해야 한다.

시바 혹은 그 바탕 속으로 존재의 물질적 측면과 생명의 측면이 둘 다 용해되어 버린다. 학교처럼 학생들이 모든 것을 다 배우면 다른 학기가 열릴 때까지 쉬고 있는 것과 같다. 파괴자의 기능은 신중히 이해되어야 한다.

시바는 요기의 후원자인 그들의 마지막 공부를 끝내는 신이기 때문이다. 그것은 시바가 인간의 마음 속에 있는 목표의 드러남으로 다시 용해되어 끝난다.

학습의 예로써 인형을 들 수 있는데, 어떤 인형이 그 쓸모를 다하면 해체되거나 버려진다. 그 세 신을 단순히 창조자, 유지자, 파괴자라고 부른 것보다 차라리 각각 물질, 살아 있는 마음, 영적 목적의 관리자라고 부르는게 더 옳을 것이다. 창조자, 유지자, 파괴자라는 용어는 존재의 물질적 측면에 너무 치중하여 신의 양면성을 잃었다.

인도에서는 모든 만트라가 이 세 위대한 신들 중의 어느 누구에게 혹은 그 신의 배우자에게 바쳐지고 만트라에서 발음되는 글자들과 말들은 어떤 방식으로든 그들과 관련 있고 그들의 기능과 힘에 관련되어 있다.

이렇게 해서 만트라의 소리와 의미는 특정한 효능 혹은 힘을 가지게 되었다. 우리가 하는 모든 행동들은, 물질적인 것에 더해서 정신 작용적인 것과 궁극적 목적의 어떤 것을 모두 필요로 한다는 것을 주의해야 한다. 마지막의 것이 아무리 동떨어져 있는 것처럼 보일지라도 그것은 처음부터 끝까지 함께 존재한다. 그것은 물리학자들도 미립자의 연구없이는 어떤 아무것도 할 수 없는 것과 같다.

보통의 일상적 생활에서 우리는 걸음을 언젠가 멈추기 위해서

(거기에 도착하려고) 걷는다. 그리고 우리는 생각을 마무리 짓기 위해 (어떠한 문제를 풀고 나서) 생각한다. 우리는 마찬가지로 죽기 위해서 살아간다.

엄격히 말해서 요가의 만트라가 아니라, 수세기 동안 브라만 계급에서만 사용한 기도로써 지금은 모든 인도인이 이해하고 있는 가야트리(Gayatri)라는 만트라가 있다.

그것은 옴 브 브바흐 스와하, 탓 사비투르 바렌얌 바르고 데바스야 디마히, 디요 요 나흐 프라조다야트(Om Bhu Bhaha Swaha, Tat Savitur Varenyam, Bhargo Devasya Dimahi, Dhiyo Yo Nah Prajodayat). 사전에는 다음의 번역이 있다. '우리는 그 신성한 태양 또는 근원을 그것, 즉 신성한 절대로 이해하여야 한다. 그것이란 말은, 우파니샤드와 초월적인 것을 가리키는 다른 영적 작품에 자주 사용된다.

반면에 이담(Idam)이라는 또 하나의 대명사가 있는데 물질과 정신의 모든 확장된 세계를 가리킨다. 이 만트라에서 말하는 '우리'라는 말의 사용은 매우 기분 좋은 것이다. 이리하여 평상시처럼 신에 대한 헌신자가 이 만트라를 혼자서 암송한다 하더라도 그는 자기 자신 뿐만 아니라 타인도 생각하고 있는 것이다.

결론 부분의 '우리의 이해를 지도하기를 빕니다'에서 지도란 단어는 꼭 적합한 의미를 담고 있치는 않다. 원문의 의미를 잘 담기 위해서 지도와 추진하다 두 단어를 사용할 필요가 있다. 아마도 고양시키다가 가장 적합할 것 같다. 그것은 신성한 데바스야(Devasya)의 그것을 의미하듯이 신성의 광휘는 우리가 근원적 힘이라고 불렀던 바로 그것을 가리킨다.

여기에서 가리키는 '힘' 이라는 단어는 과학적 용어로서의 의미 그 이상이다. 과학에서의 힘은 어떤 물체에 작용하고 나면 없어지지만 여기서의 힘은 창조자, 유지자, 파괴자가 하나로 있음이며 말로 이루 표현할 수 없고 그 힘이 결코 없어질 수도 없다. 깨달음이 있는 곳에서는 언제나 셋이 존재한다. 그러한 근본적인 힘은 언제나 보여지는 우리의 모든 존재와 특질과 행동 안에 현존한다.

그런 만트라가 아침 기도로써 사용된다는 사실은, 그 헌신자는 하루의 일과 중에 자기의 모든 일 앞에 있는 목적은 오로지 그것에 도달함이라는 것을 기억하고자 한다는 것을 의미한다. 이와 비슷하게 이미 언급했지만 절대의 경지인 브라만에 이르는 것임을 스스로 상기하는 것이다.

그것은 그들이 단언하는 바 실재이며 삿트이다. 옴(OM)을 암송함으로써 헌신자는 이 모든 것이 물질과 정신이 확장된 세계 또한 신성한 삼위일체의 현존 속에서 이루어지고 있다는 것을 스스로 상기한다. 동시에 옴을 발음함으로써 그는 인간의 언어 영역에서 그 존재의 대리인이 되는 것이다.

옴은 모든 경우에 바로 그 한계 안에서 신인 것이다. 손이 팔과 몸에 연결되었을 때 비로소 손이라 할 수 있고, 만약 손과 같은 것이 바닥에 뒹굴고 있다면 손이라 할 수 없듯이 만물은 그 현존한 신과의 연결 속에서 비로소 제 구실을 할 수가 있다.

부(Bhu), 부바흐(Bvah), 그리고 스와하(swaha)는 숭배자에게 속세, 물질, 정신세계에 동시 존재한다는 것을 상기시킨다. 이 세계들은 자주 로카스(Lokas), 다시 말하면 부바르 로카(Bhuvar-Loka)라고 불리어진다.

로카는 인간이 사는 세계를 의미한다. 이 세 가지 세계는 보통 지상, 중간세계인 현상과 천상의 세계를 의미하지만, 어떤 이는 이 셋의 세계에 큰 의미를 두는 반면, 다른 이들은 네 개의 세계를 추가시켜 일곱 세계 혹은 존재의 일곱 단계를 말하기도 한다. 어떤 이들은 그 세계가 물질적, 정서적, 그리고 정신적 상태에 상응한다고 생각하고 있다.

그런 것들은 매우 객관적인 관찰로써 사람은 육체와 떨어져서 정신과 생각의 형태로 이루어진 미묘한 신체로서 존재할 수 있는 것으로 간주되고 있다. 이리하여 그 세 영역은 단지 진동수준일 뿐만 아니라 인간의 실재 거주지이다. 그리고 스와(Swa) 혹은 스와르가(Swarga)는 푸라나 경전에 공덕을 쌓은 사람들과 학생들이 어떤 일을 시작할 때에 옴(OM), 탓트(Tat), 삿트(Sat)를 암송함으로써 그들이 비록 세상에서의 생존을 위한 과업 때문에 마음 속에 어떤 대상을 가지고 있지만, 그것은 진정한 목적이 아니고 그들의 목적은 옴이라고 불리는 목표에 정열과 나쁜 정서에 속박되어 있지 않은 사람들이, 죽음과 탄생 사이의 삶의 간격에 큰 행복을 누리는 왕국으로 묘사되어 있다.

살아 있는 사람의 생각이 거기에 도달하는 것은 그 사람이 완벽하게 선할 때만 가능하다. 왕국에는 저질의 것이나 흉측한 것이나 지나치게 슬픈 것이 도달하기에는 너무 좋은 곳이고 방비가 잘 되어 있기 때문이다.

거기에는 아름다운 나무와 산들과 강과 말, 코끼리 그리고 사람들이 있으나 거칠음, 흉측함, 싸움, 질병, 먼지, 지나친 더위나 추위 등은 있을 수 없다. 어떤 이들은 그 세 개의 세계를 밑으로부터 처음의 세 차크라와 연결시키기도 한다.

그 이유는 세 개의 세계가 특히 객관적이고 물질적인 사건들 – 물질적 정서적인 그리고 마음에 표상된 삼중의 사물에 집착하는 세계와 관련 있다는 아이디어와 같다. 부, 부바흐, 스와하의 세계를 암송하는 것은 세 가지 세계를 기도자가 자신의 범위 안에 포함시키려는 욕망을 말해 준다. 그런 기도의 끝에 옴을 암송한 다음 산티(Shanti)라는 말이 세 번 암송되는데 이것은 평화를 의미한다.

세 단계는 힌두 철학에서 다른 방식으로도 언급된다. 깨어 있음, 꿈을 꿈, 깊은 잠, 깊은 삼매, 꿈을 꿀 때는 아무 정신적 통제도 없고 정신적으로나 정서적으로 영상의 흐름이 저항을 가장 적게 느끼는 길을 따라 흐른다. 이런 꿈들은 단순히 받아들여져서 분석하지 않고 꿈이 주는 교훈들을 전하는 것이 허락된다면 정서적으로 커다란 치료의 효과가 있다. 그리고 잠시만이라도 어떠한 욕망이나 방향없이 꿈을 유의해 보면 깨자마자 그 교훈들은 직관적으로 스스로 잘 알 수 있게 된다.

세번째 상태, 깊은 꿈없는 잠은 사실은 무의식적인 것은 아니다. 그것은 정서적 흐름과 정신적 영상을 넘어선 상태이다. 사람은 이런 깊은 잠에서 깨면 아주 상쾌함과 샘솟는 의욕과 '아주 잘났다. 난 이 잠을 즐겼다' 라는 기억이 들게 된다. 그런데 이런 기억은 내가 지금 기분이 좋으므로 잘 잤음에 틀림없다는 추론과는 다르다.

네번째 상태인 투리야(Turiya)는 깊은 삼매 속에서 도달하는 상태이다. 일반적으로 모든 움직임은 소리를 낳는다고 주장된다. 그 소리 중의 많은 부분은 우리 귀의 한계 때문에 들을 수는 없다. 소리의 종류는 어떠한 대상의 본질과 그 대상의 움직임에 달려 있다.

그리고 모든 사물들은 자신의 존재의 일부분으로써 특수한 성질과 움직임을 가지고 있기 때문에, 각 사물은 특정한 소리를 가진다. 더욱이 정신적 욕망은 모든 현상을 앞서기 때문에 만들어진 그 소리는 그 대상물의 본연적 이름이다.

유능한 만트라의 전수자인 만트라카라는 원형적이고 친화력이 있거나 만트라나 어떤 관념을 나타낼 수 있는 만트라를 만들 수 있다. 또 만트라카라는 우리의 이 세계가 관련 없고 개성 없는 단순한 사물들의 집합물이 아니라 우리가 어딜 보든지 사람이나 짐승, 나무 등 완벽한 분류와 질서를 가지고 있다는 사실의 이유가 되는, 영적 원리를 나타내는 만트라를 만들 수 있다.

곧, 시바는 의지, 생명의 완성과 목적에 관련 있는 신이고 비슈누는 삶을 영위하고 있는 모든 생명들에게 필요한 것들의 각 가치를 아는 지혜에 관련 있는 신이고, 브라마는 물질적 형태에 이르는 생각들에 관련이 있는 신이다.

이 세 기능들은 의지인 이차나(Ichana), 지혜인 즈나나(Jnana), 활동인 크리야(Kriya)과 관련되어 있다. 이 연결에서 꼭 기억되어야 할 것은 생각이란 마음의 활동이고 이 세 기능으로서 우리가 말하고 싶은 것은 마음을 초월하면서도 우리의 마음에 자신을 의지, 지혜, 활동으로 이끄는 생각으로 표현하는 신성의 기능이라는 점이다.

그러므로 만트라는 데바(Deva)라고 불리는 신의 신성한 움직임의 특정한 기능에 대한 소리체로서 간주된다. 그리고 만트라의 소리는 자신의 고유한 원리에 따라 명확하고 정확한 추진력을 형성한다. 우리는 음악이나 특별한 음조가 우리 몸의 여러 부분에 영향을 미친다는 것을 잘 안다.

나는 예전에 아프리카의 오지에서 온 한 사람을 알았는데, 그는 주장하기를 아프리카의 깊숙한 곳에 사는 어느 늙은 예술의 대가에게서 배운 드럼의 리듬소리로써, 듣는 이의 어깨와 몸의 여러 부분을 다양한 방식으로, 예를 들면 다리만을 춤추게 할 수 있다고 하였다. 어떤 의미에서 정확한 만트라는 마음에서 마음으로 전해지는 텔레파시를 형성할 뿐 아니라, 마음으로부터 소리를 통해 몸과 사물에 영향을 미친다.

브라만들이 가야트리를 배타적으로 독점했기 때문에 브라만 계급만이 가야트리를 이해 할 수준이 된다는 자만심으로 그래서 탄트라 지도자들이 브라마 가야트리(Brama Gayatri)라고 부르는 또 하나의 신성한 운문을 다른 계급의 사람들을 위해서 만들어 냈다.

이것은 다음과 같다. 우리는 최고 신을 향해 이해성 있게 깨어 있습니다. 우리는 최고의 진실에 명상합니다. 즉, 파라메스와라야 비드마헤 파라타트와야 디마히(Parameswaraya Vidmahe Paratattwaya Dimahi) 또는 브라마가 우리를 인도하소서 탄 노 브라마 프라조다야트(Tan No Brama Prajodayat) 많이 사용되는 또 하나의 만트라는 옴 나모 나라야나(OM Namo Narayana)이다. 이것의 글자 그대로의 의미는 '옴 최고의 영혼에게 향하여 절을 합니다' 이다. 그것은 최고 존재 나라야나의 8음절 만트라라고 불린다. 나라야나는 신이며 우주자아며 또한 사람의 아들, 완전한 인간, 완전해졌을 때의 인간으로도 묘사된다.

더 완전히 번역하면 우리의 만트라는 '신의 현존 속에서 첫번째의 인간에 대한 귀의 혹은 완전한 인간, 원형적인 인간' 이다. 그것은 기독교 신자가 신의 아들로서의 예수와 사람의 아들로서의 예수의 차이를 엄밀히 구분하지 않는 것과 같다. 신의 아들로서 예수는 자신이 인간과 같다고 선언했다. '모든 사람은 신의 아들이다' 라고. 그러나 사람의 아들로서의 이 용어가 쓰일 때 여러번 그는 자신이 완전한 인간이라는 것을 보여 주었다. 완전한 인간이란 인간이 자신의 노력 야(Ya)는 특히 신을 사랑하고 인간을 사랑하는 두 계명을 완수하는 노력으로 자기 스스로에게 완전한 생명을 부여하고, 이 세상에서 삶의 여행의 목적인 완전한 성장을 성취했을 때의 존재이다. 나라(Nara)는 인간을 의미한다. 아야나(ayana)는 '앞으로 오는' 을 뜻한다. 그러나 이미 아바타라(Avatara)인 몸의 형태로 왔다.

이 견해로 보면 모든 사람은 언젠가는 자신의 완성을 달성한다. 이 점에서 오늘의 애쓰며 추구하는 존재는 미래의 완전한 자아 혹은 완전한 인간의 아버지이다. 만트라의 모든 부분을 잘 이용하기 위해서, 고대인들은 각 음절마다 의미를 부여했다.

이 만트라의 경우에는 야즈나 발크야(Yajna Valkya)는 다음과 같이 말한다. '옴(OM)을 통해 브라마는 나타난다. 나(Na)를 통하여 비슈누가, 모(Mo)를 통하여 루드라(Rudra)인 시바가 나(Na)를 통해 이스와라(Iswara), 라(Ra)를 통하여 팽창된 우주, 야(Ya)를 통하여 진아(Purusha), 나(Na)를 통하여 성육신(化身), 야(ya)를 통해 최고자아인 파라마트마(Paramatma), 작은 만트라에 복합된 하나의 복합관념에 포함된 우주발생론과 신통계보학의 양을 처음으로 보는 사람은 누구나 깜짝 놀란다.'

이 만트라가 헌신자의 마음 속에서 굳건히 세워질 때, 긴 시간 동안 명상과 완전한 쓰임 속에서 위대한 삼매가 가능해진다. 이 만트라에서 나모(Namo)는 사실 나마(Nama)이다.

나마(Nama)란 자기 주장이 없고 수동적인 현명한 기쁨으로 가득찬 상태에서 힘과 덕을 겸비한 나라야나라는 이름의 신에게 절하는 것을 뜻한다. 나마(Namah)는 끝부분인 흐(h)가 묵음이 되면서 듣기 좋은 말로 바뀌어 나모(Namo)로 바뀌면서, 산스크리트의 흐름이 부드럽고 적합하게 변형된 만트라로 만들어졌다. 그래서 결국은 같은 힘을 지니게 된 것이다.

8음절의 옴 나모 나라야나(Om Namo Narayana)는 타라사라(Tarasara) 만트라라고 불린다는 사실이 중요하다. 타라(Tara)는 '이 세속적 존재로부터 벗어남'을 뜻하고 사라(Sara)는 '추출된 정수'라는 뜻이기 때문에 타라사라 만트라는 피안으로 건너는 중요한 길이라는 뜻이다. 이는 타라사라 우파니샤드에 충분히 묘사되어 있다. 거기에는 나라야나 우파니샤드(Narayana Upanishad)와 마찬가지로 각 음절마다 연결된 많은 신의 이미지가 있다. 타라사라 우파니샤드에는 다음과 같은 이야기가 있다.

한 바라드와자(Bharadwaja)가 위대한 현자인 야즈나발크야(Yajnavakya)에게 가서 이 세속적 존재로부터 벗어나는 길이 무엇이며 그 길을 가기 위해 어떻게 해야하는지 물었다. 그는 그 길은 '옴 나모 나라야나'라고 대답했다. 옴은 이미 우리가 고려해 보았다. 그것은 진정한 자아의 본질이며 누구든지 자기 자신이 누구인지 알기 위해 내면을 깊숙이 관찰하여 자기의 일을 보는 것이 아니라 보고 있는 자기를 앎으로써 진정한 자아를 찾을 수 있다. 예술가는 자기가 그런 그림만 보는 것이 아니라 자기 영혼을 보아야 한다. 이것은 일종의 이중 관찰인데 예를 들면 땅이 발의 자유로운 움직임에 저항하는 반면에 땅을 누르고 있는 발을 의식하는 것이다.

우리의 본질까지 발을 의식하게 되는 것은 경험의 진정한 목적이다. '세속으로부터 건너감' 이라는 생각은 인생을 여행으로 보면 이해할 수 있다. 이느 노작가는 인생길에는 여행이 없다고 말하기도 했다. 그러나 정말로 삶의 긴 여행은 끝없는 의식의 진보와 각성이다. 이 말은 이전 단계에서는 사물에 연루되고 그 후에는 사물에서 해방된다는 것을 뜻한다. 어떤 것에 조금씩 주의를 기울이는 것은 지옥으로의 하강인 한계를 받아들임으로써, 제한하거나 속박하는 것으로 사물에 전념하는 것이다.

이 생에서는 모든 것이 갑자기 일어나는 것이 아니라 질서가 있게 되었다. 이리하여 행위의 선후 관계가 있기 때문에 시간이 생겨났다. 그러고 나면 모든 존재가 사물과 움직임에 대해 싫어함이나 느릿하게 매달림으로써 시간은 우리에게 외부적인 것이 된다. 그러면 우리는 외부적 시간을 받아들이게 된다. 그 후에 각성의 부분으로써 우리는 마음에 관심을 두게 되고, 나중에는 시간이 없는 순수 의식에 도달하게 된다. 우리의 세계를 구성하는 존재들의 전체, 정신적인 부담의 통체와 움직임을 나타내는 외부적 시간들의 단계들 혹은 시대들이 있다.

현재 시대는 가장 나쁜 시대로 여겨지며 암흑시대로 불린다.

이 시대는 인류가 가장 물질에 속박된 물질만능의 노예상태에 있는 시대로 간주된다. 그러나 만약 누군가 이 모든 말세적 소란함 속에서도 속세를 초월한 내면의 영혼에 주의를 돌릴 수 있다면 그는 이전 환경의 자신 이상의 지성과 의지력 즉 각성을 성취할 것이다. 나라야나 만트라와 특성상 매우 유사성 있는 것으로서 칼리산타라나 우파니샤드(Kalisantarana Upanishad)에 있는 열 여섯 이름의 만트라가 있다.

이 만트라는 현재의 암흑시대인 칼리 유가(Kali Yuga)의 혼란한 조건들을 극복하는데 특히 유용하다고 한다. 이 이름들은 요기가 보통 바깥으로 향하는 생각들이 자신의 주의를 점유하지 못하게 하고 마음이 내면으로 향하는 것을 도와준다. 이 만트라는 흔히 기대하는 바와는 달리 열 여섯 개의 서로 다른 이름들이 있는 게 아니고 모두 비슈누를 가리키는 세 이름으로 되어 있다. 이는 아래와 같이 배열되어 있다.

하레 라마, 하레 라마, 라마 라마, 하레 하레, 하레 크리쉬나, 하레 크리쉬나, 크리쉬나 크리쉬나, 하레 하레.

(Hare Rama, Hare Rama, Rama Rama, Hare Hare, Hare Krishna, Hare Krishna, Krishna Krishna, Hare Hare)

또 하나의 그런 개인적 만트라는 크리쉬나에게 향한 5절로 되어 있는 18음절의 만트라인데 이것은 특히 브리다반(Bridavan)의 소치는 사람들 속에서 그가 자랄 때의 소년 모습으로서의 크리쉬나에게 바쳐진 것이다. 이 만트라는 마드레스 고등법원의 재판장이며, 자신의 삶을 요가에 바친 수브라흐만야 아이르(Subrahmanya Iyer) 경이 5년 전에 강력히 추천한 것이다. 경이 말하기를 어린시절에 그가 위대한 신비가로 여겼던 수바 라오(Subba Rao)라는 이에 의해서 이 만트라의 가치가 처음으로 그의 마음에 감동으로 남았다고 회고했다. 나는 이것을 그때 고팔라타파니(Gopalatapani)와 크리쉬나 우파니샤드(Krishna Upanishad)에서 뽑은 설명들을 곁들여 다음에 제시하겠다.

그 만트라는 아래와 같다.

크림 크리쉬나야  (Klim Krishnaya)

고빈다야          (Govindaya)

고피자나          (Gopijana)

발라바야          (Vallabhaya)

스와하            (Swaha)

다음 글은 매우 좋은 내용인데 신들과 그들의 상징에 연결된 많은 이지미에 대한 몇 가지 아이디어를 제공할 것이다.

몇 명의 현인들이 위대한 브라마에게 가서 물었다.

①누가 최고의 신입니까? ②죽음은 무엇을 두려워 합니까? ③어떠한 지식을 통해 모든 진리를 깨달을 수 있습니까? ④이 세계가 자신의 진로를 따라 계속하도록 만든 것은 무엇입니까?

브라마는 대답했다. ①최고의 신은 바로 쉬리 크리쉬나이다.

②죽음은 고빈드(Govind, 크리쉬나)를 두려워한다. ③고피자나(Gopijana, 크리쉬나)를 앎으로써 세계의 모든 이치를 알 수 있다. ④스와하(Swaha)로서 세계는 계속 전개되어 간다.

그러자 그들은 다시 물었다. ①크리쉬나는 누구입니까? ②고빈다는 누구입니까? ③누가 고피자나의 왕입니까? ④스와하는 무엇입니까? 브라마는 다시 대답했다. 크리쉬나는 잘못된 모든 것을 바로 잡는 자이며, 모든 것을 아는 자로서 위대한 가르침을 통해 이 세상에 알려진다. 고피자나의 왕은 조건이 지워진 모든 존재를 안내하는 자이다. 스와하는 그의 힘이다. 이것들에 대해 명상하고 그 만트라를 암송하고, 크리쉬나를 숭배하는 자는 불멸의 존재가 된다.

현인들은 다시 물었다. ①크리쉬나의 형상은 무엇입니까? ②크리쉬나의 만트라는 무엇입니까? ③크리쉬나를 숭배한다는 것은 무엇입니까? 성자 브라마는 대답했다. ①크리쉬나는 소치는 목자의 형상을 하고 있다. 크리쉬나는 구름빛의 젊은이이다. 그는 나무의 뿌리에 앉아 있다. 크리쉬나의 형상 중 눈은 진한 푸른빛의 연꽃과 같으며 그는 항상 그의 헌신자의 순수한 연꽃 심장에서 쉬고 있다, 크리쉬나의 옷은 번개의 광휘이다 그는 생명과 형상의 두 팔이 있고, 침묵의 현자들에게 비전을 주는 지혜의 표적을 가지고 있다. 그는 천체와 혹성들을 염주모양으로 꿴 꽃의 화환을 두르고 있으며 크리쉬나는 금빛 연꽃의 중심에 위치하고 있다. ②그의 만트라는 다섯 부분이다. 첫 번째는 크림

크리쉬나야(Klim Krishnaya)이다. 크림(Klim)은 끌어당김의
종자이다. 두 번째는 고빈다야(Govindaya)이다. 세 번째는 고
피자나(Gopijana)이다. 네 번째는 발라바야(Vallabhaya)이고
다섯 번째이자 마지막은 스와하(Swaha)이다. 크리쉬나에게 →
지식의 전수자에게 → 목자의 왕에게 → 스와하에게 향함. ③옴
(OM) 우주의 형상, 모든 비호의 근원, 인생의 목적, 우주의 통
치자 그리고 우주 자체에 대한 숭배, 찬양, 옴, 지혜의 화신, 최
고의 기쁨 크리쉬나, 목자의 왕에게 숭배! 지식의 전수자에게
숭배! 존 우드로프(John Woodroffe)경은 그의 책 '꽃다발 묶
음집'에서 다른 것과 관련지어 크림(Klim)을 이 만트라의 첫 부
분에 쓰이는 의미 없는 단어라고 했다.

　그는 크림(Klim)을 카마 비자(Kama Bija)라고 불렀다. 카마
(Kama)는 사랑을 의미한다. 카마(Kama)라는 말은 열정의 충
동이 아닌, 진실에 따를 때 완전하게 신성한 것이다. 일반적 원
리에 대해 설명하자면 스리 크리쉬나는 그의 제작 아르쥬나에
게 오직 세상 사람들의 복지를 위해서만 행동하라고 명령했다.
더욱이 그는 화신으로서 자신의 입장을 밝힌다. 법(다르마
Dharma)이 무너지고 불법(아다르마 Adarma)이 일어날 때마
다, 나는 나 자신을 발산한다. 신의 수호와 악한 자의 파멸과 법
의 재건을 위해 나는 모든 시대에 나타난다. 크리쉬나는 이렇게
설명한다.

　"삼계(三界)에 내 의무는 전혀 없으며 성취되어야 할 것이 성

취되지 않는 바가 없다."

존 우드로프 경이 크림을 카마비자로 말한 것은 바라다 탄트라(Barada Tantra)에서 취한 것이다. 나는 그것을 다음과 같이 해석했다. 크(K)는 사랑(Kama)의 신을 또는 크리쉬나를 말한다. 르(L)는 인드라(Indra)이며 하늘의 통치자 스와르가, 이(I)는 만족을 표현한다. 그리고 므(M)은 기쁨과 고통을 주는 자이다. 존 우드로프 경은 이 설명과 함께 같은 경전에서 비슷한 종류의 다른 만트라들이 의미를 밝혀주었다. 즉 하움(Haum), 둠(Dum), 크림(Krim), 흐림(Hrim), 스림(Srim), 아임(Aim), 훔(Hum), 감(Gam), 그라움(Glaum), 크스라움(Kshraum), 스트림(Strim) 등

이와 비슷한 만트라로는 짧고 외관상 의미 없는 차크라의 비자 만트라이다. 이것들은 8장에서 차크라를 묘사할 때 한 번 언급 했었지만, 여기서는 다시 소리로서의 영향에 대한 특별한 관계와 함께, 다시 이야기해야겠다. 우리는 하타 요기나 탄트리스트처럼 밑에서부터 위로 다루기로 한다.

기저부위 차크라 : 르암(Lam)
골반 차크라 : 밤(Vam)
배꼽부위 차크라 : 람(Ram)
심장 차크라 : 얌(Yam)
목 차크라 : 함(Ham)
이마 차크라 : 옴(OM)

이 비자들의 다섯 개는 앞장에서 설명했듯이 각각 다섯 요소 땅, 물, 불, 공기, 그리고 에테르의 만트라이며, 다섯 요소는 어느 한 차크라에 있는 힘과 신성함을 명상할 때 의미와 함께 씨앗의 만트라 발음은 그 차크라가 지배하는 영역에 좋은 영향을 미친다고 여겨진다.

그러나 반드시 의미도 함께 명상해야 하는데, 그것은 헌신자의 생각이 그 차크라의 지배적 신성과 반드시 조화를 이루어야 하기 때문이다. 정신적 의미를 수반하지 않은 단순한 소리는 아무 영향도 주지 못할 것이다.

자극되는 감각들은 순서대로 위쪽에서부터 세어진다. 냄새, 맛, 시각, 촉각, 청각, 앞서 말했던 여섯 번째에 해당하는 이마의 차크라는 정신적 기능과 관련이 있다. 바로 앞장에서 각 차크라의 신성들은 그 특성과 함께 제시되었다. 헌신자는 특정한 목적을 위해 아무 차크라든 명상할 수 있지만 만약 쿤달리니가 모든 차크라를 통해 차례로 상승하기를 바란다면, 각각의 경우에 그 본래 만트라를 사용해야 한다.

각 경우마다 마지막의 므(M)는 옴(OM)의 경우와 마찬가지로 정확하게 발음되어야 하며, 그 방법은 이 장에서 충분히 설명되었으리라 믿는다.

불교의 독자들은 틀림없이 이 짧은 단어들로써 잘 알려진 표현을 기억할 것이다. '옴 마니 파드메 훔(OM Mani Padme Hum)'에서, 마니(Mani)는 '보석'을 파드메(Padme)는 '연꽃

속에서'를 의미한다. 이것은 만트라가 아니고 하나의 진술이며, 무언가를 상기시키는 문구이다. 불교의 창시자인 고타마 붓다(Gautama Buddha)는 고정된 형태의 단어를 사용하는 의식이나 기도, 주문을 외는 것을 반대했지만, 불교도들은 자주 고정된 형태의 단어를 사용한다. 이것들은 대개 삼귀의(三歸依)경우에서와 같이 단지 무언가를 상기시키는 것으로만 간주된다. 물론, 귀의라는 말은 의존의 뜻이 아님을 기억해야 한다. 아마도 마음의 휴식처라고 부르는 것이 더 나을 것이다.

나는 올콧트(Olcott)의 불교 설문집에서 이것들을 세 가지 안내라고 말했던 것을 기억한다. 런던에 있는 불교학회 회장인 크리스마스 험프리(Christmas Humphreys)는 팔리(Pali)어 원본과 번역을 다음과 같이 내놓았다.

나는 부처님께 귀의합니다.
(Buddham Saranam gacchami)
나는 불법(佛法)에 귀의합니다.
(Dhammam Saranam Gacchami)
나는 승(僧)단에 귀의합니다.
(Sangham Saranam gacchami)

이것은 두 번 반복되고 나서, 세번째는 지원자 혹은 헌신자가 미래의 대각을 위해서 반복한다. 마음에 관련이 있는 한 만트라의 속성을 지닌 또 하나의 상투적 문구가 남방 불교도들의 단순한 종교적 목적을 말해 준다.

사바파파사 아카라남 Sabbapapassa akaranam

쿠사라사 우파삼파다 Kusalassa Upasampada

사치타 파리요 다파남 Sa chitta pariyo dapanam

에탐 부다누 사사남 Etam Buddhanu Sasanam

모든 죄로부터 벗어나는 것

덕을 성취하는 것

자신의 마음을 정화하는 것

이것이 부처의 종교이다.

불교를 수동적이라고 말하는 사람에게 향한 나의 대답은 '불교는 매우 적극적인 수행이다' 라고 말하고 싶다. 그러나 붓다는 명백히 신이나 인간에 대한 어떠한 숭배나 의식도 거부했고, 단지 피안에 이르는 직접적 방법에 대해서만 옹호하였다. 붓다는 어느 누구도 자아라고 부르는 것에 의존하는 길을 따르는 것을 허락하려 하지 않았다. 이유로 그는 '오온(五蘊) 혹은 우리 존재의 다섯 가지'의 교리를 만들어냈다.

험프리는 오온설을 다음과 같이 묘사한다. 첫번째는 색(色), 형태, 모양, 혹은 육체와 물질적 감각기관, 두번째는 수(受), 이것은 느낌과 마음의 흥분을 포함한다. 세번째는 상(想), 이것은 감각적이든 정신적인 것이든 모든 지각과 인지를 포함한다. 이것은 감각자극에 대한 반응이며, 인지하는 인식 혹은 그런 반응으로부터 나오는 관념으로 묘사된다.

네번째는 행(行)이며 이것은 모든 경향 그것이 모든 도덕적 혹은 비도덕적인 의지적 행위와 의식에 있어서의 요인 그리고 지각된 관념들 사이의 비교와 분별의 정신적 과정이다. 다섯번째는 식(識)인데 이것도 다른 것과 마찬가지로 무상한 것이다. 이것은 육체적 소질과 정신적, 도덕적 소질을 포함해서 의식, 마음, 정신력 등으로 다양하게 번역된다.

이 모든 것들은 인연의 복합물이며 불변의 것이 아니다. 인연으로 생겨난 것은 모두 무상하며 강의 흐름처럼 사람이 자기 자신이라고 알고 있는 모든 것은 무상하며 일시적인 덧없는 것이라고 붓다는 가르쳤다.

이 오온은 이야기 속의 낡은 마차와 같다. 1년이 지나면 축이 바뀌고 또 1년이 지나면 바퀴가 바뀌는 등등 들어있다. 그러나 그것은 여전히 같은 마차로 부른다. 오온은 생에서 생으로 유전하지만 열반이 성취되면 모두 사라질 것이다. 심지어 다섯 번째의 가지는 빈나나(Vinnana)라는 이름이 주어졌는데 의식이나 앎을 의미하며, 이 이름은 지각, 관찰, 구별, 앎을 가리키는 비즈나라는 말에서 나왔다. 그래서 이것은 주관과 객관의 관계를 가리키며 명백히 이론적 관계에서 생겨나기 때문에 덧없는 것이다.

심지어 불교도가 아래의 문구를 외울 때에도 그들은 외부적인 어떤 것에 의지하는 것이 아니라, 자기 마음을 집중하고 진실에 마음을 향하고 있는 것이다.

가테 가테 파라 가테(Gate Gate Para Gate)

파라산가테 보디 스와하(Parasangate Bodhi Swaha)

가자가자 피안으로 가자 안전하게 피안으로 건너가자.

오 반야바라밀다 있는 그대로 그 자체로 평안하여라.

그러나 요기들은 라자 요가의 극단적 방향을 제외하고, 만약 만트라와 상(像)이 단지 일시적 도움물이라고 기억되는 한, 사용하는 것은 정당하다고 주장한다. 그래서 붓다의 방법은 몇 세기 동안의 유행 뒤에 점차 사라져갔다.

상카라차리아와 같은 스승들의 목적도 붓다의 목적과 마찬가지로 '현세를 초월하는 것'이였기 때문이다. 그러므로 힌두 요기들 사이에서는 만트라를 외우는 동안 좋은 것들만이 형상으로 나타나기 때문에 만트라는 여전히 헌신과 숭배인 박티 요가에 매우 밀접하게 연결되어 있다. 박티의 원리는 우리는 우리가 사랑하고 전념하는 존재가 된다는 것이다.

이리하여 신들에 대한 만트라는 그것들이 힘과 덕을 지닌 이름이기 때문에 효과적이다. 그것이 찬송가를 부르는 이유이며 인도의 마을에서는 고양된 상태에서 마음이 편히 쉴 수 있는 정신적 집중을 형성하는 기분 좋은 음악에 맞추어 기도와 이름들의 반복과 함께 끊임없이 노래를 부르는 이유이다.

모든 만트라에는, 서구의 의식에서와 같이 의미가 있어야 한다. 그렇지 않으면 앵무새나 축음기가 그 말을 하더라도 똑같을 것이다. 마술적인 주문이 사용되고 거기에 축복이나 저주가 있을 때 두 분류가 있다. 영향받는 사람이 있는 곳에서 텔레파시 효과와 더불어 음악 효과라고 부르는 소리의 음조와 리듬이 있을 것이다.

이와 관련해서 다른 종류의 음악이 몸의 다른 부분과 다른 기능을 고양시키거나 침체시킨다는 것은 잘 알려져 있다. 귀에 들리는 모든 말은 마음과 몸에 약간의 영향을 미친다. 후자의 경우 만트라는 축복이나 저주를 보내는 사람을 도와주는데 작용하고 그가 집중하는데 도움을 준다. 만트라의 주체는 부적(符籍)의 영역까지 들어갈 수 있다.

이 경우에는 어떤 물체들이 그것들에 부여된 축복이나 저주를 가질 수 있다. 말하자면 그것들에 의도된 바를 가질 수 있는 것이다. 여기서 무엇이 평범한 사람들에게 마술로 여겨지는가를 이해하기 위해서는 다음과 같은 것을 고려해야 한다. 생각은 한 사람의 마음으로부터 다른 사람의 마음으로 마치 편지가 우체국을 통해서 전해지듯이 전달되며 받는 사람의 감수성에 따라 마음에 영향을 받을 수 있을 뿐만 아니라 물체에 영향을 미치고 달라 붙는다.

이리하여 약 50년전 내가 행한 실험에서 정신집중에 의해 빈 카드에 여러 대상물이 그림으로 새겨졌다. 카드가 바뀌어 한장이 테이블 위에 민감한 피험자 옆에 아무도 모르게 놓여졌으며 피시험자는 두꺼운 스카프로 눈이 잘 가려져 있었다.

그 민감한 사람은 새겨진 생각을 그림으로 묘사했는데 모든 경우 맞추었다. 그 이유로 거의 모든이가 그들이 다루었던 물체로부터 생각과 느낌의 감동을 받았다. 이렇게 잘 읽혀져 왔던 책은 새로 출판된 책보다 많은 것을 전해 줄 것이다. 모든 명상에서 선만이 바람직스러운 것이며 그것은 선이 사랑받을 때만이 그러하다.

사랑은 모든 명상에서 우주적으로 용해시키는 물질이다. 만약 한 소녀가 그녀의 인형을 사랑하지 않는다면 그녀는 인형으로부터 아무것도 배울 수 없을 것이다. 사랑받는 모든 것은 우리 안에서 자신들의 힘을 강건하게 각성시킨다.

만약 내가 의자를 사랑한다면 나는 다른 사람에게 의자의 안락함이 될 것이다. 내가 벽을 사랑하고 벽이 날씨에 대한 보호 역할을 하기 때문에 나도 그렇다고 관찰하면 나는 벽이 된다. 곧은 것은 나를 곧게 하고 우아한 것은 나를 우아하게 한다. 만약 내가 고양이를 사랑한다면, 고양이는 내가 존경하고 사랑하는 그것의 특성에 있어서 나를 고양이로 만들고 개는 개를, 성인(聖人)은 성인을, 그리고 존재의 모든 다양성과 범위에 있어서도 그러하다.

자파(Japa)와 만트라는 마음 속에서의 좋은 친교의 자발적 지속이며 기억의 효과를 준다. 만트라의 사용과 밀접히 관련되어 있는 것이 얀트라(Yantra)이다. 만트라는 듣는데 사용되고 얀트라는 보는데 사용된다. 만트라가 신성한 소리의 상징이듯이 얀트라는 형태의 상징이다. 얀트라는 개념적인 혹은 형상없는 신성의 형태를 보유하는 것이다. 이리하여 우리는 표현의 세가지 면을 갖게 되었다. 즉 추상적 사고에서 표현되는 신성, 소리에서 표현되는 신성, 그리고 형상으로 표현되는 신성이다.

만트라가 신을 소리로 표현하듯이 얀트라는 신을 형상으로 표현한다. 헌신자는 신이 만트라와 얀트라에 충만하게 스며 있다고 말할 수 있다. 모든 형상은 그들의 원리가 스며 있다. 우리 인간의 형상은 두가지 측면 즉 여성과 남성으로서 명백히 그러하다.

얀트라의 디자인들은 자주 다양하게 서로 엇갈리게 짜여진 삼각형들과 일상적일 뿐 아니라 내재적이고 초월적인 상징적 중요성을 지닌 다른 모양들로 구성되어 있다. 그것들은 사려깊은 명상에 큰 재료가 된다. 또한 얀트라는 숙고되고 사용되면서 향상될 수 있고, 그 얀트라를 이해하는 사람에 의해 축복받음으로써 더욱 증진될 수 있다.

얀트라의 보통 구조는 원에 포함될 때 이따금 만다라(Mandala)라고 불리어진다. 만다라는 탄트라 모임과 티베트에서 많이 사용된다. 보통의 물체는 얀트라의 부서진 조각으로 가득차 있으나 만약 전 형상이 완전하게 조정되고, 통합되면 그것은 얀트라가 될 것이다.

그러므로 얀트라는 마음이 기본적인 길잡이 역할을 할 수 있는 형상에 마음을 고정시키게 할 수 있으며, 그 형상과 그것이

포함되는 모든 디자인에 묵상하는 마음은 쉽게 완전한 개념에
도달할 수 있다. 그러므로 여기 그려진 예는, 비록 사용되고 있
는 특정한 것의 정확한 묘사는 아니지만 전형적인 얀트라의 일
반적 모습과 사용하는 아이디어를 줄 수 있다.

  얀트라는 아주 다양하게 결합해서 생각해 볼 수 있는데, 궁극
적으로는 이렇게 다양하게 봄으로써 가능한 모든 분류와 형성
을 포함할 수 있다.

스리 얀트라(Sri Yantra)

  이 장에서는 여러 만트라들의 예가 제시되었으나, 한가지가
더 언급되어야 한다. 그것은 아자파 가야트리(Ajapa Gayatri)

라고 부른다. 그것은 아자파(Ajapa), 즉 반복되지 않는 것인데 의지로써 암송하는 것이 아니기 때문이다. 그러나 밤낮으로 계속되며 우리는 우연히 느낄 뿐이다. 그것은 우리의 호흡이며, 비록 우리가 거의 주목 하지는 않지만 '사(Sa)' 라는 소리로 시작해서 '하(Ha)' 라는 소리로 끝나기 때문에 만트라의 일종이다.

만트라는 의미와 의식적 의도를 가져야 하기 때문에, 엄밀한 의미에서는 호흡을 만트라로 간주할 수 없으나 반면에 모든 책들이 이것은 그저 의도없이 하루에 21,600번 계속하고 있다고 말한다. 그러나 여기 놓인 두 소리는 의미를 제시한다.

제자가 스승으로부터 찬도카 우파니샤드에 있는 '그대는 그것이다' 를 배우고 난 뒤, 만약 자신이 상대세계가 아닌 절대의 본질이라는 것을 깨달으면 그는 무의식적으로 소함(Soham)을 말할 수 있다. 이 말의 정확한 의미는, 그것을 의미하는 사흐(Sah)와 '나는~이다' 를 의미하는 아함(Aham)의 합성이다.

산스크리트 언어의 음운변화의 규칙을 따라 사흐(Sah)의 아흐(Ah)는 오(O)가 되고, 아함(Aham)의 모음 아(A)는 빠졌다. 완전한 요기에게는 모든 숨과 심장의 박동이 조화를 의미한다. 이것은 그 말을 바꾸어 백조를 의미하는 한사(Hansa)가 될 때에도 똑같이 말할 수 있다.

백조는 종교적 상징이며 시간의 새이다. 그 새는 날고 있으며 브라만의 헌혈을 나타낸다. 숨쉬는 것은 육체와 정신에서 모두 시간의 과정이며 우리는 호흡과 호흡 사이에 살고 있다. 그리하여 이 사실을 받아들이는 것이 실제로 요가 철학의 첫 교훈이다. 실제로 숙련된 요기의 몇몇은 한사들(Hansas) 그리고 파라마한사(Paramahansa)라고 호칭된다.

이 새에 관한 다른 전설도 있다. 이 새는 우유와 물의 혼합물에서 우유만 취할 수 있다. 비슷한 방식으로 숙련된 요기는, 우리의 인생을 구성하는 경험들의 혼합물에서 영혼의 이익만 뽑아내는 방법을 잘 알고 있다.

이와 비슷한 아이디어가 더 높은 곳으로 가는 길의 첫 네 단계에 나타나 있다. 구도자는 물질적 사물의 고정된 조건을 고집하지 않는 것을 깨달을 때 이 길에 순수한 발을 들여놓는다. 이런 의미에서 그는 어떤 것에 의지하거나, 무언가 갖기를 바라는 자신을 영원히 포기한 것이다. 그러면 그는 첫단계로 파리브라자카(Parivrajaka), 즉 방랑자로 불린다.

이 조건에서는 그가 내면의 평정을 발견하기까지는 무언가 헛수고를 한 느낌이 들 것이다. 그 다음에 그는 두번째 단계에 도달하고 쿠티차카(Kutichaka) 오두막집을 짓는자라고 불린다. 세 번째 단계에서 그는 이미 말한 백조(Hansa)가 된다.

네번째 단계에서 그는 자신을 마음의 안락함에 머무르려 하지 않고 부지런히 모든 것에서 좋은 것을 취한다. 마치 물에서 우유를 뽑아내듯이 그러고 나서 드디어 그는 발견한다.

에머슨이 쓴대로,

매일 배에 찾아와서
모든 배에 이름을 붙인다.
그들은 근심하지 않고
바다를 바라보고 확신한다.
그 말은 배를 옮기고
그들은 그 말을 듣기를 원한다.

이제 그는 싫고 좋음을 초월한다. 왜냐하면 그는 모든 것으로
부터 좋은 것을 취하기 때문이다. 더 이상 적대감은 없다. 그는
세상이 자신에게 평화롭게 대하지 않을 때도 스스로 평화롭다.
이제 다시 에머슨이 본 대로 '시인에게 철학자에게 성인에게 모
든 만물은 친구이며 신성하고 모든 일들은 알맞고 모든 날이 거
룩하며 모든 사람이 신성하다' 왜냐하면 그 눈은 시선이 생명에
멈추어 환경은 등한시하기 때문이다. 그 뒤에 네 번째 단계가
있다. 그것을 묘사하기보다 찾도록 남겨 놓겠다.
'그는 세상으로부터 더 이상 배울 것이 없노라.'

# 제12장
# 바가바드 기타와 요가

**바**가바드 기타는 인도에서 종교적인 영감과 철학, 도덕, 윤리를 가장 잘 함축시킨 책으로 평가받고 있다. 또한 유럽어나 영어 등 수백 종류의 언어로 번역이 되어 잘 알려져 있다.

모든 장은 흔히 잘 알려지지 않은 제목으로 소개되었다.

예를 들어서 '행동의 요가' '지식의 요가' '헌신의 요가' '가장 높은 과학과 신비의 요가' 등이다. 그래서 그러한 요가의 방법들을 여기에 열거하여 간결하게 요점을 적어 보면,

○ 요가는 성공과 실패 속에서도 마음의 평정을 이룬다. (바가바드 기타 2장 48절)

○ 요가는 활동 가운데에서도 능숙한 삶을 산다. (2장 50절)

○ 요가는 스리 크리쉬나에 의해 전수된 고대의 과학이다. (4장 3절)

○ 요가는 삶의 최상의 비밀이다. (4장 3절)

○ 요가는 더 없는 가장 높은 행복을 창출한다. (5장 2절)

○ 요가는 고요함이다. (6장 3절)

○ 요가는 무집착이다. (6장 4절)

○ 요가는 괴로움을 없애는 자이다. (6장 17절)

○ 요가는 고통으로부터 분리되게 한다. (6장 23절)

○ 요가는 자아통제에 의해 효과를 본다. (6장 36절)

○ 요가는 집중을 사용한다. (8장 12절)

○ 요가는 삼매에 의하여 도달된다. (6장 53절)

○ 요가는 자아정화를 위한 수행이다. (6장 12절)

　그리고 다른 각도로 요가의 다양한 방법과 종류를 나열하여
보면,

○ 상키야 요가(Sankya Yoga)-과학적인 요가

○ 부디 요가(Budhi Yoga)-지혜의 요가

○ 아트마 요가(Atma Yoga)- 참나에 의한 요가

○ 카르마 요가(Karma Yoga)-행동의 요가

○ 산야사 요가(Sanyasa Yoga)-출가의 요가

바가바드 기타에서는 요가의 다양한 것이 서로 연관되어 있는
것을 발견하는데 파탄잘리의 요가수트라에서도 같은 뜻으로 사
용된다. 예를 들면 '다라나' 란 뜻은 집중이고, '드야나' 란 뜻은
명상, '사마디' 는 심오한 의식의 뜻으로 바가바드 기타에서 발

견된다. 실제로 바가바드 기타는 요가의 경전이며, 그 자체로 설명하자면 첫 번째 장만을 빼고 각 장마다 가르침의 간략한 탐구를 하도록 이끌어 주고 있다. 또한 스리 크리쉬나가 어떻게 절박한 상황에서 그의 제자 아르쥬나에게 가르침을 주는가 하는 것을 배울 수 있다.

2장은 스승이 제자에게 죽음에 대해 슬퍼하지 말라고 가르친다. 크리쉬나는 몸의 주인은 죽은 뒤에도 존재하고 출생 전에도 존재했다고 가르치며, 사실상은 절대 존재했거나 존재하지 않는다고 말한다. 이러한 영혼은 몸이 바뀌어도 진실한 인간이라고 하며 이 몸은 순간적인 것으로써 마치 옷과 같다고 얘기한다. 즐거움과 기쁨은 순간적이며, 그것이 오는대로 긍정적으로 받아들이라고 말한다. 이러한 모든 크리쉬나의 묘사는 학문적으로 밝혀져 있다고 설명한다(상키야 철학). 왜냐하면 이러한 것이 오늘날 많은 요기들의 심리학적 관찰이나 연구에 의해 확립된 것과 같기 때문이다.

이러한 것은 단순한 부정이나 원칙적인 것을 위로하는 데에서 벗어나지 않았다. 스승은 말하기를 과학적인 지식만으로 만족하지 않으며, 현대적인 측면으로 볼 때 실제에 대한 지식은 우리에게 어떻게 하라고 얘기해 주지 않는다. 다만 계속되는 삶의 이익에 적당히 적용시켜야 한다. 그것을 지혜, 즉 부디(Budhi)라 하는데 그것은 삶을 알고 그 필요성과 정확한 가치를 사물에게 부여해 주는 목적으로 사용된다.

크리쉬나는 이러한 지혜를 영구적인 상태로 만들기 위하여, 부디 요가가 어떤 환경 속에서도 흔들리지 않고 확고함을 유지하는 것처럼 진정한 인간을 실현하기 위한 모든 시도를 다해야 한다고 말한다. 그러나 사람들은 이러한 덕망보다 동물적인 자기충족과 육체적 쾌락을 위하여 욕망에 빠진다. 즉 몸의 게으름(타마스), 격렬함(라자스), 질서(사트바)의 법칙들이 진정한 인간이 되지 못하게 막는 몸과 환경의 요소들임을 잊는 것이다.

부디 요기는 그의 환경에서 좋고, 나쁘고, 즐겁고, 괴로운 것이 오더라도 모든 부분에서 이득을 얻을 수 있다는 것을 가르친다. 그의 확고한 지혜는 행동을 위한 새로운 동기를 주며, 행동에 이르러 실제적인 사람으로 만들어 준다(카르마 요기). 이것이 조화되지 않는 경우에는 시간이 지나고 명사에 의해 극복된다. 그러나 가장 이상적인 상태는, 모든 환경 가운데서 그가 지혜를 가질 수 있고 내면의 통찰이 깊은 명상의 시간으로 일치 도달되었을 때 가능하다.

오직 그가 성스러움과 합일되어 행동할 때만, 성공과 실패에 흔들리지 않고 당면한 일에 완전히 집중할 수 있다. 그는 결코 목적을 위해 일하지 않으며, 다만 그 행동에 최선을 다한다. 그의 지혜는 매일 명상과 깊은 하나됨인 삼매를 수행한다면 혼란이 일어나지 않는다. 수행에서 명상과 삼매는 집착과 오만, 분노, 공포, 근심으로부터 자유로워졌음을 의미하며, 자연스럽게 그의 몸과 마음은 통제 하는데 아주 커다란 것을 얻는 것이다.

3장에서는 스리 크리쉬나는 고대로부터 두 가지 길을 가르쳤다고 역설한다. 지식의 요가(즈나나 요가)와 행동의 요가(카르마 요가), 지식의 요가는 상키야의 방법을 따르고 행동의 요가는 요기들이 길을 따른다. 어쨌든 요기를 말할 때는 부디 요가(지혜의 요가)를 뜻한다. 우리는 지식의 요가를 살펴 볼 때 모든 것의 분류를 살펴보는데 그 중에 가장 위대한 두 가지 분류는 ①진리의 사람(푸루샤) ②모든 사물, 즉 인간의 마음을 포함시킨 가장 넓은 측면의 감각적인 것과 물질적인 것(프라크리티)을 포함한 것으로 볼 수 있다.

이러한 고찰로 푸루샤의 푸라크리티를 절대적인 확실성으로 구별할 수 있다면, 요가의 목표인 푸루샤를 정확하게 볼 수가 있다. 스승은 이제 정확한 행동을 설명하는데, 행동은 육체적인 즐거움의 욕망이나 자기만족으로 환경에 인간을 구속시킨다. 그러나 희생적인 행위인야즈나(Yajna)는 그들에게 독립을 주며 속박되지 않게 한다. 희생은 그가 설명하기를 다른 사람을 풍요롭게 하며 모든 것은 서로 도와주는 거대한 조직으로 연결되어 있다고 한다.

그러므로 이러한 희생의 원리를 반드시 자각해야 하며, 언제나 그것에 따라 행동을 해야 한다. 그러나 인간은 진정한 자아인 푸루샤나 아트마를 자각을 해야 하며, 그것은 아르쥬나의 진정한 관심이며 그것을 이룬 후에 행동을 포기할 수가 있다.

크리쉬나는 출가나 천국에 대한 욕망이 없다. 대신에 그는 이

전부터 이후에까지 여전히 살아 있으며, 그가 무행위의 행위라 불렀듯이(나이쉬 카르먀 카르마), 몸과 마음에 대한 그의 행위는 완전히 순수한 의무이며, 그는 진실한 사람의 의식적인 존재이다. 그는 세상의 복락을 위하여 순순하게 행동을 수행한다. 어떻게 사람들의 모범으로 알고 따르며 일반 사람들이 행위의 욕구를 알고 행동하는지를 알게 하기 위해서 그는 오직 인격화된 화신의 표본의 길로, 오랜 시간을 거쳐 세상의 사람들을 의무의 길로 이끄는 것이다. 이러한 것은 종교적인 헌신에서 오며 요기는 이러한 단계를 실현하면, 세상에서 각자의 행위가 근본에 속하며 그 존재의 부분으로서 각자의 행동은 그 자체의 본성에 따른다.

어떤 것은 둔한 타마스적인 것이고, 어떤 것은 원기 왕성하면서 휴식이 없는 라자스적이며, 어떤 것은 질서정연하며 사트바적이고, 조직적이다. 이런 모든 것은 확실히 자신의 본성이며, 그러나 참나 또는 진실의 사람은 육체적인 행위나 정신적인 행위가 아닌 순수 행위라는 개념을 지울 수 없으나, 어떤 가정을 내릴 수 없는 더 진보된 실현 또는 가능성에 대한 장애인 것이다. 그는 이러한 자연의 세가지 특성을 통하여 자연의 구성을 만들고, 현대 과학자들이 언제나 지적하는 이름, 물질, 에너지 법칙들이다. 행위함 또는 우리의 의무를, 스승은 외부적인 어떤 특별한 규정이 없다고 한다. 그것은 그 자신의 의무를 행하는 것, 마음이 가라앉은 상태에서 최대의 이익을 준다고 한다. 제한된 마음은 위험하며 욕망이나 분노는 용기가 없는 것이다.

위대함이란 지고의 자아를 받들고 봉사하는 것이라 하겠다. 그것은 부디 보다 더 위대하며, 부디는 단순한 정신적인 것보다 더 위대하고 감각보다 위대하며 지고의 자아는 어떤 것보다 더욱 위대하다고 지적하겠다.

이 장은 행위의 요가라 부르고 이해와 행위를 둘 다 가르친다. 좀 더 명백하게 카르마 요가의 뜻을 전달하고, 기타의 가르침을 여러 가지 면에 포함해서 가르친다. 일상생활에서 행동할 때는, 삶이 부디적이며 이성적인 헌신의 힘에 의해서 가득 채워진다. 이러한 행위가 요가로 인정될 수 있으며 이를 카르마 요가라 한다. 모든 행동은 카르마 요가가 될 수 있다. 사랑스런 마음으로 접시를 닦는 것은 요가지만, 계속 반복되는 접시 닦는 기계는 요가가 될 수 없다.

만일 의사가 외과수술을 단지 돈을 벌 생각으로 한다면 그것은 요가가 아니다. 의무적인 감각으로 하는 것도 요가가 아니다. 다만 환자의 완쾌를 위하여 행할 때 그것이 요가이다.

예컨대 많은 사람들의 카르마는 속이 시커멓다. 그러나 진정한 요가의 카르마는 새하얗다. 그리고 그밖의 사람들의 행위는 회색빛쯤 이라고 말할 수 있다. 기쁨과 함께 하얗게 빛이 나는 것을 카르마 요가라 하는데 그 속에 더욱더 깊은 삶이 있다.

어쨌든 어린이들에게 더 많은 현대화 도입은, 이러한 존경심을 지루하거나 어리석게 한다. 요즘의 교육은 의무적으로 애들을 집에서 데려와 학교에서 가르치는 것으로 어떤 면에서는 거의 비극적이다. 만약 어린이들을 모든 시간에 수용하여 양쪽의 즐거운 경험을 좋지 않게 만들면 어두운 결과가 올 것이다. 어린이에게는 지루함으로 느끼지 않게 하며, 자기 자신을 평가하고 계산하거나, 값비싼 장난감의 양을 늘리지 않는 것이 좋다. 이러한 것이 기타의 카르마 요가이다.

카르마 요가는 '좋은 행위'나 '나쁜 행위'가 주목되는 대상이 되지는 않으나, 지혜에는 이해심과 사랑이 스며 들어 있다. 이 장에서는 기타의 2장과 3장을 강조하고 있으며 4장으로 계속 연결된다

4장은 진정한 지식이란 삶에서의 행위와 자연에서 일어나는 것을 깨닫고 관찰하는 것이라고 크리쉬나는 말한다. "나의 상태로 오도록 행하라. 이 세상에 살면서 무행위의 행위를 행하여라. 결과를 바라지 말라"고 얘기한다. 어떤 사람이 묻기를 "만일 사람이 육체적인 기쁨이나 자아만족의 욕망을 포기하면 행동이 침체되거나 게으름을 피우게 되지 않을 것인가?" 하고 묻는다. 그 대답은 만일 부디가 깨어 있지 않다면 생의 또다른 동기를 낳을 것이다. 또 질문을 할 것이다. 부디를 또한 포기하면 동기가 일어나지 않을 것인가? 대답은 만일 성스러운 동기가 일어나지 않으면 어떤 것을 얻으려는 것 없이 행동하는 성스러운 화신 아바타르의 표본인 것이다. 순진무구한 사랑이 바로 이런 표본이며 예수의 삶이 이상적인 사랑을 제시해 준다.

이런 질문의 대답은 예수가 당신을 사랑하는 것과 같이, 나는 다른 이에게 사랑하기를 원한다. 이것은 행위가 아니며 변하지 않는 것이다. 몸과 마음은 이러한 법칙이나 규율 아래 행동을 한다.

예수께서는 규율을 어기지 않고서도 사람들에게 사랑을 주었다. 이러한 마음의 평정이 진정한 사랑의 마음이다. 이런 진정한 철학적 태도는 믿음이나 상키야, 즉 지식의 표현이다. 육체적인 고통은 그런 것에서 배우지만, 사실은 우리들의 육체적 고통이 있을 때 더욱 민감하게 느낀다. 왜냐하면 그 때 마음의 집중강도가 더욱 예민해져 아픈 느낌이 더욱 커지는 것이다. 문제는 실제로 다른 문제를 야기시킨다. 그래서 두 배나 되는 문제가 생겨나 두 번째 문제는 첫 번째보다 더욱 심각해진다. 철학적인 이해에서 일어나는 감정의 조화는 확실한 목표선정이다.

그러나 수동적인 인내나 체념이 아니며, 마음이 평정할 때 그의 모든 기능의 진정한 문제가 드러나고 확실해진다. 첫 번째로 자기 연민이나 낙심 또는 분노나 미움이 밝게 바뀌지며, 두번째로 진정한 문제나 고통을 가장 훌륭히 다룰 수가 있다. 마음의 평정은 어떤 상태에서도 적개심이 일어나지 않는데, 그것이 진정한 수행의 참 모습이다. 이것은 아마도 우리의 삶에서 세 가지 으뜸되는 동사로 표현할 수 있는데 존재하고, 행동하고, 또 가지고 있어야 한다. 구도자는 그 자신이 오직 존재에 관심이 있는가 하는 점을 발견해야 한다. 그가 좋은 집을 원해서 좋은 집을 지니게 되면 만족할 것이며, 자기 만족을 원한다면 심리학자에게로 가서 벽에 걸린 화분을 갖는 만족을 얻고나서 다시 만족할 것이며, 만일 그가 요기에게 가면 그를 평정한 마음으로 만들어 벽의 화분으로부터 완벽하게 자유로워질 것이다.

기타의 이러한 중심적인 철학의 이상은 스토아학파나 에피크로스학파에 의해 이해되었다. 신은 나를 세상에 내보냈는데 그것은 모든 부분 속에서 나의 본성이 완전하고 힘이 있으며, 일반적으로 세상에서 발견하기 어려운 것이며 또한 나는 목적을 위해 살지 않는다고 한다. 내면적으로 평정을 찾고, 외부적으로는 유용성을 찾기 위함이다. 만일 수행자적 입장을 취하려면, 몸과 마음 둘 다 유지하고 확립하는 것이 좋다. 이 상태에서 가깝게 될 때 크리쉬나는 말하기를 '희생적인 여러 가지 많은 행동을 수행하며, 완전한 행동을 목표로 그들의 길을 따르며 부분적으로 의무를 수행하고 인격적인 화신에게 헌신하는 표본이 될 것이다' 라고 말했다.

크리쉬나는 이러한 것을 열거하여 그의 핵심이 되는 시에서 표현하고, 지식의 보시는 어떤 물질적인 보시보다 더 크다고 얘기한다. 왜냐하면 모든 행위는 지식 안에 그 완성을 가지고 있고 종교적인 지식이나 철학적인 지식은 분명한 뜻이 담겨져 있으며 이미 그들이 알고 있는 헌신, 의무, 봉사에 의해 배울 수 있고 더 나아갈 수 있는 것이다.

그리고 크리쉬나는 말하기를, '너는 모든 것이 성스러움을 볼 수 있을 것이며, 지식은 모든 결점을 지워버리고 특별한 외부적인 것에서 독립적으로 된다' 라고 했다.

5장은 '포기의 요가' 라 부른다. 감각 속에서의 행동의 포기란, 요기는 행동이 외부세계의 많은 에너지와 몸과 마음에 의해 진행된다는 것을 깨닫는다. 자동차를 탈 때 사람은 차가 길을 따라 달리는 것을 분명하게 보지만 사람을 보지는 않는다.

사람은 움직이는 자체 그것을 통제하지만 생각이 발과 손을 이끈다. 사람이 손과 발을 움직이지 않는다. 무엇이 생각과 손 사이의 원인이 되는 것인가는 알 수가 없다. 좀더 깊이 생각해 보면 사람이 생각을 말할 수 있는 것은 내면의 기계가 감추어져 있으며 그러나 몸과 마음의 이러한 행동들이 결코 종속되어질 수가 없는 것이다. 몸의 주인이나 몸 내부의 거주자는 마음과 혼동될 수가 없는 것이다.

우리가 보았듯이 우리의 전체 마음은 오직 내면의 도구이며 그것을 뛰어넘지 않으면 안된다. 기타에서 요기는 '나는 어떤 행동도 하지 않는다.' 비록 보고, 듣고, 닿고, 냄새맡고, 맛보고, 걷고, 잠자고, 호흡하고, 껴안고, 미워해도 크리쉬나는 말하기를 계속해서 '기관은 감각의 대상 가운데서 움직인다.' 그리고 '아트만에 의해 모든 일이 이뤄지며 브라만은 활동을 하지 않는다'고 했다. 세상의 모든 대상들은 '행동의 결과' 에 있다.

즉 브라만의 무행위이며 그것은 다양성과 조화 둘 다를 단일화시키는데 필요하다.

요기는 오직 자아정화를 위하여 행동하며, 다른 무엇을 얻기 위하여 행동하지는 않는다. 그는 그의 모든 행동을 성스러움 속에서 무행위의 행위로 만들거나 대상이나 지식을 넘어서려는 의도 등을 떠나 있다. 그것은 그의 자아이며 그 가치이다. 그는 누가 뭐래도 행복한 사람이며 내면으로 즐긴다. 그의 내면에는 밝은 광명으로 가득차 있다.

　'그는 브라만의 니르바나로 간다.' 이 장의 끝 무렵 얼마간의 명상을 위한 실천적인 힌트가 주어진다. '주위를 외부로 고정시켜 바깥과 접촉하고, 눈썹 가운데를 집중하면서 그리고 들숨과 날숨을 코까지 고르게 쉬고, 감각과 마나스(마음)와 부디(이지), 집중, 열망 중에서 그의 가장 높은 목표인 열망, 공포, 분노는 사라지고 그리고 해탈을 얻으면 항상 자유롭다.' 나를 아는 자는 야즈나(희생)와 타파스(깊은 수행)를 즐기는 자이며, 모든 세계의 위대한 주인인 이스와라(Iswara)이며 모든 존재들의 친구이다. 그는 평화를 얻는다.(샨티 Santi)

　6장은 인간이 요가를 구할 때, 그는 물론 다양한 행동을 취하지만 그것은 모두 요가와 연결되어 있다. 그러나 진정으로 요가를 수행할 때, 그는 행동이나 대상에 집착되지 않는다. 그는 환상을 딛고 서 있으며, 그에게 모든 존재는 동일한 가치이다. 그는 땅과 들과 풀이 모두 같다고 본다. 그는 이상한 자나 친구나 적이나 중간자나 성자나 미운 자나 범죄자에게까지 근본이념에 입각하여 똑같이 대한다.

그는 춥고, 덥고, 즐겁고, 괴롭고, 존경하고, 깔보는 것으로부터 마음의 평형을 유지한다. 더욱 실천적인 암시가 여기 소개된다.

요가는 언제나 홀로 앉아 자신의 생각을 통제하여, 기대함이나 붙잡힘 없이 자아에 대한 명상을 수행한다. 그 자신이 깨끗하고 높지도 낮지도 않는 곳에서, 얼마의 쿠사풀과 모피가죽에 천을 깔고 자리를 잡고 앉아, 마음을 한곳으로 모아 감각, 생각, 행동을 통제하고 마음을 편안히 하고 명상를 수행하여 그 자신을 정화한다.

몸과 머리와 목을 바로하고 움직이지 않는 부동의 자세로, 그 다음에 어떠한 방향도 바라보지 않고 그의 코 앞부분만을 바라보며 그 자신은 고요해지고 모든 공포는 사라지고, 브라만의 지휘 아래 세상과 사물을 확고히 지켜보고 나를 그 초월적인 생각의 마음에 고정시키고 앉아, 초월적인 그와 내가 합일되게 한다.

요기는 마음을 통제하고, 언제나 자아를 명상하며, 나의 상태에 도달되며, 궁극의 니르바나에 이르는데 이것이 평화이다. 그러나 요기는 음식을 과다하게 먹지 않고, 음식을 지나치게 거부하지 않으며, 잠을 지나치게 탐닉하거나 지나치게 각성되려 하지 않는다.

요가는 고통을 스스로 제거시키며, 음식이나 오락을 적당하게 즐기며, 행동의 노력을 적당하게 해야 하고, 잠에서 깨어 있는 것도 적합해야 한다. 통제된 마음이 자아 안에 머물 때, 모든 대상의 욕망을 그리워하지 않는다. 그를 합일된 자라 한다.(기타 6장 10~18절)

크리쉬나는 계속해서 설명하기를 요기는 마치 바람이 없는 곳에 켜 있는 램프와 같으며, 요가의 수행에 의해서 통제되고 마음이 고요해지고 대아(大我)에서 소아(少我)를 보며, 의식은 그 자체로써 직접적인 자각을 하며 요기는 그것을 즐긴다. 그는 흔들리지 않는 진리로 격심한 고통에서도 확고 부동하다. 또한 명상중에 아무런 잡념이 일지 않는다. 그 경지에 도달했을 때 자아합일이 확립되며, 그는 어디에서나 자아의 동일성을 보며 성스러운 의식 속에서 살면서 행동을 한다.

제자 아르쥬나는 지금 바로 그 앞에서 어려운 일이 일어남을 본다. 그는 마음을 통제하는 어려움을 지적하고, 또한 구도자가 만일 바라는 상태에 도달되지 않거나, 그의 길에서 실패하는 일이 있을 때 자극을 받고 놀란다.

크리쉬나는 이미 부동의 마음이 어떤 원인으로부터 부동의 마음이 놀라는가를 이미 말했으며, 제자는 그것을 붙잡고 아트마의 힘으로 이른다. 아트마의 힘은 자아의 영향이다. 자아는 비록 작게 보여도 그것의 표현이나 응집력은 엄청나다. 자아는 철학적으로나 형이상학적 비전이나 통찰에 의해 만들어지고, 제자는 계속 반복해서 그 힘에 의해 의지한다.

어쨌든 스리 크리쉬나는 끊임없이 인내해서 가르친다. 그는 말하기를 '휴식없는 마음은 통제하기가 어려우나 수행과 무색이 그것을 통제한다.' 수행과 색깔없는 이런 수행의 기초를 다지는 요가수트라 파탄잘리에 의한 똑같은 뜻의 두 단어이다.

아르쥬나의 두번째 질문은 실패에 관한 것인데, 이에 대해 스리 크리쉬나는 자세하게 답변한다. '좋은 일을 많이 한 사람은 이생에 이르러, 오랜 세월동안 머물다가 순수하고 복 많은 집안에 태어난다. 그러므로 이런 탄생은 이 세상에서 얻기가 아주 힘이 든다. 그의 개인적인 화신의 이성적인 도달은 완전한 성취를 위해 우리가 모두 갈망하는 것이다.' (6장 42절)

일반적으로 여러 힌두 학자들 가운데 바가바드 기타의 철학적인 가르침은 첫번째 여섯장에 포함되어 있으며, 다음의 여섯장은 실천적인 수행의 종류, 그리고 마지막 여섯장은 더 자세한 지식들이 담겨 있다. 이 6장을 유명한 상카라차리아의 해석에 의해 드야나 명상으로 불리어진다. 독자는 자신이 얼마나 깊은 철학적 통찰의 목표가 있는지를 파악해야 한다.

7장에서 크리쉬나는 외부세계의 모든 구성 요소에 이름을 붙이기 시작한다. 다섯 종류의 물질과 세 종류의 마음을 얘기한다. 그 외의 여러 가지 불필요한 것은 제거시켜, 제자에게 성스러운 자아와 존재를 찾게 하기 위하여 간략하게 설명한다. 자연 구조인 프라크리티(Prakriti)의 여덟 가지 구성요소들을 열거하면 땅, 물, 공기, 에테르, 마음, 지혜, 이지, 그리고 개인적 자아로 이것을 뛰어넘어 크리쉬나는 인격화된 화현에 대해서 말하기를 그것은 다른 본성이며 나의 삶의 입장에 의하여 이 세계가 유지된다고 얘기한다. 그는 그 자신이 모든 우수하고 훌륭한 것들의 완벽한 차이를 예로 든다.

태양과 달의 빛, 성스러운 단어인 옴과 대지의 아름다운 향기, 불의 빛남, 모든 존재들의 생명력, 강한 힘 등. '나는 그것들이 아니며 다만 그것들이 내 안에 있다.' 이러한 지적은 모든 완전성으로 몸과 마음을 넘어선 근원으로 성장되는 중심축을 묘사한 것이다.

　이러한 지식은 그것을 향한 헌신의 자극체이다. 헌신자의 종류는 4가지가 있는데 모두 선한 사람들이다. 첫째가 비탄에 빠져있는 사람이며, 둘째는 지식을 원하고, 셋째는 부를 찾고, 넷째는 지식을 가지고 있는 자이다. 네 번째 지식을 가지고 있는 자가 최선이다. 그는 마하트마의 위대한 영혼이며 그는 지식 그 자체로 얘기를 하며, 브라만이 모든 것이며 그는 다시 태어나지도 않고 불변하고, 참나를 이해한다. '선하며 죄는 끝나고 그들의 마음은 혼란으로부터 자유롭고, 확고한 확신에 차 있어서 나를 헌신할 수 있다'고 한다. 죽고 소멸하는 세계로부터 해방을 갈망하여 나에게 헌신하며 브라만을 알고, 넘치는 영혼(아드야트마 Adyatma)과 전체의 행동, 물질적인 사물(아디부타 Adibuta)과 같이 삶의 부분(아디다이바Adidaiva), 희생의 원리(아디야즈나 Adyajna), 그리고 그들은 죽음의 시간에 나를 안다.

　죽음의 시간에 브라만에 대한 이런 생각은 아주 중요하며 여섯가지 주제를 단순히 나열하여 서로 구별하고 우리의 삶 속에서 일이 보여지면 영광스런 현존이 발견된다. 그 빛은 모든 영광의 기초로 보여지며, 그것의 상태는 모든 존재들을 그것으로 부터 나오게 하는데, 그들은 또한 현존 안에 있다. 그들은 그 현존이 없이는 존재할 수가 없다.

있는 그대로 열거된 이러한 것이 항아리라면 진흙으로부터 만들어졌다. 마음에 의해 형체가 만들어졌다는 것을 발견한다면 모든 장난감, 발명품, 기계, 옷, 집 등 그럼에도 덜 직접적인 살아있는 몸의 기관이나 수속까지 그들이 만들어진 것은 종속적이며 여전히 그들을 보존하는 능력을 덧붙이지 않으면 안 되며 최상의 존재로부터 유쾌한 어떤 것일 것이다.

8장은 7장 끝에서 열거한 여섯가지의 간단한 묘사의 시작으로 다섯가지의 사상이 구별된다. 파탄잘리의 요가에 따르면, 정신적인 건전함을 얻기 위해서는 여섯 가지가 반드시 구별되어야 하며, 그러기 위해서는 영광스런 현존의 철학적 자각이 필요하다. 크리쉬나는 지금 그것을 분명히 하여,

첫째, 브라만은 파괴되지 않으며 지고이다.

둘째, 스스로 존재하는 것은 영혼을 넘어선 것이다.

셋째, 빛이나 빛의 방사는 존재의 형태를 고양시키는 원인이 되는데 그것이 행동이다.

여기에서 설명되는 전체 행동의 뜻은 원인과 결과의 모든 길, 모든 결과의 원인은 바꾸어진다. 이 뜻은 행동의 세 종류를 포함한 것인데, 몸과 마음 그리고 그것을 넘어선 것이며, 행동없

는 행동은 이미 공부한 바가 있다. 여기에 아마도 인간이 그의 행동의 결과를 받을 때를 표현한다. 그는 반응을 일으킬 것이며, 모든 세 수준으로부터 바라는 것이다. 무행위가 많으면 많을수록 참나의 영향력에 있으며 깨달음의 빛과 직관을 넘어선 내면으로부터 마음은 참나의 강한 영향력을 받는다. 이런 행동의 밝은 빛은 행위자에게 전혀 어떤 결과를 주지 않는다. 왜냐하면 이러한 행위자는 행위가 없는 행위자이며 행동의 원인과 결과를 뛰어 넘어 있어 언어로부터 자유로우며 성스럽고 자아는 홀로 존재하며 영향을 받지 않는다.

넷째, 사물의 물질적인 쪽은 행동의 객관적 성질을 가지고 있으며 변하고 종속적인 행위를 한다.

다섯째, 주관적인 본성은 삶의 부분이며 전체 마음이며 그것의 의지와 느낌과 아함카라, 부디, 마나스로 전달 한다.

여섯째, 희생의 원리를 스리 리크리쉬나는 '몸 안에 내가 있다' 라고 불렀다.

희생의 모든 행동을 기억하자면 상호이익이 되는 행동이다. 상호간의 이익이란 자연의 규율이며, 이러한 붓다의 깨우침을 포함하는 원리에 반응할 수 없는 점이며 외부적인 압력에 의해 복종되는 것을 강요한다. 그러나 크리쉬나 같은 사람이나 위대한 서구인을 예로 들면 예수 같은 사람은 그의 시간, 지식과 에너지를 전부 개인적인 쾌락보다 다른 이들의 복지를 위하여 주었으며 희생적인 삶을 살았다.

예수께서 말하기를 '누구든지 나의 제자가 되려면 반드시 나를 따라 나의 십자가에 매달리라'고 하셨다. 그의 삶의 길을 따르는데 의심할 여지가 없다. 그러므로 예수께서는 그의 개인적인 삶을 포기하고 '삶은 영원하다'는 것을 발견한다. 그리고 분명히 십자가란 단어는 중재인이 되며 매일의 삶에 노력과 일을 뜻하며 올바른 영혼으로 이끈다.

올바른 영혼이란 피와 살 속에 신이 여기에 있다는 것을 증명하기에 부족하지 않다. 크리쉬나는 그의 상태로 되돌아가 죽음의 시간에 성스러움을 기억하는 사상을 지적한다. 이것은 죽음의 시간에 마음의 상태를 확실히 연관시키지 않으면 안 된다. 그가 실현되었거나 행동이 없는 상태를 실현하지 않았다면 죽음의 시간에 어떻게 대처할 것인가? 이것은 단순히 '나를 기억하라'는 말에 의해 될 수 없음을 지적한다. 만약 그가 '몸을 떠나 나를 한계지워 기억하고, 의심할 여지없이 그가 나의 존재로 와야 한다'고 진술하는 것이다. 그렇지 않으면 그는 오직 그의 생각만이 그러할 뿐이다. 우리는 더욱 실재적이고 실천적으로 접근하면 '곧 나오려고 하는 시간'이라고 연관지을 수 있는 것이다. 첫번째로 우리는 그가 몸을 떠난 상태라는 것을 지적하며 기타를 다시 보도록 하자.

"그의 마음이 죽음의 시간에 흔들리지 않고 자신을 바침에 의해 합일되고 요가에 의해서 강해진다. 그의 삶의 호흡이 눈썹 중간에 있으며 그는 성스럽고 진정한 사람인 푸루로 넘어서 있다." 그리고 몸의 출구를 통제하여 가슴속에 마음을 모아 요가의 집중에 확립하고 브라만의 하나의 단어인 옴을 암송하며 나를 항상 기억하는 그는 몸을 떠나도 최상의 목표에 도달할 것이다. 여기에서 '두 눈썹 사이에'란 이마의 중심부인 아즈나 차크라를 지적하는 것인데 9장에서 공부한 것이다.

스승은 말하기를 누구든 나를 항구적으로 기억하면 언제나 그의 의식적인 집중은 항구적이며 합일된 요기는 나를 쉽게 도달한다는 것이다.

나에게 오는 자는 다시는 출생하지 않으며 영원하지 않은 장소의 고통을 겪지 않으며 최상의 목표에 도달된다. 모든 세계는 브라마의 세계라 할지라도 다시금 출생으로 되돌아오는 세계이다. 그러나 나에게 오는 자는 다시 출생을 하지 않는다. (바가바드 기타)

9, 10, 11장과 12장은 가장 유명한 헌신에 대한 가르침이다. 철학적인 배경은 없지만 그들은 부분을 설명하는 것과는 거리가 먼 전체를 따른다. 그러므로 헌신은 감성이 아니며 다만 깊은 철학적 통찰의 결과이다. 아마 서양종교에서 예수께서 두 가지 계율을 주는 것은 첫째 신을 사랑하기 위함이며, 둘째는 이웃을 사랑하는 것이다. 인간이 그들의 이웃을 사랑할 때 분명한 것은 자기 자신의 이익보다 이웃의 이익을 먼저 생각하는 것이다. 이것이 사랑의 본성이다.

인간이 신을 사랑할 때 헌신은 같은 종류가 아니다. 이러한 헌신은 강하게 감사하는 것이며 그것은 분명한 경험에 의존하는 쪽으로 돌린다. 사람이 어찌 모르고 사랑을 할 수 있을까? 헌신을 말할 때는 반드시 지식을 강요한다. 기타의 장의 전체적 만족은, 지금 반복하여 제자의 일을 더욱 완전하게 하기 위해 도와주고 신성의 정확한 개념을 불어 넣어준다. 그들은 명상 형태를 시속시키고, 많은 종류의 명상은 사물의 다양한 종류의 거대함과 특성은 원형적인 가치가 지적되었으며 아르쥬나 비전의 우주적인 형태의 연속적인 것이 끝나는 것이다. 성스러움은 제식이나 바치는 것을 요구하지는 않는다.

"누구든지 나에게 잎이나 꽃이나 과일 또는 물을 헌신과 함께 바치는 것은 애쓰는 자의 헌신을 바치는 것이며 나는 몰입된다. 그대가 어떤 것을 먹고, 바치고, 주고, 금욕을 하든 나에게 바치는 것이 된다. 또한 그는 목표를 정하지 않아도 매력은 거대하다. 나는 모든 존재들에 동일하게 향해 있다. 누구든 나를 적대시하면, 좋아하지 않는다. 그러나 누가 나를 헌신적으로 섬기면 그들은 내 안에 있으며 그들 안에 내가 있다. 비록 아주 나쁘게 다른 것이 아닌 정도로 나를 섬기더라도 그는 좋아질 것이며, 그는 차차 올바른 방향으로 나아가게 된다. 순식간에 그는 극적인 자아에서 영원한 평화를 얻는다." 이 부분은 10장 끝에 많은 영광을 열거하여 계속 설명하기도 한다.

'무엇이든지 모든 존재들 안에 씨가 있다. 그것이 나이며 어떤 것도 나를 벗어날 수가 없으며, 움직이는 것이나 움직이지 않는 것이나 나의 성스러운 영광은 끝이 없다. 나의 선포는 오직 나의 영광의 계속됨을 보여주는 것 뿐이다. 어떤 영광, 질서, 표현이나 위대함이든 나의 광휘는 내 안의 본질임을 이해해야 된다. 그러나 이러한 지식의 더함이 당신에게 어떤 소용이 있단 말인가? 우주에 확립된 하나의 내 안에 나는 굳건히 서 있다.' 란 얘기는 일부의 설명이다.

이것은 본성과 다르지 않고 창조자로부터 대상의 창조가 분리됨이 없음을 암시한다. 에머슨이 말하기를 '인간의 결정적인 사고를 넘어서 신의 근원이 시작되는 곳, 인간의 영혼에 벽이나 장애가 없다.' 이 장에서 산스크리트 말로 이 싯구를 7절에 '안사(Ansa)'로 되어 있는데 이 뜻은 나누어 준다는 말로 해석할 수가 있다. 만일 빵 한조각을 나눈다는 말은 모든 부분이 같은 본성이다. 즉 신에 의해서 인간이 창조된다는 것을 기타에서 언급하는 것이다. 이 장의 끝부분은 헌신자들에 대하여 표현하고 있다. 따르는 싯구는 수천, 수만의 헌신적인 사람들이 즐겨 표현하는 것인데 박티 요가라 부른다.

'어떤 존재에도 증오함이 없이 우정과 동정적이 있으며, 소유욕이 없고, 에고가 없으며, 언제나 만족하며 몸과 마음의 통일상태인 요가에 머물고 자아를 통제하며 확실한 목적에 굳건히 서 있으며, 나를 향한 부디와 마나스에 분명히 서 있는 그러한 이는 나의 헌신자이며 나를 진정으로 사랑한다.'

세상이 그로부터 움직이고 그가 세상으로부터 움직여지지 않는다. 그는 감각적인 열광이나 분노, 공포로부터 자유롭다. 그는 나를 사랑하는 것이다. 그는 쾌락이나 행복의 어떤 것을 보지 않으며 순수하고 검소하고 공평하며 어떤 일에든 심각하지 않으며 너무 슬퍼하지 않으며, 어떤 것을 그리워 하지 않는다. 그리고 사랑하거나 사랑하지 않거나 집착하지 않는다. 그는 박티를 행한다. 나는 그런 이를 사랑한다. 적과 벗을 존경과 불신에 차거나, 덥거나, 즐거움이나, 고통을 동등하게 보며, 집착으로부터 자유로우며, 비난이나, 찬양으로부터 안정되어 있으며, 어떤 것이나 만족하며, 확고한 목적이 있다. 그러한 사람이 박티를 하는 사람인데 그런 이를 나는 사랑한다.

그러나 삶의 이런 죽음이 없는 길에 헌신하는 자는 선언하건대, 믿음의 풍부한 자이며 나를 최상으로 만든다. 그러한 헌신자들은 나를 대단히 사랑하는 자이다. 기타의 13장에서 18장까지는 자세하게 철학적인 논법으로 설명된다. 13장은 아는 자의 영역과 일반의 영역 사이에 구별되는 요가 또는 물질과 영혼을 뜻한다. 최상의 브라만인 파라 브라만(Para Braman)을 아는 자를 설명하며, 세상에 존재하며, 모든 곳에 퍼져 있으며, 어떤 부분도 예외없이 모든 감각의 기관에 있으며, 모든 존재의 내면과 외면에 존재하며, 분리되지 않는 존재이지만 분리되어 있으며, 모든 존재들을 유지하고 스며 들어 있으며, 그 모든 것을 만들어 낸다.

그것은 어둠을 넘어서 모든 빛이라 부른다. 어떠한 존재가 탄생되어도 그것은 설명이 되며, 이것은 일반의 영역과 같이 아는 자의 영역과 합쳐져 있는데서 기인된다. 각 존재의 통치자 이스와라(Ishwara)는 모든 경우에도 같은 내면의 통치자이며, 물질의 영역에서도 행위 없는 무행위가 모든 행위를 한다.

자연의 세 가지 특질의 조화 타마스, 라자스, 사트바는 모든 사물의 물질적인 기초이다. 이 들의 분배와 지배는 비활발성, 동적, 그리고 휴식과 조화와 질서이며, 14장에 설명되어 있다.

몸과 마음의 사트바적인 상태는 세 가지 중에서 오직 하나만 해탈의 가능성이 있으며 다른 둘은 세상적인 집착의 즐거움이나 자기만족이나 싫어함, 욕망이나 소유욕과 연관되어 있다.

15장은 미소 짓고 있는 나무를 들고 뿌리가 위에 있고 가지가 밑으로 가게 한다. 제자는 무집착의 도끼로 나무를 자르며 말하기를, '나는 고대의 지혜의 발현됨이 유지되는 것으로부터 근원적인 영혼으로 간다.' 스승은 지금 각자 우리의 상황에 어떻게 할 것인가를 말한다. "내 자신은 감각기관에 이끌려 존재와 생명의 세계에서 영원히 살게 하며, 마나스는 여섯번째이며 자연에 속해 있다." 이러한 스승은 몸을 가지고 있으며, 죽음을 넘어서 있다. 이러한 감각들은 움켜잡고 그들의 길을 간다. 마치 바람이 쉴 때까지 움직여 가는 것처럼 눈과 귀와 접촉의 기관과 냄새, 맛을 관장하는 것은 마음이며 그것은 감각의 대상을 사용한다.

구나(Guna)의 특성과 연결되어 그의 인지력을 미혹하게 하며, 그는 감각을 즐기거나, 안정에 머물거나, 그것으로부터 떠나 있다. 그들은 그들의 눈으로 지식을 본다. 요기들은 감각을 대신하여 그를 보기를 애쓰며 집중하지 못하고 갈구하지 못하는 그들은 수행이 없으며 그를 보지 못한다.

16장은 인간 성격의 좋은 틀을 나열하고, 욕망이나 오만 등은 나쁜 특성이라고 한다. 17장은 자연의 세 특성 구나(Guna)의 주관성과, 세 가지 특성의 믿음과 숭배, 세 가지 종류의 희생이나 고행 등을 얘기한다. 순수한 사트바 음식은 원기를 성장시키고, 몸의 균형과 강건함, 건강, 기쁨과 육체의 만족성을 주며 그것들을 열거하면 주스, 식물성 기름 등으로 견고한 것은 힘을 북돋워 준다. 사람들이 강렬히 그들의 고행으로 몸과 마음에 고통을 주는 것을 엄하게 비난한다. 11장에서 표현된 '옴(OM) 탓트(Tat) 삿트(Sat)' 만트라는 이 장에 포함시키고 있다.

마지막으로 18장을 출가의 요가(산야사 요가)라 부른다. 출가의 뜻은 행동의 출가가 아니라, 행동의 열매에 대한 욕망의 버림을 뜻한다. 이 뜻은 출가자, 즉 산야시와 이름을 받고 자발적인 희생된 삶의 단호함 안의 세 가지 행위를 뜻한다.

행동의 원인에 대한 의문을 제기하고, 모든 경우에서 다섯 요소의 결과를 말할 수 있다. 사람들은 그의 몸과 도구, 수족들을 사용하고 기능을 고용, 마지막 운명이나 보이지 않는 운명, 마지막으로 언제나 움직이는 것들에 대해 번즈는 말하기를 "가장 최상의 것들이 계획되었다. 인간들은 알 수 없는 심해로 빠져들어 간다. 다른 측면에서 보면 잘못한 사람들이 운이 좋을지도 모른다." 이로 인해 복잡한 구성의 최종 효과는 힌두의 명백으로 오랫동안 이루어져 왔다. 그래서 힌두들은 서양사람처럼 잘 놀라지도, 실망하지도, 괴로워하지도 않는다. 좋건 나쁘건간에 사람들은 그 성격이나 직업에 따라 분류하고 반복되는 공식이 인용된다.

그 자신의 다르마에 따르는 것이 낫다. 비록 불완전할지라도 다른 사람의 다르마를 따르는 것보다 행동을 수행하는 것이 낫다. 행동을 설계하는데는 실제의 그 자체의 형태에 결점이 없는 것을 확인할 수 있다.

끝부분에서 부디는 어떤 것에도 집착되지 않고 자신을 지배하며 그리워하는 것을 포기하였으며, 모든 행동을 넘어서 최상의 완성으로 가는 자, 산야사에 의해 도달된다.

'모든 행동은 나에게 의지하며 은총에 의해 그는 불변하는 영원한 목표를 획득한다.' 스승은 그의 학생이 완전히 자유롭게 살게 되며 가장 깊은 지식을 지금 전달받고 있다고 얘기하면서 끝마쳤다. "절대의 영향을 완전히 받아 너의 의지대로 행동하라. 네가 들었던 것들을 이룰 수 있다.

오! 아르쥬나야, 일념으로 마음을 모으지 않느냐? 너의 무지에 의해 원인이 된 혼란을 없애려 하지 않느냐?"

# 제13장
## 요가와 철학

지금 우리는 마음의 상념을 통제하는 요가의 가르침을 배웠다. 이러한 의식적인 존재는 그 자체의 정확하고 높은 수준에서 이루어지며, 또한 상념의 상태이다. 이것은 언제나 상념의 결정이 옳거나 그르거나, 잠을 자는 상태이거나 환상적이거나, 즐겁거나, 괴롭거나, 모든 상념은 감정적인 흐름이 수반된다.

이러한 상념의 통제는 수행에 의해 효과가 있으며, 감정을 지배하는 것을 막는다. 그리하여 마음의 초월적인 집중이 가능하다. 만일 당신이 어떤 것을 생각하는데 아주 독립적으로 한다면, 그것은 호기심이나 즐거움으로 성공의 동기가 될 것이며, 제한 속에서도 생각이 만족으로 가는 것을 도와줄 것이다. 거기에는 어떤 문제도 없고 높은 삼매는 움직임이 없는데, 그것이 가장 높은 수준이다.

더욱 높이 관찰해 본다면, 의식에 대한 이해가 자신에게 있을 것이다. 즉 에너지나 기억, 낮은 삼매 또는 존재에 그 자체가 있으며, 신에 대한 헌신이 자유롭거나 옴(OM)의 영원한 현존과 보편적인 스승으로 다가가는데 자신이 있는 것이다. 그 수행하는 과정에는 많은 장애가 있는데, 예를 들면 질병, 게으름, 우유부단, 거칠음, 경솔함, 잘못된 견해, 고민, 신경질, 비질서적인 호흡 등. 그러나 마음은 하나의 진리에 의해 모든 그런 것이 정화될 수가 있다.

도움을 주는 것은 예민성한 감각의 증가, 평화로운 내면의 빛처럼 욕망으로부터 자유롭고 잠이나 꿈으로부터의 지식과 특수한 방향의 명상을 통한 진보된 생각을 증가시키는 것이며, 정확한 지식이란 이러한 것을 바로 보는 것인데, 아는것과 과정을 보는 것이며, 또한 아는 자를 보는 것이다.

언어와 그 뜻은 지식, 기억, 견해, 이해, 논리는 넘어서 한정지을 수 없는 진리를 구축하여, 높은 집중에 의해 도달된다. 요가는 매일 꽉 짜여진 삶의 한가운데에서 인간을 공부하고 모든 시간에 모든 사물에서 신에게 헌신함으로써, 무지와 자기주의, 욕망, 혐오감, 소유욕 등의 문제의 가장 큰 것을 줄일 수 있다.

명상은 그러한 것들의 세세한 것까지 보고 그러한 것의 깊은 뿌리부터 근절시킨다. 또한 미래의 문젯거리를 미리 막아주고, 당신의 의식을 차원 높이 연결시켜 주는 역할을 한다.

그러나 당신은 당신이 무엇을 하고, 느끼고, 생각하든지 어떤 주어진 환경이 결정되는지, 그것은 당신의 의식일 뿐이다. 그럼에도 세계는 의식을 위해서 존재하며, 당신은 경험의 종류를 좋게 만들 수 있다. 이러한 것이 요가과정에서 수행의 여덟가지로 금기, 규율, 몸의 자세, 호흡, 감각의 통제, 집중, 명상, 삼매이다. 금기는 다른 것을 상해하지 않으며, 거짓말을 하지 않으며, 도둑질을 하지 않고, 감각적이지 않으며, 탐욕적이지 않으며, 적어도 이러한 것들을 마음으로 즐기지도 않는다. 규율은 깨끗하게 하고, 만족하며, 또 이미 세 가지는 설명한 것처럼, 엄격함, 인간을 공부함, 그리고 신에게 헌신함이다.

이러한 열가지 사항은 물질적으로나 정신적으로 사회생활의 가장 위대한 번영으로 이끌며, 윤리적인 삶과 정신적 정서적인 행복으로 이끈다. 그리하여 사마디의 도달에 이바지하는 것이다. 육체적인 자세는 늘 안정되어 있으며, 즐겁고 경직되지 않으며, 노력이 들지 않으며, 마음으로부터 긴장되지 않는다.

호흡의 규정은, 호흡의 좋은 습관을 길들이기 위하여, 잘 짜여져 있어 길거나 천천히 부드러우며, 거칠지 않다. 감각의 통제는 언제나 실천함으로써, 당신의 의지에 따라 집중이 되며, 집중으로부터 금기 사항들이 관찰되며, 집중은 한 응집의 대상으로 마음이 모아지게 한다. 단순해지거나 복잡해지거나 작아지거나 커지거나 분명해지거나 섬세해지는 것을 능력에 따라 실행으로 진행되며, 대부분 초보의 경우 단순해지고 작아지고 확실해진다.

명상은 대상에 대한 충분한 생각의 훈련이다. 삼매가 일어날 때, 생각의 작용이 무한히 풍부해지며, 한 곳을 집중적으로 관찰할 수 있으며, 욕망이나 생각이나 바람이나 의지, 아무 직관도 없이 내면의 통찰, 내면의 광명이 오는 것조차도 배제한다.

이러한 집중, 명상, 삼매 세가지가 활동하여, 수행할 때는 삼야마(Samyama)로 부르며, 마음의 확장된 습관이나 한 곳의 집중된 힘의 증가로 반복되는 습관들이 감소된다. 삼야마는 마음이 한정된 기관을 통하여 다양한 종류의 지식을 획득할 수 있다. 예를 들어, 소리의 이해는 과거와 미래를 알 수 있고, 다른 사람의 마음을 알 수가 있다.

또한 강한 힘의 특성을 획득할 수도 있으며, 내면통찰의 깊이를 개발하여 보고, 듣고, 맛보고, 느끼고, 냄새맡는 것과 연관하여 천리안을 개발한다. 그러한 마음의 외향성과 힘은 높은 삼매로 향한 잘못된 해를 입힐 수도 있다. 특수하게 취급되는 공중부양이나 방광(放光), 에테르토의 여행, 물질의 다양한 형태를 통과하는 것 등은 삼야마를 통하여 몸은 정확한 형태와 미, 강함, 꽉 짜여진 조화로움으로 된다. 또한 감각적으로 더 좋은 기능, 특성, 유용성, 위대한 마음의 민첩성과 통찰력으로 이끈다. 그러나 모든 것의 최상은 인간절대, 순수한 마음, 진리의 구별이다. 그 때, 참된 지식은 자기 자신의 것이 된다. 인간이 그 지식을 통하여 한정되거나 물들지 않으면, 참된 자유와 독립성을 얻는다. 이러한 사람은 많은 재산을 벌거나 오만함이 일어날 수 있다. 모든 일 가운데에서 언제나 분별하고 명철해야 한다. 그 때 진리의 사람처럼 마음이 순수해지고, 스스로 독립해서 서게 되는 것이다.

파탄잘리 수트라의 네 부분에서 파탄잘리는 마음과 세계의 관계를 가장 많이 역설하고 있다. 또한 파탄잘리는 가장 초능력적인 힘들이 직관적으로 통용되는 사람들이 있는데, 그러한 경우는 천성적으로 전생의 결과에 의해 그렇게 태어난 경우를 의미한다. 다른 경우는 특수한 약물의 결과라고도 하며, 만트라의 암송으로부터 그 단어와 구절의 반복에 의해서 이루어진다고도 한다. 또 다른 경우는 철저한 고행에 의해 마지막 다섯 번째로는 삼매를 통하여 이루어진다.

자연의 흐름이 한 상태에서 다른 상태로 변하는 것은 농부가 물길을 열 때, 땅의 낮은 지면을 선택하여 흐르게 하는 것과 같으며 '장애물을 제거하고 결과는 드러난다' 는 공식은 친근한 물질적인 현상과 심령적인 힘 또는 영적인 실현에 적용된다. 그러므로 요가의 수련은 기계적인 과정의 수고스러움이 결코 아니라 중요한 정화이며 나쁜 버릇이나 실수를 하지 않도록 하는 것이다.

인공적인 마음은 자기 중심적인 것, 즉 사람의 생각에서 일어나며, 삼매로부터 오는 결과는 핵심이 되는 주제에 얽혀 있는 가설이다. 그러므로 해석한다면 진보된 사람은 여러 사람에게 동시에 영감을 줄 수 있을 뿐만아니라, 이러한 몸에 마음을 으뜸으로 종속시켜 그 근원적인 목적에 제한된 전망을 가지고 있는 것이다. 그러한 관계는 어린 소녀와 그 아이의 인형 사이의 관계가 비록 인형 없이 놀더라도 그 아이에게 행동하는 감각기관을 엄청나게 지배하도록 하게 하는 관계와 같다.

마음은 명상에 의해 자아내며 탄생에 의한 카르마의 영향을 받는 것과는 다르다. 그런 것은 진보된 요기에 의해서 나타나는데 특별한 마음의 대상은 묵은 카르마의 결과에 넓게 반응을 줄 뿐이며, 그가 부족하게 느끼는 경험의 특수한 종류를 획득한다. 이러한 요기의 행위는 흑색도 백색도 아닌, 다만 과거로부터 남아 있는 것이거나, 마음의 숨은 상태가 적당하게 영글었을 뿐이다.

일반적으로 추론하면 과거로부터 받은 카르마가 현재의 삶에 특수한 환경으로 영글어 있으며, 적당하게 매력있는 친화력의 부분 때문에 마음이 인상된 상태로 정신활동이나 과거의 생각의 결과나 가치있는 두가지 경험의 만남이다. 요기들이 다루는 이러한 마음은 경험의 만남으로부터이며, 일반적인 개인적 욕망이나 검고 흰 개인적인 선택이 아니다. 마음의 잠재된 일은 과거의 카르마의 결과 또한 잠재된 것이 영글어진 것이다.

여기서 이론의 횃불이 만족된 내면의 잠재의식을 충족시킨다. 그것은 마치 현대 심리학에서 다루는 꿈에서 볼 수 있는 현상이다. 이러한 연관성에 의해 종합해서 간단히 말하자면, 불합리한 꿈은 감정의 치료에 영향이 있으며, 몸의 치료경향성이 우리 마음의 압박과 연결되어 있는데, 나는 그것을 잠이라 부른다.

마음의 인상이나 잠재된 것들은 시작이 없으며, 원인과 결과의 계속되는 명백한 상태이므로, 생의 의지나 희망이 영구적인 지지나 기초의 근원이 될 것이다.

어느 누구도 라자 요기보다 더 수행적인 사람은 없다. 그는 어떤 상황 아래에서도 그 자신을 발견할 줄 안다. 그는 이러한 단순성 가운데에서 그 자신을 발견하고 수용한다. 그는 스스로에게 어떻게 시작하였는가를 묻지 않고, 어떻게 되는가를 묻는다. 사람이 연못에 빠졌는데 그가 어떻게 느끼는가가 중요한 것이 아니라, 수영을 어떻게 해나가느냐가 중요한 것이다. 그의 마음으로 돌아가서 철학적인 사상에 상황을 받아들이고 그의 행위는 아주 부분이며 마음의 인상에 남는 본성은 아니다.

우리가 길과 교통매체를 표본으로 택할 때, 이 길에는 교통 매체들이 항구적으로 계속 달린다는 인상이 남을 것이다. 또한 강을 예로 든다면, 누가 강을 정확히 얘기할 수 있는가? 분명히 물과 강둑은 나눌 수가 없다. 왜냐하면 영원히 변화가 오고 가기 때문이다. 비슷하게 의지는 인상의 본성은 아니다. 이러한 점은 강하게 강조할 만하며 인상은 원인과 결과에 달려 있는 것이다. 그러나 이것은 일반적인 이해의 단순한 것은 아니다.

잉크병이 책상 위에 있다는 얘기론 만족하지 못하며, 어떤 사람이 거기에 갖다 놓았고 책상이 튼튼하고, 땅도 튼튼해야 한다. 그러한데는 수백만의 이유가 있다. 태양, 달, 별, 중력, 화학적 원소, 지구의 모든 움직임과 자전 그리고 그 부분들의 움직임 등 사실상 어떤 것이 어떤 시간에 어디에서의 원인을 따진다면 모든 사물은 점으로 집중된다. 그것이 절대적인 원인의 전개이다. 그러나 이러한 '모든 사물이 한 점으로 집중된다' 는 것은 끊임없이 계속되며 연속의 부분이 아니다. 더 나아가 각 사물의 요소는 다른 모든 것들에 영향을 주는 한점으로 모이게 된다.

우리는 원인적인 힘을 획득하는데 성공해야만 한다. 인간에게 있어서 이것은 의식적인 삶을 살게 하는 아주 근원적인 힘이며, 자아실현(스와 삼 베다나 : Swa Sam Vedana)은 근원적인 힘에 의해 발견된다. 이것이 독존이며, 요기는 그의 완전히 분명한 시간에 도달되며, 한마음의 분별력은 진정한 인간, 몸과 마음의 모든 장난감, 덫과 옷들 사이에 명확한 구별이 있어야 한다. 요가에 대한 파탄잘리의 높은 이론적인 부분들은, 그의 다음에 사념의 시간으로 말하며, 초월과는 거리가 먼 것이라고 얘기한다. 그는 지나온 과거를 얘기하지 않으며, '어떻게 지났는가' 라고 하고, 미래의 언급이 없으며, 다만 '어떻게 올 것인가' 얘기하며, 존재성에 대해서는 '그들 자체의 종류' 라 한다. 만일 원인이 절대적이고 확고하며 신성하다면, 계속해서 밀고 나가야 한다. 그러므로 만일 우리가 이러한 상념을 전환시킨다면, 삶의 충동을 포함하거나 삶을 촉진시켜 완성으로 이끈다.

서양종교의 찬송가에서 '인간은 결코 주님에게서 그 자신이 휴식할 때까지 휴식이 없다' 라고 한 것이었다. 다음으로 파탄잘리는 외부세계의 사물들이 실재가 아니라고 상상하지 말라고 경고한다. 왜냐하면 그것은 변하는 것을 경험하기 때문이다. 그는 사물들이 실재나 물자체를 유지하려고 한다. 그의 논리는 단순하다. 첫번째로, 어떤 대상이든 마음의 보는 시각의 차이에 따라 다르게 보여진다고 한다.

두 번째로 대상이 보이지 않는다면 그것은 없는 것이다. 그의 말에 의하면, 마음은 대상에 의해 인상지워지는 것을 요구한다. 마음은 아무것도 하지 않는다. 물론 어떻게 대상이 거기에 있어야 하는가? 그것은 다양한 대기의 원인에 기인한 구름의 형상에 기인하며, 목수의 손에 의하여 그의 생각대로 만들어지는 것이다. 마음은 계속해서 영향을 받는데 내면의 기능수단을 통하여 '보는자' 는 그것을 본다. 현대적인 어휘로는 '객관적인 사상' 의 이론이며 이념은 형태를 자아내고 같은 모든 형태로 생산될 때이며 객관적인 독립이다.

파탄잘리는 대상이 한 마음에 의존하지만 그것은 다른 마음을 자아낸다. 이것은 마음의 인식이 계속되고, 같은 시간에 존재가 끊이지 않는다. 미세한 주시자는 진정한 인간과 연결된다. 또한 주인이라 부르는 것이 내면에 존재한다.

진정한 사람의 경우는 이러한 것과 전혀 다르다. 진정한 사람은 순수하게 보는 자이며, 전체적으로 영향을 받지 않는다. 사물을 보는데 영향을 다르게 받는다는 것은 잘못이다.

샹카라 차리아는 그의 시 '참나의 지식(아트마 보다 Atma Bhoda)' 52절에서 분명히 얘기한다. '성자는 현재에 살면서도 그들은, 공간처럼 영향을 받지 않는다.' 공간은 사물의 특성이 아니며 그 안에 있다. 그래서 그들에 의해 영향을 받지 않으며, 사실 공간이란 모든 것이 무이다. 이러한 견해를 살펴보는 것은 진술적인 측면이며 인도의 오랜 고대철학에서 무수하게 발견된다.

영혼과 신의 세계 사이에는 절대적으로 관계가 없는 것이다. 이러한 서술은 정말 단순하며, 이러한 관계에 대한 개념은 마음도 포함된다. 원인을 살펴보고, 정리하고, 비교함으로써 시간적인 일들을 정리하는 것이다. 그러나 무엇이 마음을 뛰어넘는 것인가는 다만 모든 상대적인 것들을 넘어선 것이다. 그러므로 연관이 없고 영향을 받지 않는다. 한계없음으로 인해 한계 그 자체를 감히 언급할 수 있다. 만일 동시에 한계될 수 없다면 우리는 한계없음을 부정할 수밖에 없다. 그러므로 한계를 신비로 놔두고서 마음에서 멀리 떨어져 다루는 것이다. 그럼에도 알 수 없는 어떤 것이 지배하는 것은 상대와 절대는 커다란 분리이며 또한, 진정한 사람은 주시자이며, 어떤 행위를 하는 행동자가 아닌 것이다.

파탄잘리의 다음 요점을 얘기하자면, 마음은 참나의 빛남이 아니다. 이 뜻을 우리는 마음의 의식이라 한다. 그러나 마음 그 자체는 전적으로 무의식적이다. 이 발견을 평가한다면 마음은 무의식적이다. 우리는 다른 가능성의 오류를 배제하지 않으면 안된다. 진정한 사람을 가정할 수가 없는 것이며 주관적이고, 마음과 몸과 세계는 객관적이다.

주관과 객관은 상대적이라 분류한다. 그러므로 마음은 주관적이며, 몸과 세계는 객관적이다. 명상에서 일어나는 주관과 객관성의 발견은 함께 주관과 객관의 관계에서의 객관은 동시에 발견된다. 그러므로 우리는 주관적 개념의 주시한다는 사크사트카라(Saksatkara)는 말에 집착하지 않으며, 그럼에도 우리는 우리 자신을 마음과 물질을 한 묶음으로 되게끔 허락한다.

우리가 행하는 이러한 종류는 총체적인 지식에서 발견되거나 최고의 범주는 범주를 뛰어넘는 것이다. 실체의 주관성에 우리의 논쟁을 비교할 수 있다. 우리는 말한다. 알고 있는 두 가지 높은 범주가 어떠한 것이나 아무 것도 아닌 것이다. 그러므로 우리는 사물이나 진공, 부재나 공간에 관한 얘기를 하고 묻는다. '무엇이 공통적인 것 안에서 어떤 것이나 아무것도 아닌 것인가?' 대답은 '실체는 둘 다이다. 그러므로 실상은 어떤 무엇이나 무 둘 다를 포함한다.' 우리는 어떠한 것도 없으나 어떤 무엇이 아닌 것을 취할 수가 없는 것이다. 참으로 모든 관찰이나 우리의 생각 둘 다를 사용하여, 우리가 하나를 볼 때 다른 것을 배척할 수가 없는 것이다.

어떤 것을 정의할 때, 우리는 관찰과 함께 동시에 배제를 하는 것이다. 주관과 객관의 개념을 비교하면서 우리는 묻는다. '무엇이 이들의 공통적인 것인가?' 이렇게 답변까지 하지 않을 수 없다. '의식'이라고. 이러한 지적은 주관적으로 다룰 때 객관을 생각하면서 배제하고, 객관을 말하면서 주관을 생각하기를 명상 자아실현의 삼매에 들어가기를 바라되, 그것들에 대한 개념을 만들지 말라고 말한다. 이 과정은 신의 종교적 연구의 한 종류인 다른 길이다. 사색가들은 '신은 신인동형설로 하지 말라'고 말한다. 또는 '마음과 몸의 행동이나 특성을 신에게 돌리지 말라'고 한다. 옛날 인도의 철학자들이 말했던 것처럼, 그것(탓트 Tat)과 이것(이담 Idam)에 대해 혼동하지 말라고 한다. 신은 위대한 몸보다 더 나은, 위대한 마음은 아니다.

파탄잘리는 그의 명제의 마음에 대하여 설명하기를, 그는 만일 우리가 마음의 대상을 본다면 그것은 한 마음이 다른 것을 보고 있는 경우이며 높은 마음이 낮은 마음을 본다와 마찬가지고 하나를 높이 본다면 그것은 무한하다. 그러나 사실상 그러한 경우는 없고, 진정한 사람은 마음의 본성을 가지지 못한다. 그것은 객관과 주관 둘 다를 넘어서 있다. 게다가 마음은 자아 광명적인 것이 아니며, 다른 마음의 자각자일 수가 없다. 마음이 대상을 볼 때 그것은 오직 진정한 사람을 보며 마음은 오직 도구 일 뿐이다.

그러므로 마음은 수많은 잠재성의 경향과 함께, 그 자체의 즐거움의 존재가 아니다. 그러나 파탄잘리 경구에는 '다른 것을 대신하여'라고 하고 다른 존재는 푸루사라고 한다. 위치는 인형이나 어린애에 의해 다시 설명되며, 모든 사물을 넓혀 나가고 인형 그 자체의 즐거움이 사라지고 어린애는 그것을 대신하여 더 나아가 어린애의 마음은 인형 그 자체에 대한 즐거움이 없다. 그러나 인형은 진정한 인간을 대신한다. 모든 것은 같아. 여기에 아주 섬세한 생각이 있으며 가장 위대하게 다루는 요구가 있는데, 마음은 '보는 자' 와 '보여지는 것' 모든 보여지는 것 둘 다에 의해 채색되어진다. 물론 보는 자를 포함해서이다. 이상한 것을 처음 보았을 때 느낌은 아무것도 없을까? 이 때 마음은 보는 자를 증진시키고, 대조적으로 동시에 고요하게 있다. 사실은 어쨌든 마음은 보는 자가 아니다. 오직 보는 자는 보는 자일 뿐이다. 비록 마음을 사용하여 그 도구로 사물을 볼지라도 보는 자는 마음을 초월하여 지고의 상태에 들지 못한다. 그 자체를 직접 알고 어떤 도구를 통하지 않고 마음과 함께 보는 이러한 일은, 정확하게 우리가 이 책의 마지막 몇 페이지에서 얘기할 것이다. 우리는 생각의 도구로써는 결코 더 나아갈 수 없다.

다시 어린애가 사람을 아는 경우는 인형의 도움이며, 어린애가 인형을 오직 아는 자로서 취급하며 이때 인형은 마음의 인형이 아니다. 며칠 후 인형을 아는 것에서 인형의 아는 자의 앎으로 바뀐다해도 두 개의 경우가 오직 하나의 아는 자이다. 인형도 모르고 마음도 모른다. 이러한 전환인나 깨어남에서 어떤 무엇이 다른 것이다. 그러한 것이 오며 마음은 고요해지고 침묵이 된다. 이런 것은 놀랄 일이 아이며, 몇 사람이 새로운 탄생 새로운 시작, 말의 정확한 감각의 전수 즉 부정적인 감각이 없이 다른 것을 받아들이는 내면에서 이다. 어떻게 마음의 다른 것을 위하여 일하는가?

파탄잘리는 단순한 경구를 집어 넣어서 '어울림에 의해' '협조에 의해' 라 쓴다. 진정한 사람과 함께 물론 모든 수단과 도구를 쓴다. 결코 자아의식의 자유에는 '내면으로부터' 갈 수 가 없다. 만약 마음 그 잠재력의 움직임이 내면으로 향한다면, 그것은 거울의 빛남이 아니고 오직 인형이다. 그것은 마음과 진리의 사람의 최상 구별과 분별력이 삼매의 결과로 나타난다. 자아는 '놀랍다' 이고 바가바드 기타에서 얘기한다. "이것 즉 몸의 주인을 보는 자는 놀랍다. 마찬가지로 다르게 듣는 것은 놀랍다. 그러나 이것을 듣고 있지만 아무도 알지 못한다."

철학의 전체가 여기까지이며, 놀랍다는 말, 놀라움은 이성을 넘어 있다. 이러한 모든 것은 진술로 글에 의해 남는다. 어느 누구도 신을 어느 시간에나 마음대로 볼 수가 없다. 말하는 자는 강조하고, 생각하는 자는 사람의 어리석은 사고에서 끝난다. 환영(幻影)과 나를 만드는 것에서 파탄잘리는 그것을 말한다.

그의 부분은 제한되어 있다. 그것은 참나의 본성에 대한 생각의 전환점이다. 마음은 분별력이 깊고 독립적이다. 아마도 우리는 지금 위대힘에 대히어 단지 조금 나아갔을 뿐이며, 그서의 완전성을 보이거나, 완전한 순간 안에서 생각을 보게 된 것이다.

파탄잘리는 어쨌든 그의 언어 '주요한 요점들'에서 진리를 땅으로 가지고 내려온다. 우리는 삼매를 상기시키고 완전할 수가 없다. 우리는 이 가장 높은 삼매 그 자체로 도달할 수가 없다. 그러나 마음의 마지막이나 가장 높은 행위는 가장 높이 날으는 것으로 균형잡히게 하며 그 자체의 부적합성을 찾고 맡기게 한다. 우리는 여기에서 황혼이나 보았지 정오의 태양을 본 것은 아니다. 그러나 놀라운 황혼은 어둠의 세계에서 모든 부분에 광명의 빛을 준다.

'마음의 깊은 분별력인 비베카를 갖게 되면 자유인 카이발랴가 된다.'

'다른 생각과 떨어져 옛날 습관적인 형태를 일어나게 한다.' 이러한 생각을 가로막고 도와주며, 명상의 코스에서 도와주지 않으면 안된다. 우리는 우리의 문제의 다섯 가지 근원을 다루며, 더 나아가 더 이상 지성적인 흥미의 문제를 다루지 않으며, 분별력의 이해를 증가시키며, 가장 높은 마지막에 도달하여 정직의 구름이라 부른다. 모든 문제를 만드는 자의 행동으로부터 완전히 끝난다. 어떤 종류의 이지도 흥미를 갖지 않는 분별력의 지식을 명상적으로 정직의 구름이라 부른다. (즉 카르마와 문제의 근원을 떠난)

정직의 구름에 대한 몇몇 지적이 발견된다. 인도의 비구름은 아주 큰 기쁨으로 환영한다. 물은 세상을 새로이 맑고 풍부하게 해주고, 아주 기초적인 선을 제공한다. 그러므로 모든 옳음과 미덕이 오며, 문제를 만드는 무지, 에고이즘, 집착, 혐오감, 소유욕은 육체적이나 정신적인 삶에서 멀어진다. 지금은 아주 작게 알려져 있는 지식의 무한성의 평가이다. 요기는 비순수성과 말하기 좋아하는 것으로부터 자유롭다. 우리는 지식의 무한성을 어떻게 이해해야 하는가?

확실히 모든 것에 대한 쓸데없는 정보의 무한한 남은 여분은 아니다. 진흙 안에 모든 바퀴가 있는 것이다. 모든 일로부터 무한한 지혜가 정확히 솟아날 때, 지식의 한계는 없는 것이다. 그럴 때 모든 것은 평등하게 모이고 양은 질을 높인다.

매일매일의 일반적인 일에서 진보하며 성스러운 광휘의 비전과 완전한 영적인 도덕을 가져온다. 하나의 바이올린을 배우기 위해 수많은 시간 동안 바이올린을 켠다. 한분의 어머니에게 사랑을 배우며 또한 모든 어머니에게 사랑을 배운다. 그러므로 작은 것으로도 인간의 삶에는 충분하다. 마치 바깥에서 빛을 찾을 필요가 없이 이 때에서 찾을 필요가 없으면 작은 인간의 존재는 위대하고 한계가 없으며 많은 기회가 있다.

이러한 실현은 어리석고 자기 만족과 환상과 미움, 탐욕의 마지막 종말이 올 것이다. 자연의 영역으로 변형의 끝이 오면 이루어져야 할 것은 이루어진다. 카이발랴 즉 독존 그리고 자유로 이끈다. 의식의 순수한 힘은 그 자체의 근본 상태인 스와루파(Swarupa)로 서게 된다.

Anahata(아나하타)-가슴의 차크라.

Ananda(아난다)-순수한 축복이나 희열.

Anga(앙가)-여덟 개의 요가 수행에서의 팔다리 중의 하나.

Antahkarana(안타흐카라나)-내적인 기구 또는 기관이며 기능을 모두 합한 마음.

Antaranga(안타란가)-요가의 내적인 팔다리이며 집중의 세가지 수행 등.

Antaratman(안타라트만)-내적 자아.

Apana(아파나)-다섯개의 생명의 공기 중의 하나이며 골반의 영역에서 작용하며 하강운동.

Aparigraha(아파리그라하)-탐욕의 절제이며 제 5번째의 도덕적 절제.

Arama(아라마)-낙원.

Ardhanarishwara(아르다나리쉬와라)-하나의 모양으로 연합한 사바와 삭티.

Arjuna(아르쥬나)-크리쉬나의 제자.

Asamprajnata(아삼프라즈나타)-명상에서 객관적인 바탕이 모두 사라진 삼매의 높은 경지.

Asana(아사나)-명상 또는 건강을 위한 좌법이며 체위법.

Ashcharyavat(아스차르야바트)-신체를 가진 자에게 훌륭한.

Ashwini(아쉬니)-무드라의 한 종류.

Asmita(아스미타)-다섯개의 고통의 원인, 슬픔의 원인 중의 한가지. '내가 있다' 는 것.

Atman(아트만)-마음과 몸 전체의 자아.

Avarana(아바라나)-실제를 가리고 있는 베일, 장막.

Avatara(아바타라)-크리쉬나와 붓다와 같은 성육신.

Avidya(아바드야)-무지. 다섯 개의 고통의 원인 중에 가장 큰 것.

Bandha(반다)-한동안 '쥐고 있는' 근육의 유연성이며 때대로 목이나 항문에서처럼 출구를 닫고 있는.

Vasti(바스티)-창자를 깨끗하게 하는 방법.

Bhadrasana(바드라사나)-번영하는 자세.

Bhajana(바자나)-찬양의 노래.

Bhakti(박티)-종교적 헌신이며 헌신 봉사.

Bhastrika(바스트리카)-풀무처럼 격하게 숨을 쉬는 모양.

Bhavana(바바나)-마음이 어떤 사물 또는 생각에 집중하고 있는 것.

Bheda(베다)-분리이며, 구분.

Bhoga(보가)-특히 감각의 즐거움.

Bhramari(브라마리)-소리와 연관된 호흡 수련.

Bhujungasana(부장가사나)-코부라 자세.

Bhumi(부미)-땅.

Bhurloka(부르로카)-지구의 영역.

Bhuta(부타)-물질의 한 요소 또는 상태.

Bhuvarloka(부바로카)-지구의 영역.

Bhuta(부타)-물질의 한 요소 또는 상태.

Bhuvarloka(부바르로카)-지구 위의 두 번째 영역.

Bija(비자)-씨앗소리.

Bindu(빈두)-한 방울 또는 점, 므(M)로 끝나는 만트라에 대해서 말할 때.

Bodhi(보디)-최상의 지혜.

Brahman(브라만)-절대의 신성한 영, 신.

Brahma(브라마)-창조적 신성.

Brahmacharya(브라마차리야)-신으로 나아가는데 적합한 행동, 특히 성적 충동을 조절하는 것.

Brahmadwara(브라마드와라)-쿤달리니가 척추관으로 들어 가는 곳.

Brahmana(브라흐마나)-신에게 봉사하기 위하여 바쳐진 사람, 또는 규칙과 설명을 주는 베다 경전.

Buddha(부다)-불교의 창시자.

Buddhi(부디)-지식이 아닌 지혜의 높은 지성, 살아가면서 사물을 가치 판단하는 능력.

Buddhi-Yoga(부디요가)-삶의 과정에서 지혜를 수행하는 것.

Chakra(차크라)-일단의 기능들을 제어하는 척추 안의 중심.

Chit(치트)-주관과 객관의 분리를 초월한 순수한 앎.

Chitishakti(치티샥티)-치트를 알 수 있는 힘.

Chitrini(치트리니)-척수 안에 있다고 말해지는 미세한 실조직.

Chitta(치타)-일상의 다소 자동적인 마음이며 기억등, 베단타 심리학에서 마음의 넷째 기능.

Dakini(다키니)-연꽃 위의 여신.

Dama(다마)-(특히 베단타 수행에서)몸의 감각의 제어.

Dana(다나)-주는 것.

Drabha(드라바)-달콤한 냄새가 나는 건초.

Darshana(다르샤나)-여섯개의 철학 체계 중의 하나 즉 '관점': 위대한 사람을 방문 또는 친견하는 것.

Dehi(데히)-몸의 소유주

Deva(데바)-신 또는 성스러운 존재.

Devata(데바타)-성신의 형상이며 부수 기능을 가진 성스러운 존재.

Devi(데비)-여신

Dhanurasana(다누라사나)-요가아사나의 활 자세.

Dharana(다라나)-집중한 생각에만 계속적으로 몰두.

Dharma(다르마)-법, 의무.

Dhirata(디라타)-힘.

Dhwani(드와니)-공명되어 나오는 소리.

Dhyana(드야나)-명상이며 계속 한 대상을 떠나지 않고 그것에만 정신의 과정을 계속시킴.

Dirgha(디르가)-길다.

Drashta(드라스타)-관조자이며, 무엇이 진행되고 있는지를 알고 있는 의식.

Dridhata(드리다타)-힘.

Dwesha(드와사)-증오, 적개심.

Ekagra(에카그라)-한 쪽으로만 향하는.

Gate(가테)-불교 만트라의 첫 단어.

Gautama(고오타마)-니야야 철학의 창시자.

Gautama Buddha(고오타마 부다)-불교의 창시자.

Gayatri(가야트리)-이전에는 단지 브라만들에 의해서만 암송되었던 무척 유명하고 성스러운 만트라.

Ghata(가타)-용기, 몸을 가리킴.

Ghi(기)-끓여서 맑게 하여 보관하는 버터.

Gomukhasana(고묵카사나)-소 얼굴 자세.

Granthi(그란티)-대나무의 마디에 비유되는 것이며 척수에서 올라가는 힘이 뚫고 올라가야 할 자리.

Guna(구나)-만물의 기본 속성인 프라크리티의 세가지 고유한 성질 중의 하나.

Guru(구루)-영적인 스승이며 '무거운' 을 의미.

Hakini(하키니)-눈썹에 사는 여신.

Hansa(한사)-백조이며 영적 진보의 길에서 셋째 단계에 있는 사람.

Hare(하레)-열여섯 이름의 만트라의 첫 단어.

Hari(하리)-비슈누의 이름.

Hatha-Yoga(하타요가)-주로 육체적인 수행을 다루는 요가의 일종.

Ichchha(이츠차)-의지, 또는 의지적으로 정해진 열망

Ida(이다)-척추 바깥 부분의 왼쪽 통로.

Idam(이담)-차안이며 피안 즉 저너머에 있는 것과 구별해서 이쪽의 모든 것.

Indriya(인드리야)-감각 또는 행위의 기관.

Isha(이샤)-시바의 한 형상.

Ishta-devata(이스타 데바타)-간절한 자가 바라는 은총 즉 도움을 주는 성신.

Ishwara-Pranidhana(이스와라 프라니다나)-신에게 주의를 기울임.

Jalandhara(잘란다라)-목을 조이는 반다법

Janma(잔마)-탄생, 화육신.

Japa(자파)-만트라의 반복

Jati(자티)-운명, 사람이 태어나는 삶의 조건과 환경.

Jivatma(지바아트마)-개인의 자아.

Jnana(즈나나)-영적인 지혜.

Jnancndriya(즈나네드리야)-눈과 같이 지식을 받아들이는 기관.

Jyotis(죠티스)-내적인 불빛.

Kaivalya(카이발랴)-영적인 독립성.

Kakini(카키니)-가슴에 있는 여신.

Kali-Yuga(칼리유가)-이제 5천년 이상이 된 고난과 갈등으로 가득찬 현세.

Kama(카마)-물질적 쾌락에 대한 욕망.

Kapala Bhati(카팔라 바티)-두뇌청소.

Karma(카르마)-행위이며 일.

Karmaphala(카르마팔라)-행위의 결과.

Karma-Yoga(카르마요가)-다른 사람을 위해 이타적으로 행해진 행위.

Karmendriya(카르멘드리야)-손과 같은 행위 기관.

Kathanta(카탄타)-방법.

Kaustubha(카우스투바)-비쉬누가 찾던 보석.

Khechari(케차리)-혀가 위 천장에 닿는 무드라의 자세.

Khyati(크야티)-지식의 영역 또는 시야.

Kleshas(크레사스)-다섯가지의 고통의 원인이며 무지가 그 첫째.

Klim(크림)-만트라의 일종.

Koshas(코사스)-덮개 즉 신체.

Krishna(크리쉬나)-기타이며 말한 화신.

Kriya(크리야)-일상 생활의 의무로 주어진 마지막 세 개의 규범에 붙여진 이름.

Kukkutasana(쿠쿠타사나)-수닭형 자세.

Kumbhaka(쿰바카)-호흡을 참기.

Kunda(쿤다)-쿤달리니의 시작점.

Kundalini(쿤달리니)-척추의 아래 부분의 생명의 전기적인 힘.

Kutastha(쿠타스타)-환상너머에 있는

Kutichaka(쿠티차카)-' 오두막 짓는이' 이며 과정상의 두 번째 단계.

Laghava(라가바)-가벼움.

Lakini(라키니)-배꼽에 있는 여신.

Lauliki(라울리키)-복부의 속을 이완하기.

Laya Yoga(라야 요가)-쿤달리니의 잠재력을 이용하는 요가.

Loka(로카)-세상, 영역.

Mahabandha(마하반다)-중요 무드라의 하나.

Mahadeva(마하데바)-신, 시바신.

Mahavedha(마하베드하)-더 깊은 발전 단계.

Manana(마나나)-심사 숙고.

Manas(마나스)-마하반다의 추리하는 정신적 능력.

Mandala(만달라)-신비로운 도형.

Mani(마니)-보석.

Manipuraka(마니푸라카)-배꼽 부위의 차크라.

Mantra(만트라)-의미깊게 반복될 때 어떤 영향을 주는 단어.

Mantrakara(만트라카라)-만트라를 암송하고 가르치는 사람 또는 소리.

Marga(마르가)-의도된 영적인 목적지에 이르는 길.

Matsyasana(마츠야사나)-공작 자세.

Moksha(모크샤)-해탈이며 삶과 죽음의 수레바퀴에서의 자유.

Mudras(무드라)-아사나보다는 수족과 관련이 적으며 성취를 목적으로 하는 다양한 육체적 운동.

Muktasana(묵타사나)-이완한 자세.

Mukti(묵티)-해탈.

Muladhara(물라다라)-척추의 가장 아래에 있는 기본 차크라.

Mulshodhana(물라쇼다나)-직장의 정화.

Murcha(무르챠)-마음이 약한.

Nada(나다)-소리, 특히 내적인 소리이며 옴(OM)과 같이 만트라에서 길게 늘이는 소리.

Nadi(나디) 통로, 현대의 신경이란 개념과 상응하는.

Namah(나마)-인사.

Narayana(나라야나)-비슈누 신, 삶의 도움을 주는이며 모든 생명
체의 생명.

Nauli(나우리)-근육에 능선을 만드는 복부의 운동.

Neti(네티)-'이것이 아님', 더 정확히 '그런 것이 아님', 구도자에
게 몸 또는 마음의 본성에 대해서 신을 인간적인 영역에서 생각하는
것에 대해 경고할 때 씀.

Neti-yoga(네티요가)-콧구멍 정화.

Nididhyasana(니디드야아사나)-묵상이나 관상.

Nilimpa(니림파)-신과 같이 상상된 이, 그래서 상징이 아니라 상상
된 것으로 이해된다.

Nirlipta(니르니프타)-오염되지 않음.

Nirodha(니로다)-아음의 생각 제어

Nirodha(니르바나)-열반, 현상계에 대한 욕망을 없앰으로써 현상
계에 대한 모든 관계가 소멸됨.

Nirvichara(니르비차라)-깊이 몰입되지 않은 명상.

Nirvitarka(니르비타르카)-깊이 몰입된 명상.

Niyamas(니야마스)-준수이며 다섯 개나 있는 행위나 성질의 규범
의 준수.

Om(옴)-최상의 숭고한 원칙, 즉 신을 가리키는 만트라.

Padma(파드마)-연꽃이며 차크라의 다른 이름.

Padmasana(파드마사나)-연꽃좌 자세.

Para(파라)-피안이며 기타에서 삶의 최고 목표를 지시할 때 쓰는
용어.

Para(파라)-성스러운 조건을 가리킴.

Paramahansa(파라마한사)-구도의 네 번째 단계에 있는 사람.

Paramatma(파라마트마)-최상의 숭고한 자아.

Parivarajaka(파리브라자카)-방랑자이며 구도의 첫 번째 단계에 있는 사람.

Pashchimottanasana(파스치모타나사나)-뒤로 끌어 당기는 자세.

Patanjali(파탄잘리)-요가 경전의 저자.

Pingala(핑갈라)-척추 외부의 오른쪽 통로.

Prakasha(프라카샤)-깨끗함이며 밝게 빛남.

Prakriti(프라크리티)-현상계의 기본적 요소 또는 원리.

Pralaya(프라라야)-세상의 주기적인 반물질화 또는 잠재화.

Prana(프라나)-다섯개의 생명의 공기 중 첫 번째이며 심장과 폐의 부위에서 작용하며 다섯 개 모두에 대한 일반명이며 호흡.

Pranave(프라나바)-옴.

Pranayama(프라나야마)-호흡 조절의 수행.

Pranidhana(프라니다나)-신의 존재를 인식했을 때 즐거운 헌신의 상태에서 절하는 것이며 경외심을 일으킴.

Prapta(프라트파)-우리에게 닥쳐오는 것.

Pratityasamutpada(프라티트야사무트파다)-'독립된 근원'으로서의 결과의 원인에 대한 붓다의 공식.

Pratyahara(프라트야하라)-감각의 통제.

Punarjanman(푸나르잔만)-계속 다시 태어남

Puraka(푸라카)-숨을 들이마심.

Puranas(푸라나스)-세계 창조의 전설에 관한 책들.

Purnavatara(푸르나바타라)-충만한 영혼, 크리쉬나.

Purusha(푸루샤)-현상계와 전혀 다른.

Rajas(라자스)-에너지, 활동력, 프라크리티의 세구나 중의 하나.

Raja-Yoga(라자요가)-마음의 완전한 제어를 목표로 하는 요가.

Rakini(라키니)-차크라의 여신.

Rama(라마)-화신이었던 영웅적이고 후덕했던 왕.

Rambha(람바)-바나나 또는 질경이.

Rechaka(레차카)-숨이 참.

Rudra(루드라)-시바의 한 형상.

Sah(사흐)-그 또는 저것.

Sahaja(사하자)-사람에게 주어진 법 또는 업.

Sahasrara(사하스라라)-머리 꼭대기의 천장의 꽃잎이 있는 차크라.

Sakshatkara(삭스하트카라)-직관적 인지를 가진 증인으로서의 영.

Samadhana(사마드하나)-구도의 성취을 추구하는 끈기.

Samadhi(사마디)-삼매, 명상의 성취.

Samana(사마나)-배꼽 부위에서 작용하는 다섯 개의 생명의 공기 중의 하나.

Samatwa(사마트와)-모든 사물과 사건들을 보았을 때 밖으로 봄과 받아들임의 평평함.

Samprajnata(삼프라즈나타)-객관적인 대상을 가지고 있는 삼매의 한 형태.

Sanjna(산즈나)-대상 또는 생각에 대한 인지.

Sankhya(상키야)-가지 영역의 모든 것을 분류하는 옛 인도의 과학적 철학.

Samsara(삼사라)-삶과 죽음의 회전

Samskaras(삼스카라)-충동과 일련의 사고를 만들어내는 마음속에 숨겨져 있는 정신적 인상, 감동.

Santosha(산토샤)-만족.

Samyama(삼야마)-마음의 평정이며 집중을 통해 명상과 삼매로 나아감.

Sara(사라)-본질.

Sarvangasana(사르방가사나)-모든 팔다리를 사용하는 자세.

Sat(삿트)-실상, 신의 성질.

Sattwa(사트바)-정돈되어 있음, Prakriti의 세 구나 중의 하나처럼 ; 지능.

Savichara(사비차라)-깊이 탐구하는 명상.

Savitarka(사비타르카)-조사, 검사하는 명상.

Shabda(사브다)-소리 또는 말이며 물질적으로 창조적인 섭리.

Shabda-Brahman(사브다브라만)-브라마.

Shakini(샤키니)-목의 차크라에 있는 여신.

Shakti(샥티)-힘 또는 능력이며 세 위대한 데바의 여성적인 면 또는 그 짝.

Shaktichalani(샥티찰라니)-무드라의 일종.

Shalabhasana(사라바사나)-메뚜기 자세.

Shama(사마)-마음을 침잠시키기.

Shambhavi Mudra(샴바비 무드라)-시바신의 이름을 딴 운동.

Shankaracharya(상카라차리아)-불이 일원론, 즉 아드바이타 베단타(Advaita Vedanta)의 견해를 상세히 설명하고 널리 알린 철학자.

Shantih(산티)-평화.

Sharira(사리라)-세가지 몸으로 표현됨 ; 물질체, 신비체, 원인체.

Shaucha(사우차)-몸과 마음의 깨끗함.

Shavasana(사바사나)-송장 자세이며 최대한의 휴식을 준다.

Shesha(세샤)-불멸의 뱀의 이름이며 시간.

Shirshasana(쉬르스아사나)-머리로 서기.

Shishya(시샤)-구루에게서 배우는 제자.

Shiva(시바)-신의 첫 번째 즉 의지적인 면모, 재창조와 인생의 목적에 관련지어 파괴자로 불림.

Shodana(쇼다나)-여섯가지의 정화.

Shraddha(스라다)-신앙, 진보적인 경험과 직관으로 유지됨.

Shravana(쉬라바나)-교의를 들음.

Shri(쉬리)-시바의 아내 ; 정중한 호칭, 씨.

Shirimati(쉬리마티)-정중한 호칭, 부인, 양.

Shrivatsa(쉬리바트사)-비슈누의 가슴에 있는 상징적인 동그라미.

Shuddha(수다)-순수한, 깨끗한.

Siddhasana(사다사나)-완전 자세.

Siddhi(시디)-성취, 성공 ; 여덟 개의 신비한 힘의 하나.

Sinhasana(신하사나)-사자 자세.

Skandhas(사칸다스)-불교에서의 감각적인 다섯 개의 모임. 생에
서 생으로 계속 변해가는.

Sthirata(스티라타)-끈기.

Sthula-Sharira(스툴라 사리라)-물질체.

Sukha(슈카)-기쁨.

Sukhasana(슈카사나)-편안한 자세.

Sukshma-Sharira(슈스마 사리라)-신비체.

Sushumna(수슘나)-척수.

Sutras(수트라스)-경전. 파탄잘리의 요가 경전처럼 어떤 철학에 대
해 윤곽을 제시해 주도록 함축된 진술들.

Swadhishthana(스와디스타나)-생식기 부위의 차크라.

Swadhyaya(스와드야야)-자아 탐구이며 사람이란 무엇인가에 대
한 철학.

Swaha(스와하)-만트라의 마지막 단어.

Swarloka(스와르로카)-일반적으로 하늘과 관련되는 제 3의 세계.

Swarasadhaka(스와라사다카)-호흡 수행자.

Swarga(스와르가)-하늘.

Swarupa(스와루파)-본성.

Swasamvedana(스와삼베다나)-자아의 이해.

Swastika(스와스티카)-절을 표시하는 상서로운 표시. 똑같은 길이의 팔에 끝이 굽어져서 회전하고 있는 즉 활동하는 십자가를 암시.

Swastikasana(스와스티카사나)-성스러운 자세.

Tamas(타마스)-어두움 ; 세구나의 하나.

Tanmatras(탄마트라스)-오감이며 소리, 빛 등의 본질.

Tantras(탄트라스)-경전이며 시바와 그의 삭티와의 대화로 이루어져 의식, 예배, 규율, 명상, 힘의 성취에 대한 규칙을 형성.

Tapas(타파스)-고행이며 요가에서 몸과 마음의 순수함과 완전함을 위하여 몸을 조절하는 것을 말한다.

Tara(타라)-건너감.

Tarasara Mantra(타라사라 만트라)-' 옴 나모 나라야나 만트라' (OM Namo Narayanaya)를 말함.

Tat(타트)-피안 ; 신이며 브라만.

Tattwa(타트바)-'그것' 이며 사물에 대한 진실 또는 그 자체.

Trataka(트라타카)-눈을 위한 하타요가.

Trikona(크리코나)-삼각형.

Trimurti(트리무르티)-세 위대한 신.

Udana(우다나)-목에서 위로 작용하는 다섯 생명의 공기의 하나.

Uddiyana(우디야나)-복근 운동.

Uma(우마)-시바신의 아내.

Upanishads(우파니샤드)-베다의 철학적 부분.

Vairagya(바이라그야)-외부 대상에 끌리지 않음.

Vajra(바즈라)-다이어몬드이며 강하고 단단하고 저항할 수 없는.

Vajrasana(바즈라사나)-단호한 자세.

Vajroli(바즈로리)-'벼락' 연습.

Vamaprakasha(바마프라카샤)-사랑스럽게 밝게 빛남.

Vasti(바스티)-내부 정화.

Vayus(바유스)-몸안의 생명의 공기.

Vedana(베다나)-마음 속에 잠재한 나머지의 충동이며 느낌과 감동.

Vedanta(베단타)-베다의 궁극적 철학.

Vedas(베다스)-인도의 고대 경전.

Vibhutis(비부티스)-성스러운 힘의 보기, 기적.

Vichara(비차라)-심사숙고.

Vijnana(Vinnana비즈나나)-객관 세계를 인지함.

Vikalpa(비칼파)-상상과 계획.

Vikshepa(비크쉐파)-제한되고 불완전한 이해에 의해서 마음에 의해 일어나는 것.

Vipakas(바파카스)-업이 다시 그 행위자에게 작용할 때.

Viparitakarani(비파리타카라니)-되돌리는 운동.

Virasana(비라사나)-영웅 자세.

Vishesha(비쉐사)-특별한.

Vishnu(비슈누)-절대자의 두 번째 속성 ; 생명을 보존시키는 이.

Vishuddha(비슈다)-목의 차크라.

Vitarka(비타르카)-분별, 특히 실재와 제한적인 것과의.

Vrikshasana(브릭스아사나)-나무 자세.

Vritti(브리티)-마음에서 생각.

Vyana(브야나)-온 몸에서 작용하는 생명의 공기.

Yajna(야즈나)-희생 ; 희생 또는 상호 유지의 원리.

Yajnavalkya(야즈나발크야)-우파니샤드의 위대한 성인.

Yama(야마)-다섯의 도덕적 절제 사항.

Yantra(얀트라)-명상에 쓰이는 도안.

Yoga(요가)-'합일'이며 인간을 섭리와 의식의 일체가 되도록 인도하는 방법과 수행.

Yogarudha(요가루다)-'요가에 오름'. 요가 수행에서 잘 성취된.

Yogi(요기)-요가 수행자.

Yogini(요기니)-여성 요가 수행자.

Yukta(육타)-부디육타(Buddhi Yukta)의 연관된 또는 그것을 고수하는.

Zen(젠)-중국, 한국, 일본에서 개발된 삶에 대한 불교 명상 또는 명상적인 견해의 한 형태 선(禪).

# 【 참고문헌 】

· 아파로크사누부티(Aparokshanubhuti)

· 아트마나트마 비베카(Atmanatma Viveka)

· 바가바드 기타(Bhagavad Gita)

· 찬도갸 우파니샤드(Chhandogya Upanishad)

· 드야나 빈두 우파니샤드(Dhyana Bindu Upanishad)

· 가루다 푸라나(Garuda Purana)

· 게란다 삼히타(Gheranda Shamhita)

· 고팔라타파니 우파니샤드(Gopalatapani Upanishad)

· 하타요가 프라피디카(Hatha Yoga Pradipika)

· 칼리산타라나 우파니샤드(Kalisantarana Upanishad)

· 쿤달리니 요가(Kundalini Yoga)

· 크리쉬나 우파니샤드(Krishna Upanishad)

· 마하니르바나 탄트라(Mahanirvana Tantra)

· 마하프라즈나 파라미타흐리다야 (Mahaprajna Paramitahridaya)

· 만달라 브라흐마나 우파니샤드(Mandala Brahmana Upanishad)

· 나라야나 우파니샤드(Narayana Upanishad)

· 사운다리야 라하리(Saundarya Lahari)

· 산딜야 우파니샤드(Shandilya Upanishad)

· 사차크라 니루파나(Shatchakra Nirupana)

· 시바 삼히타(Shiva Samhita)

· 타라사라 우파니샤드(Tarasara Upanishad)

· 트리쉬키 브라흐마나 우파니샤드(Trishikhi Brahmana Upanishad)

· 베단타 사라(Vedanta Sara)

· 베베카 추다마니(Viveka Chudamani)

· 요가 수트라(Yoga Sutra)

· 요가 쿤달리니 우파니샤드(Yoga Kundalini Upanishad)

· 요가 타트와 우파니샤드(Yoga Tattwa Upanishad)

## 요가란 무엇인가

지은이/어니스트 우드

옮긴이/박지명

펴낸이/배기순

펴낸곳/하남출판사

초판1쇄/2002년 6월 30일

등록번호/제10-0221

서울시 종로구 관훈동 198-16 남도BD 302호

전화 (02)720-3211(代)/팩스(02)720-0312

홈페이지 http://www.hnp.co.kr

e-mail : hanamp@chollian.net

ⓒ 하남출판사, 2002

ISBN 89-7534-161-5